## Das Buch

Papenburg ist eine kleine Stadt im Emsland mit vielen langen Kanälen und einer großen Werft. Der soziale Höhepunkt ist die alljährliche Blumenschau. In dieser beschaulichen Idylle wächst Sarah in den achtziger und neunziger Jahren auf. Der Kanzler heißt Kohl, die Renten sind sicher, die Wiedervereinigung steht bevor.

Schritt für Schritt aber hält die große Politik Einzug in Sarahs Leben. Denn ihr Vati heißt Rudolf Seiters und ist Abgeordneter im Bundestag, dann Kanzleramtsminister und Innenminister. In den abendlichen Gutenachtgeschichten gibt es statt »Hänsel und Gretel« »Kohl und Süssmuth«. Und die Familie wird ergänzt um große Brüder, eine Menge große Brüder, denn Vati bekommt Bodyguards.

Welcher Zusammenhang besteht zwischen Türenknallen und gepanzerten Autos? Was hortete Kohl alles in seinem Büro? Und wieso ist Klofrau der beste Beruf der Welt? Sarah Seiters erzählt charmant und leichtfüßig von ihrer nicht so ganz normalen Kindheit.

## Die Autorin

Sarah Seiters, 33, wuchs im emsländischen Papenburg auf, im Wahlkreis ihres Vaters Rudolf Seiters. Nach dem Abi studierte sie Politik und Geschichte in Bonn – schön weit weg von ihrem Leben als Politikertochter. Heute lebt sie in München, wo sie als Journalistin arbeitet.

*Sarah Seiters*

# POLITIKER KIND

*Wenn der Kanzler zweimal klingelt*

Ullstein

Besuchen Sie uns im Internet:
www.ullstein-taschenbuch.de

Originalausgabe im Ullstein Taschenbuch
1. Auflage Juli 2014
© Ullstein Buchverlage GmbH, Berlin 2014
Umschlaggestaltung: semper smile Werbeagentur, München
Titelabbildung: Autorenfoto: © Jaan-Eric Fischer (für die Zeitschrift *freundin*); Adler: © Fotolia/Dan Race; Hintergrund:
© Shutterstock/Elovich; Seil: © Shutterstock/PILart
Satz: LVD GmbH, Berlin
Gesetzt aus der Janson
Papier: Pamo Super von Arctic Paper Mochenwangen GmbH
Druck und Bindearbeiten: GGP Media GmbH, Pößneck
Printed in Germany
ISBN 978-3-548-37508-3

# INHALT

## I. ICH GEHE IN DIE GRUNDSCHULE, VATI IN DEN BUNDESTAG .... 7
Mein Vater, der Star .............................. 7
Der kleine Rudi und die fehlende Reife ............... 10
Bonn nervt! ....................................... 14
Blutsbande ....................................... 17
Herr Schäuble, ein Tanz? ......................... 20
Maskottchen und Mitläufer ....................... 32
Oma Luzi ........................................ 37
Mama und Vati – The Big Bang Theory............... 39
Drei Schwestern ................................. 47
Die Demo vor der Tür ............................ 51
In der Arena ..................................... 54
Und Püppi, wie war ich? – Politikerkrankheiten ........ 57

## II. ICH KRIEG DIE BODYGUARDS, VATI DAS MINISTERAMT ...... 60
Kanzleramtsminister? Wie geht das? ................. 60
Die Bodyguards – Testosteron-Alarm ................ 66
Liebe auf den ersten Blick........................... 67
Urlaub mit den Bodys ............................. 76
Gepanzert unterwegs .............................. 80
Kanzlerkränzchen................................. 83
Kohlsuppe? Nicht schon wieder! ................... 96
Kinderfest im Kanzleramt ......................... 99
Geschichten aus dem Kabinett..................... 104
Die Wiedervereinigung .......................... 107
Vati kriegt den Bambi ............................ 116
Ruhm, Risiken und Nebenwirkungen ................ 120
Gefahr im Verzug ................................ 126
Vati schwänzt den Bundestag ..................... 130
Für Volk und Vatiland – Repräsentieren für Profis ..... 133
Bibbern beim Papst............................... 135

## III. ICH KOMME AUFS GYMNASIUM, VATI WIRD INNENMINISTER . 142
Wie gesagt: Vati wird Innenminister ................ 142
Kritik und schusssichere Scheiben ................. 144
Der Container vor dem Haus ...................... 149
Fans und Fanatiker .............................. 154

Die Bombe . . . . . . . . . . . . . . . . . . . . . . . . . . . . . . . . . . . . 161
Terroristenalarm . . . . . . . . . . . . . . . . . . . . . . . . . . . . . . . 163
Fishing for friends . . . . . . . . . . . . . . . . . . . . . . . . . . . . . . 166
Erste Bewunderer . . . . . . . . . . . . . . . . . . . . . . . . . . . . . . . 169
Im Agentenfieber . . . . . . . . . . . . . . . . . . . . . . . . . . . . . . . 173
Vati, der Filmminister . . . . . . . . . . . . . . . . . . . . . . . . . . . . 177
Auftritt: Cinderella . . . . . . . . . . . . . . . . . . . . . . . . . . . . . . 181
Mama, der Star . . . . . . . . . . . . . . . . . . . . . . . . . . . . . . . . . 186
Die Jurassic-Park-Affäre . . . . . . . . . . . . . . . . . . . . . . . . . . 190
Vati, der Sportminister . . . . . . . . . . . . . . . . . . . . . . . . . . . . 192
Die Sache mit den Pfeifkonzerten . . . . . . . . . . . . . . . . . . 194
Dein Freund, die Presse . . . . . . . . . . . . . . . . . . . . . . . . . . 197
Die Seiters und die Kunst . . . . . . . . . . . . . . . . . . . . . . . . . 201
Erste Rebellion . . . . . . . . . . . . . . . . . . . . . . . . . . . . . . . . . 204
»Wetten, dass ..?« – Der Trauma-Auftritt . . . . . . . . . . . . 206
Berliner Nächte . . . . . . . . . . . . . . . . . . . . . . . . . . . . . . . . 210

## IV. ICH TRETE IN DIE PUBERTÄT EIN, VATI TRITT ZURÜCK . . . . . . 216
Der Fall »Bad Kleinen« . . . . . . . . . . . . . . . . . . . . . . . . . . 216
Vati hinterm Lenkrad . . . . . . . . . . . . . . . . . . . . . . . . . . . . 227
Die neue Lust auf Heimaturlaub . . . . . . . . . . . . . . . . . . . . 230
New York, New York oder: Meine Mutter, die Kupplerin 234
Papenburg, Papenburg oder: Mein Vater, der Despot . . . 242
Flirten unter Aufsicht – meine Verehrer, die
      Bodyguards und ich . . . . . . . . . . . . . . . . . . . . . . . . . . 248
Vorurteile . . . . . . . . . . . . . . . . . . . . . . . . . . . . . . . . . . . . 253
Vati feiert schon wieder . . . . . . . . . . . . . . . . . . . . . . . . . . 256
Wir und die Stars . . . . . . . . . . . . . . . . . . . . . . . . . . . . . . 258
Bye, bye, Bodyguards . . . . . . . . . . . . . . . . . . . . . . . . . . . 265
Und das nächste Amt: Vati wird Vizepräsident . . . . . . . . 267

## V. ICH WERDE ERWACHSEN, VATI WIRD ROTKREUZ-PRÄSIDENT. 271
Mein Studium undercover . . . . . . . . . . . . . . . . . . . . . . . . 271
Ade, Bundestag . . . . . . . . . . . . . . . . . . . . . . . . . . . . . . . . 275
Vati feiert – die Dritte . . . . . . . . . . . . . . . . . . . . . . . . . . . 277
Zur Not wandern wir aus . . . . . . . . . . . . . . . . . . . . . . . . . 282

## NACHWORT . . . . . . . . . . . . . . . . . . . . . . . . . . . . . . . . . . . . . 285

## WORTE EINES BETROFFENEN ODER:
   NACHWORT ZWEI VON RUDOLF SEITERS . . . . . . . . . . . . . . 288

# I. ICH GEHE IN DIE GRUNDSCHULE, VATI IN DEN BUNDESTAG

## Mein Vater, der Star

Wenn ein Kind auf die Welt kommt, gratulieren hauptsächlich Verwandte, Nachbarn und Freunde. Vielleicht noch der örtliche Pastor und das Krankenhauspersonal. Bei meiner Geburt – an einem verschneiten Montag im Januar 1981 – war das ähnlich. Allerdings gesellte sich eine weitere Gruppe zur Riege der Gratulanten. Eine Gruppe, deren Mitglieder sich dadurch auszeichnen, dass sie gerne reden, einen Hang zu großen Gesten haben und im Idealfall das Land und seine Bürger reicher, friedlicher und glücklicher machen wollen. Man nennt diese Gattung Politiker. Viele ihrer Mitglieder freuten sich über meine Geburt. Zumindest konnte man das aus den Briefen und Telegrammen schließen, mit denen etliche Bundes-, Landes- und Kommunalpolitiker meinen Eltern gratulierten. Zu dem winzigen Baby mit den überdimensionalen Pausbäckchen – also mir. Allen voran ein gewisser Helmut Kohl, der der jungen Dame – wieder mir – einen glücklichen und sonnigen Lebensweg wünschte. Hätte ich mich damals nicht in einem Stadium seliger Ignoranz befunden, ich hätte mir bereits denken können, dass meine Kindheit einen Tick anders verlaufen würde als die anderer Neugeborener. Und ich hätte vermutlich auch schon gewusst, wem ich dieses Schicksal zu verdanken hatte: meinem Vater!

Sobald ich meine ersten klaren Gedanken fassen konnte,

stellte ich nämlich fest: Vati ist ein echter Star. Ja, ich weiß, das sagt jedes kleine Mädchen über seinen Vater. Aber bei mir stimmte es tatsächlich. Zumindest war er ernsthaft berühmt. Nun, vielleicht nicht »Brad-Pitt-berühmt«. Nicht »Frauen-fallen-in-Ohnmacht-berühmt«. Oder »BHs-kommen-mit-der-Post-berühmt«. Aber viele Jahre erkannte ihn jeder Zweite auf der Straße, und ich sah ihn zeitweise häufiger in der Zeitung als zu Hause. Und in den Städten in unserer Umgebung grinste mich an jeder Ecke mein überdimensionaler Vater von irgendeinem Wahlplakat an.

Merkwürdig kam mir das allerdings nie vor. Es war ja schon immer so gewesen. Schließlich ist mein Vater bereits zwölf Jahre vor meiner Geburt, also 1969, zum ersten Mal als Abgeordneter in den Deutschen Bundestag gewählt worden. Und vertrat seitdem unsere Stadt Papenburg und fast das gesamte Emsland im Parlament. Logisch, dass die Leute ihn kannten. Und den Rest der Familie gleich mit: meine Schwester Silke (14 Jahre älter als ich), meine Schwester Kirstin (elf Jahre älter als ich), meine Mutter Brigitte und unsere Oma Luzi. Gut, wir waren nicht so glamourös wie die Royals und nicht so charismatisch wie die Kennedys. Aber Schwamm drüber. Das mussten wir gar nicht sein. So viel war damals in Papenburg auch wieder nicht los, dass die Papenburger besonders anspruchsvoll gewesen wären. Einzig spannende Highlights: die langen Kanäle, die riesige Werft, der Karnevalsverein und die zweijährliche Blumenschau – ansonsten kam Papenburg beschaulich unspektakulär daher. Deshalb zeigte man sich hier auch schon für den kleinsten Entertainment-Faktor dankbar. Und Bundespolitiker, die normalerweise nur in den Nachrichten vorkommen, zählten definitiv dazu.

Dabei wirkte mein Vater auf den ersten Blick gar nicht, als wäre er für Großes geschaffen: die kauzige Hornbrille mitten im Gesicht, die dunklen Wellen auf dem Kopf und seine unbeeindruckende Körpergröße – alles eher Durchschnitt. Aber Vati hatte schon immer ein Talent dafür, Leute zu begeistern. Mit spannenden Geschichten, trockenen Kommentaren und damit, dass er zu allem etwas zu sagen hat. Doch das Wichtigste: Er lacht so herzlich über sich selber. Ein kleiner Scherz hier, eine lustige Anekdote da – und schon liebt ihn der ganze Saal.

Wenn er in seinem Wahlkreis unterwegs war, hängte sich immer eine Traube von Menschen an ihn. Mitte der Achtziger hatte der Trend zur Politikverdrossenheit das Emsland scheinbar noch nicht erreicht. Jeder wollte Vati die Hand schütteln, ein Autogramm von ihm oder irgendein Anliegen vorbringen. Da gab es den Bauern, den die Dumpingpreise vom Nachbar-Bauern nervten. Die Mutter, deren Sohn angeblich unschuldig im Knast saß. Den Rentner, der eine Geschwindigkeitsbegrenzung von 30 km/h in der ganzen Stadt einführen wollte. Sie alle hofften auf Vatis Hilfe. Sogar Ehen sollte er retten. Oder Erbschaftsstreit schlichten. Das musste ein Mordskerl sein, der all diese Probleme lösen konnte. Ein regelrechter Supermann. Kein Wunder, dass ich meinem Vater damals übermenschliche Fähigkeiten zuschrieb. Ob Benzinpreisentwicklung oder Emsvertiefung – er schien auf jede Frage die passende Antwort zu haben. In meinem Universum war mein Vater die Inkarnation der Unfehlbarkeit. Mächtig wie Zeus. Weise wie Nathan. Und gerecht wie Salomon. Aber hey! Wer ist als Kind schon objektiv?

Neben meinem Vater gab es nur noch einen anderen Menschen, den ich ähnlich enthusiastisch anhimmelte: David Hasselhoff! Zeitweise waren sie die beiden wichtigsten Männer in meinem Leben. Den einen liebte ich, weil er einfach der coolste Typ der Welt war, den anderen, weil er ein sprechendes Auto hatte. Schwer zu sagen, wen ich toller fand. Eines Tages brachte mein Vater sogar ein Foto von sich und David mit nach Hause, nachdem er ihm auf einer Fernsehgala begegnet war. Ich war zwar gerade erst in der Grundschule, aber eins wusste ich danach ganz genau: In meinem Leben wird alles gut. Gemeinsam können *die* beiden alles schaffen. Ich malte mir aus, wie »The Hoff« nun regelmäßig zum Kaffee bei uns vorbeikäme. Und wie wir mit K. I. T. T. durch unser Viertel düsten. Leider wurde daraus nichts. Auch nicht aus der erhofften Blutsbrüderschaft zwischen David und meinem Vater. Wahrscheinlich stand einfach zu viel zwischen den beiden: zuallererst die Größe (1,72 Meter zu 1,96 Meter – da musste Vati immer so schreien), die Sprache (Vatis Englisch ist nicht für den permanenten Gebrauch geeignet – Davids Deutsch noch weniger) und ihre Hobbys (David interessierte sich für computergesteuerte Trans Ams, mein Vater kann nicht mal dem Videorekorder programmieren).

Eins hatten sie dennoch gemeinsam: Sie wollten die Welt retten. Zumindest ein bisschen. Immerhin: Mit Blick auf die deutsche Wiedervereinigung gelang es ihnen sogar. Schließlich sang David mit seinem »Looking for Freedom« und der blinkenden Lederjacke die Mauer nieder, während mein Vater ihn dabei tatkräftig unterstützte und als Minister die Verhandlungen mit der DDR führte. Zusammen konnten sie wirklich alles schaffen!

## Der kleine Rudi und die fehlende Reife

Für mich gab es nichts Spannenderes, als Vatis Geschichten zuzuhören. Wenn er zu Hause war, kuschelten wir oft auf der Couch, und ich ließ mir berichten, wie er es geschafft hatte, ein Politiker zu werden. Die Väter meiner Freunde hatten ja nur so langweilige Berufe wie Lehrer, Apotheker oder Arzt. Politiker zu sein, so fand ich damals, machte irgendwie mehr her. Und Vati erzählte gern von seinem »Werdegang«: wie er in der beschaulichen Gemeinde Bohmte in Niedersachsen aufgewachsen war und dort dann 1958, schon mit zwanzig Jahren, die Junge Union des Ortes gegründet hatte. Wie er sich später durch sein Jurastudium in Münster gebüffelt hatte und 1965 Vorsitzender der Jungen Union in Hannover wurde. Und dann schließlich, 1969, nach jahrelanger »Parteiarbeit«, endlich sein großes Ziel erreicht hatte: den Bundestag!

»Dass *ich* mal Karriere mache, hätte früher auch keiner geglaubt«, erzählte mein Vater lachend. »Schon gar nicht meine Lehrer!« In der 11. Klasse (Vati ging auf das Jungengymnasium Carolinum in Osnabrück) war er sitzengeblieben und musste das Jahr wiederholen. In Mathe war er einfach keine Leuchte. Und in Latein, nun ja, da war angeblich der Lehrer schuld. Der soll Vati nicht besonders gemocht haben. Er vermutete, dass Vati ihn bei einem Klassenausflug von hinten mit der Wasserpistole bespritzt hatte. Ein Skandal. Beweise hatte er keine, übel nahm er's meinem Vater trotzdem. Einfach prophylaktisch. Auch Tante Marianne, die ältere Schwester meines Vaters, wusste, dass dem kleinen Rudi recht viel zuzutrauen war. Allerdings taten ihr weniger die Lehrer leid als Vatis ältere Brüder Adolf und Julius. Die traf es nämlich noch härter. Vati hatte es irgendwie geschafft, dass bei ihnen zu Hause verkehrte Rollenverhältnisse herrschten. Wenn in anderen Familien immer schön auf dem Kleinen rumgehackt wurde, mussten in diesem Fall vor allem die großen Brüder leiden. Mir wurde zwar immer nur die zensierte Version seiner Eskapaden erzählt – schließlich wollte Vati mich nicht auf dumme Gedanken bringen. Aber auch die harmlosen Storys reichten, um zu ahnen, dass er eine ganz schöne Nervensäge gewesen war: Regelmäßig, wenn die Geschwister zum Torfsammeln aufs Feld geschickt wurden, schaffte es Vati oft schon vor der Mittagspause, seine ganze Verpflegungsration zu verspeisen und die der

11

anderen gleich mit. Und jedes Jahr, wenn die ersten Pflaumen reif waren, verstecke sich Vati auf dem Baum im Garten und beschmiss Adolf und Julius mit den matschigen Früchten. Und die durften ihn zur Strafe nicht mal ein wenig verprügeln. Der kleine Rudi stand in seiner Funktion als Nesthäkchen der Familie unter dem Generalschutz seiner Mutter und besaß dementsprechende Immunität. Damals schon.

Erst als es aufs Abi zuging, ließ mein Vater das Pflaumenschmeißen sein, und prompt verbesserten sich auch seine Noten. Ein gesunder Zweierdurchschnitt. Sogar zum Jahrgangssprecher wurde er erkoren – das war, wie er dann immer hinzufügte, sein erstes »repräsentatives Amt«. Die Sache mit dem Abschluss war damit aber noch nicht in trockenen Tüchern. Fast hätte Vatis Karriere hier nämlich ein vorzeitiges, jähes Ende genommen. Er und ein paar Freunde wurden kurz vor den Prüfungen beschuldigt, sie hätten im Lehrerzimmer einen Blick auf die Abituraufgaben geworfen. Der Lehrkörper spielte ernsthaft mit dem Gedanken, die schummelnden Übeltäter – inklusive Vati! – von der Schule zu schmeißen. An dieser Stelle machte mein Vater gerne eine dramatische Pause. Dann beschrieb er die strengen Gesichter des Kollegiums, ihre erhobenen Zeigefinger, ihre empörten Standpauken und wie ihm sein eigenes Herz mal schön in die Hose gerutscht sei. Zwar behauptete er im Anschluss regelmäßig, die Anschuldigungen seien völliger Unsinn gewesen und er bei seiner christlichen Erziehung zu so einer Husarentat gar nicht fähig. Mein Taschengeld hätte ich darauf aber nicht verwettet …

Zum Glück hatten die Lehrer ein Einsehen und warfen Vati nicht von der Schule. Wohl auch aus Mangel an Beweisen. Oder weil sie von Vatis Immunität bei Mutter Seiters gehört hatten. Stattdessen änderten sie lediglich die Prüfungsaufgaben. Vati bestand. Dazugelernt schien er allerdings nicht zu haben. Er und seine Freunde waren so begeistert von der Tatsache, einen Abschluss in der Tasche zu haben, dass sie beschlossen, diesen Umstand ohne weiteren Aufschub zu feiern. Am besten – so ihre glücksschwangere Idee – mit den Mädels vom Nonnengymnasium. Sie stürmten die gutbehütete Mädchenschule, küssten Schülerinnen wie Lehrerinnen und machten auch vor den Ordensschwestern nicht halt. Ein Schock für die Nonnen, die ein zweites »Sodom und Gomorrha« herannahen sahen. Es folgte eine Beschwerde, und die Abiturfeier der Klasse meines Vaters wurde kurzerhand abgeblasen. Der Grund: »mangelnde sittliche Reife« der Absolventen.

Ich kann also durchaus verstehen, dass es Leute gab, die Vatis Karriere nicht besonders große Erfolgschancen ausgerechnet haben. Schließlich konnte keiner ahnen, dass »Nonnenschreck Seiters« später einmal im Deutschen Bundestag neben Kohl, Genscher, Schäuble und Waigel sitzen würde, um Weltpolitik zu betreiben.

Aber wer weiß, vielleicht hat das Desaster der abgeblasenen Abiturfeier meinen Vater überhaupt erst in die Politik getrieben? Eigentlich sollte er als Jahrgangssprecher nämlich eine schön pathetische Abschlussrede halten, an der er zuvor wochenlang gefeilt hatte. Dass er nun wegen der paar Nonnen-Küsse um seinen Auftritt gebracht worden war und niemand je sein Meisterwerk hören sollte – also nee –, das fand er einfach nicht richtig. Insofern wundert es mich nicht, dass er sich später einen Job suchte, in dem er Reden schwingen konnte, bis er umfiel. Von morgens bis abends, rauf und runter, bei Wind und Wetter. Und das völlig unabhängig davon, ob Wähler, Presse oder politische Gegner seine sittliche Reife nun anzweifelten oder nicht. Das gehört bei Politikern offenbar ohnehin zum Berufsbild.

# Bonn nervt!

Sollte mein Vater sich jemals einen Sohn gewünscht haben statt drei Töchtern – er hat es uns nie gezeigt. Allerdings war ich im Prinzip der perfekte Ersatz-Junge. Vati und ich hatten einfach dieselben Leidenschaften: Western- und Karl-May-Filme, Edgar-Wallace- und Agatha-Christie-Bücher, Fußball, Skat und Doppelkopf. Zugegeben, er hatte diese ganzen Dinge schon vor mir gut gefunden. Aber das war reiner Zufall, fand ich. Oder die Gene. Mama sah das anders. Sie schimpft heute noch, dass Vati ohne zu filtern seine gesamte Palette an Hobbys und Interessen auf mich übertragen hat, nur weil er einen Kumpel wollte. Aber es funktionierte: Wir waren unzertrennlich.

Das erklärt auch unsere regelmäßigen Montagsszenen: Es ist noch dunkel, mein Vater sitzt an meinem Bett, schaut geknickt, während ich mich heulend an ihn klammere. Weltuntergangsstimmung. Kullernde Tränen. Drama wie im Film. Der Grund: Vati geht zur Arbeit. Dreimal im Monat musste er zur Sitzungswoche ins Parlament. Und das befand sich nun mal in Bonn, dreihundert Kilometer entfernt. Ätzend. Erstens wollte ich nicht, dass er überhaupt wegging. Und zweitens verstand ich nicht, warum es dann immer gleich eine volle Woche sein musste. Ein Desaster. In diesen Situationen war es mir auch plötzlich völlig wurscht, ob sein Beruf nun spannend war oder nicht. Ich wollte dann, dass er sich einen anständigen Job sucht. Einen in Papenburg. Wie die anderen Väter auch. Oder zumindest, dass das Parlament etwas näher an uns heranziehen würde. Fest stand: Die blöde Hauptstadt war bei mir schon früh unten durch. Sie war schließlich daran schuld, dass ich meinen Vater so selten sah. Einmal berichteten sie in den Nachrichten über einen Großbrand in Bonn. Ich fiel meinem Vater um den Hals und gluckste aufgeregt und total glücklich: »Vati, schau, Bonn ist abgebrannt – jetzt musst du nicht mehr hin!« Ich hatte mich zu früh gefreut.

»Können wir nicht tauschen?«, fragte ich meinen besten Freund Oliver. »Dein Vater geht ab jetzt nach Bonn, meiner bleibt hier!« Oliver war nicht nur im wahren Leben mein Nachbar, sondern auch in der Schule. Schon seit der ersten Klasse saßen wir nebeneinander. Sein Vater war Lehrer und daher gefühlt immer zu Hause. Bei Olivers Geburtstagen, nachmittags zum Spielen, abends um »Gute Nacht« zu sagen. Selbst um regelmäßig Olivers Hausaufgaben zu überprüfen. Ein Traum, fand ich. Oliver sah die permanente Anwesenheit seines Vaters etwas kritischer und war daher von der Tausch-Idee angetan. »Klar«, rief er begeistert, »nie wieder Hausaufgaben!« Unser Plan stand. Oliver hätte seinen Papa unter der Woche aus dem Haus und ich meinen rund um die Uhr für mich. Eine klassische Win-win-Situation.

Als ich meinem Vater am Wochenende von unserer tollen Idee erzählte, lachte er nur. Ich verstand nicht: Was bitte gab es da zu lachen? Ich war enttäuscht. Wieso nahm er mich nicht ernst? Ich ließ meine Unterlippe gefährlich loswackeln. Vati räusperte sich, schaute schuldbewusst, tätschelte mir den Kopf und versprach, darüber nachzudenken. Das tut er übrigens heute noch: Er hat das Thema nie wieder angesprochen. Mir blieb also nichts anderes übrig, als nach wie vor am Montagmorgen darauf zu bestehen, geweckt zu werden, meinem Vater schluchzend um den Hals zu fallen und eine Szene zu vollführen. Der sollte ruhig wissen, was er mir antat. Dass ich ihn viel dringender brauchte als das blöde Bonn!

Der einzige Vorteil von Vatis ständiger Abwesenheit war, dass ihn dadurch dauernd ein schlechtes Gewissen plagte. Natürlich konnte er es nur schwer ertragen, wenn ich weinte, also mussten regelmäßig Wiedergutmachungs-Maßnahmen her. Er überschüttete mich mit Asterix-Heften, Bibi-Blocksberg-Kassetten, Happy-Hippo-Überraschungseiern und

Mitbringseln jeder Art von seinen Dienstreisen. Kengi, mein Plüschkänguru, brachte er mir aus Australien mit, Quieki, meine knallblaue Ente, kam von einer Wahlkampfveranstaltung in München, und Brummi, der große, braune Bär, hatte ihn von einem Dienstbesuch in den USA zurückbegleitet. Zum Glück für meinen Vater war Silke schon ganz erwachsen, Kirstin fast. Meine Schwestern verzichteten deshalb auf jegliche Entschädigungs-Mitbringsel. Sie bestanden auch nicht darauf, ständig angerufen zu werden (im Gegenteil), ich aber schon. Zumindest einmal am Tag hatte Vati kurz mit mir zu telefonieren. Sonst war ich tief beleidigt. Erst wenn er dann Freitag oder Samstag nach Hause kam, war meine Welt wieder ganz in Ordnung.

Mein Vater hatte angenehmerweise schon früh erkannt, dass sich disziplinarische Maßnahmen auch flexibel einsetzen ließen. Zum Beispiel gar nicht. Ob der Auslöser für seine Toleranz sein schlechtes Gewissen war oder meine hellblauen Augen, interessierte mich persönlich nicht. Hauptsache, das Ergebnis stimmte. Meine Mutter hingegen raufte sich die Haare: »Habe ich auch noch mitzureden?«, schimpfte sie regelmäßig, wenn Vati es mal wieder geschafft hatte, innerhalb von 48 Stunden ihr komplettes Erziehungskonzept über den Haufen zu werfen. Er hatte gut lachen. Wenn er sich montags vom Acker machte, blieb *sie* schließlich zurück. Fünf Tage mit einem nölenden Kind, das nach seinem Verwöhn-Wochenende gegen jegliche Art von Zucht und Ordnung immun war. Auch meine Schwestern waren Mama bei der Erziehung keine Hilfe. Silke war 14 Jahre älter als ich und schon ausgezogen. Und auch Kirstin war heilfroh, wenn sie nach der Schule mit ihren Freunden abhängen konnte und nicht noch zum Erziehen des Kindes verdonnert wurde.

Allerdings war Mama auch nicht ganz unschuldig an dem Schlamassel. Sie legte nämlich eine gewisse Lernresistenz an den Tag. Jede Woche aufs Neue versuchte sie, mich unter

Kontrolle zu kriegen. Und das mit höchst eigenartigen Erziehungsmethoden. Ich sollte den Rosenkohl aufessen, obwohl der widerlich schmeckte. Am Tisch sitzen bleiben, obwohl das Gespräch langweilig war. Mein Zimmer aufräumen, wo ich es doch morgen wieder durcheinanderbringen würde. Ich war genervt, motzte über barbarische Verhältnisse und ließ mich nur unter Androhung von Fernsehverbot hier und da auf einen winzigen Kompromiss ein. Dieses System funktionierte schon während der Woche nur so bedingt. Kam mein Vater am Wochenende zurück, ging es endgültig den Bach hinunter. Der Rosenkohl war ihm egal, mein unaufgeräumtes Zimmer erst recht. Und wenn ich vom Tisch aufsprang, sprang er hinterher, um im Garten mit mir Fußball zu spielen. Es herrschte Anarchie. »Ihr seid doch alle irre«, schimpfte meine Mutter dann, ließ sich resigniert aufs Sofa fallen und schwor jedes Mal, dass ihr diese ganze Erziehungskiste ab sofort den Buckel runterrutschen könnte.

## Blutsbande

Wenn es um kleine Monster wie mich ging, war meine Mutter übrigens ein gebranntes Kind. Schließlich hatte sie es schon früher mit einem der schlimmsten Kaliber überhaupt zu tun gehabt: meinem Onkel Heinz! Heinz ist der kleine Bruder meiner Mutter, der laut dieser direkt aus der Hölle kam, um Chaos in die Welt zu bringen – oder zumindest in ihr Leben.

Nichtsdestotrotz hätte meine Mutter im Zweifel ihr letztes Hemd für Heinz gegeben. Oder sich – was auch schon mal vorkam – für ihn geprügelt. Schließlich durfte nur sie alleine Heinz ausschimpfen. Sonst keiner. Die beiden hingen von klein auf sehr aneinander. Das lag vermutlich auch an ihrer bewegten Kindheit. Mamas Mutter, Oma Luzi, hatte ihren Ehemann am Ende des Zweiten Weltkriegs verloren und wurde 1946 zusammen mit Mama und Heinz aus Schlesien vertrieben. Eine neue Heimat fanden meine Großmutter, meine damals dreijährige Mutter und Baby Heinz zunächst in Sehnsen bei Nienburg, etwas später dann auf Gut Krebsburg bei Osnabrück. Dort arbeitete Omas Schwager als Gutsverwalter eines Barons. Da Oma den ganzen Tag auf dem Feld schuftete, hatte sie wenig Zeit, Höllenkind Heinz zu bändigen. Schließlich mussten das Heu eingefahren und die Kartoffeln geerntet werden. So entschied meine Mutter, dass es wohl an ihr war, dem Lümmel Manieren beizubringen. Ein sehr ehrgeiziges Projekt. Denn Heinz verzierte die Gutsmauern mit rohen Eiern, ließ der Baronin Frösche durchs Toilettenfenster hüpfen und piesackte nachts die schlafenden Kühe mit einem Stock, so dass sie muhten, bis der ganze Hof wach war.

Ich persönlich war Onkel Heinz sehr dankbar, dass er in Sachen Ungehorsam ein echter Pionier gewesen ist. So hatte er meine Mutter schon mal darauf vorbereitet, dass ihr missionarischer Auftrag keine Früchte tragen würde. Außerdem ließen seine Eskapaden meine immer ziemlich harmlos wirken. Wenn ich mal wieder Unsinn angestellt hatte, verdrehte meine Mutter nur resigniert die Augen. »Ach, was soll's«, murmelte sie dann vor sich hin. »So viel Mist wie Heinz kann die gar nicht bauen!« Es gibt nur eine Person, der sie zugesteht, dass sie noch gestrafter ist als sie selbst: Tante Ingeborg, Onkel Heinz' Frau. Andererseits: Die hatte sich ihr Schicksal immerhin aussuchen können.

Mit Silke und Kirstin hatte Mama zu ihrer eigenen Verwunderung recht selten Probleme. Was aber weniger daran lag, dass die beiden so weiße Westen hatten, sondern eher daran, dass sie einfach wussten, worauf es ankam: eine gute Deckung. Während Heinz und ich als Einzelkämpfer unseren Unfug anstellen mussten, hatten Silke und Kirstin im

Zweifel immer einen, der Schmiere stand oder falsche Alibis gab. Schließlich lagen beide nur drei Jahre auseinander – die besten Voraussetzungen für Teamwork. Unter solchen Umständen war es keine Kunst, nicht erwischt zu werden, schmollte ich.

Obwohl gut aufeinander eingespielt, sind Silke und Kirstin völlig entgegengesetzte Typen. »Da ham die im Krankenhaus doch was verwechselt«, witzelte Heinz oft. Der Grund: Silke kann allein durch ihr Redetempo bei ihren Zuhörern hektische Flecken und Schwindelgefühle auslösen. Normale Menschen schaffen circa 120 Wörter pro Minute. Silke kommt locker auf das Dreifache. Kirstin wiederum ist so ruhig, dass im Vergleich zu ihr ein tibetischer Mönch wie eine Plaudertasche daherkommt. Wenn Kirstin freiwillig und unaufgefordert etwas aus ihrem Leben erzählt, tritt andächtige Stille ein, so selten ist das. Optisch waren die Unterschiede zwischen Silke und Kirstin damals allerdings längst nicht so gravierend: beide braune Haare, beide Dauerwelle, beide Schulterpolster und beide auch sonst fest im Griff der Achtziger.

Natürlich fand ich Silke und Kirstin megacool. Logisch. Schließlich war ich erst sechs, und sie waren alt genug, um in meinen Augen alles zu dürfen, alles zu können und alles zu wissen. Wenn ich nicht gerade an Vatis Hals hing, klebte ich also an Silke oder Kirstin dran. Allerdings waren sie für meinen Geschmack ebenfalls viel zu wenig daheim. Silke hatte direkt nach dem Abi eine Ausbildung zur Reisebürokauffrau in Oldenburg angefangen und kam nur noch an den Wochenenden. Kirstin ging auf die Berufsschule und machte ebenfalls ihr eigenes Ding. Natürlich hatte ich, das Nesthäkchen, bei meinen Schwestern einen Sonderstatus. Wenn es um mich ging, schwankten ihre Gefühle gewaltig zwischen »Oh, ist die süß – lass sie uns totknuddeln« und »Oooh, ist die nervig – lass sie uns in ihr Zimmer sperren«. Aber selbst wenn ich wieder einmal beleidigt vor dem Türschloss hockte und versuchte, mich mit Hilfe einer Haarklammer aus meinem Gefängnis zu befreien, fand ich meine Schwestern immer noch meeeegacool – nur zugegeben hätte ich es dann nicht mehr ...

## Herr Schäuble, ein Tanz?

Die internen Strukturen bei uns zu Hause waren also insgesamt relativ durchschnittlich. Trotzdem fürchtete sich mein Vater immer ein bisschen, wenn die Familie geballt und in voller Besetzung auftrat. Er lebte in latenter Sorge, wir könnten ihn irgendwann mal bis auf die Knochen blamieren. Am besten vor der versammelten Politik-Prominenz des Landes. Daher machte ihn auch die Aussicht auf seinen 50. Geburtstag leicht nervös. Zu ebendiesem Anlass im Oktober 1987 hatten meine Eltern nämlich 350 Menschen zu uns nach Papenburg geladen. Die Liste der Gäste las sich wie das Personenregister der Tagesschau. Politikergrößen wie Kanzleramtsminister Wolfgang Schäuble, Familienministerin Rita Süssmuth, CDU/CSU-Fraktionsvorsitzender Alfred Dregger, CDU-Landesvorsitzender Wilfried Hasselmann und CDU-Generalsekretär Heiner Geißler wollten zu dem Event ins beschauliche Emsland reisen. Vati war bereits seit 1984 Erster parlamentarischer Geschäftsführer der CDU/CSU-Bundestagsfraktion und auf jeden Fall irgendwie wichtig. Allein schon wegen der langen Berufsbezeichnung, entschied ich. Komischerweise erfreute sich dieses Amt aber nicht besonders großer Popularität. Zumindest hatte ich noch keinen meiner Schulkameraden sagen hören: »Also wenn ich später groß bin, will ich mal Feuerwehrmann werden oder Astronaut oder Erster parlamentarischer Geschäftsführer.«

Von der Opposition wurde mein Vater gerne mal als »Wadenbeißer« bezeichnet. Keine besonders nette Umschreibung, wie ich fand. Obwohl Vati darauf bestand, dass man solche Ausdrücke wirklich nicht wörtlich nehmen dürfe. »Ich muss lediglich dafür sorgen, dass die CDU in der Öffentlichkeit besonders gut dasteht«, erklärte er mir irgendwann einmal, »und die anderen Parteien besonders schlecht.« Das wiederum verstand ich, so machte ich es mit Silke und Kirstin schließlich auch.

In jedem Fall arbeitete mein Vater damals bereits mit vielen deutschen Spitzenpolitikern eng zusammen. Und auch wenn sein Amt vielleicht nicht so populär war, mein Vater war es schon. Er galt als fleißig und loyal, und er spielte gerne mal mit den Kollegen der eigenen Partei oder auch denen der Opposition in der parlamentarischen Gesellschaft Skat. Und das nächtelang. Das schaffte Sympathien. In Politikerkreisen galt: Wer ein ordentlicher Skatspieler war, konnte auch sonst kein Totalausfall sein. Gut für Vati. Denn der spielt spitzenmäßig Skat. Vor seiner Wahl zum Ersten parlamentarischen Geschäftsführer ermahnte Wolfgang Schäuble die Abgeordneten augenzwinkernd, sie sollten bitte darauf achten, dass der Rudi Seiters nicht mehr als einhundert Prozent der Stimmen bekäme. Bei dem wüsste man schließlich nie …

Ganz klar, dass sein Geburtstag einer der Anlässe war, die sich keiner entgehen lassen wollte, und dass zahlreiche Politiker bereits weit im Vorfeld zugesagt hatten. Eigentlich ja ein Grund, sich zu freuen. Nur irgendwie schien es mir, als wäre ich die Einzige in der Familie, die das auch tat. Vati hatte seit kurzem ein mysteriöses Zucken am linken Auge und schaute auch sonst irgendwie panisch drein. Kirstin und Silke stöhnten über die magere Auswahl in ihrem Kleiderschrank. Und Mama rannte nervös durch die Gegend und plante die Party so ziemlich zu Tode. »Ein Perfektions-

Kommando des Schreckens« nannte man sie hinter vorgehaltener Hand innerhalb der Familie. Dabei wurde nicht mal bei uns zu Hause gefeiert, sondern in einer großen Gastwirtschaft, die wir extra für diesen Anlass gemietet hatten. Trotzdem meinte Mama, man dürfe nichts dem Zufall überlassen.

Sie entwickelte in diesen Tagen paranoide Züge und malte sich alle möglichen Schreckensszenarien aus. Was, wenn Rita Süssmuth sich an einer Gräte verschluckte, Wolfgang Schäuble die Musik nicht gefiel oder Heiner Geißler sich mit seinem Tischnachbarn in die Haare kriegte? Oder wenn wir uns aus irgendwelchen Gründen verzählt hätten und doppelt so viele Gäste wie Stühle da wären? Vati musste dann trotz zuckendem Auge lachen und erklärte Mama, das sei nun wirklich unrealistisch. Außer der Sache mit Heiner Geißler vielleicht.

Das Programm sah einige Ansprachen vor. Natürlich. Schließlich waren wir hier unter Politikern, und da galt: Ohne Reden keine Veranstaltung. Süssmuth, Dregger und Geißler standen auf der Liste der Laudatoren. Den krönenden Abschluss allerdings sollte jemand anders bilden. »Du bist das Highlight am Ende!«, verkündete meine Mutter mir freudestrahlend ein paar Wochen vor dem Geburtstag und wedelte mit zwei Seiten voller Schüttelreime vor meiner Nase herum. Scheinbar wollte sie tatsächlich, dass ich den ganzen Kram auswendig lernte. Ich war unschlüssig. Das sah mir gefährlich nach Arbeit aus.

»Warum soll *ich* das denn machen?«, beschwerte ich mich am Nachmittag, als ich mit Oliver auf dem Spielplatz herumturnte. »Warum nicht Silke oder Kirstin?« Das war doch total unlogisch. Schließlich waren die beiden erwachsen und konnten auch schon richtig lesen. Im Nachhinein betrachtet lag der Grund aber auf der Hand: Kirstin, damals siebzehn, hätte im Zweifel eher für das nächste Jahrzehnt ein Schweigegelübde abgelegt, als vor 350 Leuten eine Rede zu halten.

Und Silke hatte zwar grundsätzlich nix gegen das Reden, aber vielleicht befürchteten Mama und Vati gerade deshalb, dass sie – einmal angefangen – nicht mehr zu stoppen sei.

So oder so schwante mir, dass ich in diesem Fall keine Wahl haben würde und fügte mich notgedrungen meinem Schicksal. Und zugegeben: Ein bisschen reizte mich die Sache auch. Wann war man schon mal »Highlight«? Also paukte ich mit meiner Mutter zwei Wochen lang täglich meinen Geburtstagsvortrag, eine Mischung aus Büttenrede und Lobeshymne auf meinen Vater. Im Prinzip ging es darum, was für ein toller Hecht er war. Aber das fand ich o. k. Ich sah das schließlich genauso. Gut, es war ein bisschen dick aufgetragen. Und hier und da wurde auf die Tränendrüse gedrückt. Aber das machte schon Sinn – schließlich wollte Mama »Emotionen«. Ich wiederum wollte nur meinen Text nicht vergessen.

Spätestens am Tag der Party hatte die Aufregung die gesamte Familie voll im Griff. Schon beim Fertigmachen zu Hause quatschten alle quer durcheinander. Meine Mutter hatte mich in ein weites, pastelliges Blümchenkleid gesteckt, auf dem ungefähr so viel los war wie auf den Straßen zu Beginn der Osterferien. Außerdem hatte man mir einen französischen Zopf gebunden, mit dem selbst ich mich niedlich fand. Vati trug einen anthrazitfarbenen Anzug mit blauer Krawatte und sah distinguiert aus – wie immer. Mama hatte sich für ein orange-rot changierendes Seidenkleid mit roten Punkten entschieden, dessen Schulterpolster jeden Modern-Talking-Fan neidisch gemacht hätten. Silke trug eine weiße Bluse, einen schwarzen Rock und ein überdimensionales weiß-schwarz kariertes Jackett darüber. Warum sie dafür jetzt eine Woche lang alle Kombinationsmöglichkeiten in ihrem Kleiderschrank durchprobiert hatte, verstand ich allerdings nicht. Das hätte ich ihr blind herausfischen können. Kirstin hatte sich anscheinend von Silkes Style inspirieren lassen, denn sie war ebenfalls in schwarz-weißen Karos unterwegs. Ihre Achtziger-Jahre-Dauerwelle hatte sie zu einem Zopf nach hinten gebunden und mit einer Dose Haarspray fixiert. An ihrem rechten Ohr baumelte etwas, das aussah wie ein Autoreifen ohne Profil. In der Mitte hing ein riesiger Modeschmuckdiamant. Oder, wie Onkel Heinz vermutete, ein Zwergplanet.

Wir waren fast die Ersten, die brav in Reih und Glied Position im Festsaal bezogen hatten. Nur eine Gruppe stattlicher Männer in grünen Trachten war schon vor uns da gewesen. Die Tinner Jäger, eine Blaskapelle, die später für Stimmung sorgen sollte. »Ich hab mal gelesen, Schäuble findet Blasmusik schrecklich«, log Silke kichernd, um Mama zu ärgern, und erntete sofort einen vorwurfsvollen Blick von Vati.

In dem großen Festsaal waren lange Tischreihen mit Namensschildern und Aschenbechern aufgebaut. Das riesige Holzdach wurde von stabilen Pfeilern gestützt, die sich über den Raum verteilten, dazwischen hingen, obwohl es erst Oktober war, Girlanden aus Tannenzweigen. Die sollten vermutlich die rustikale Stimmung unterstreichen. Hinten gab es noch eine Berentzen-Theke. Klar, schließlich waren wir im Emsland.

Nach und nach trudelten die ersten Gäste ein. Freunde, Verwandte und Politikergrößen aus Bund und Land. Und wir mussten jedem Einzelnen von ihnen die Hand schütteln. Das bedeutete: 350 Hände. 350 Knickse. 350-mal freundlich grinsen. Und 350 Runden Smalltalk. »Davon wird man ja bescheuert«, raunte Kirstin irgendwann und verdrehte die Augen. »Wir haben doch schon fast die Hälfte«, raunte Silke beschwichtigend zurück – da waren wir ungefähr bei Hand Nummer 60. Onkel Heinz scherzte irgendwas über Sagrotan- und Waschzwang vor sich hin. Kirstin rieb sich das Handgelenk und behauptete später, sie hätte sich bei dieser

Gelegenheit eine Sehnenscheidenentzündung geholt. Und auch ich fand, dass diese penetrante Händeschüttelei an Eintönigkeit kaum zu übertreffen war. Ich hoffte inständig, dass hier bald mal was passierte, sonst wäre mein Hirn demnächst so matsche, dass von meiner auswendig gelernten Rede nix mehr übrig blieb. Aus Verzweiflung hatte ich angefangen, mit Onkel Heinz Klamotten-Bingo zu spielen. Bei jeder Frau mit Schulterpolstern bekam ich einen Punkt. Bei jeder, die eine Karo-Kluft trug, er. Onkel Heinz gewann. Selbst Oma und Rita Süssmuth hatten sich für eine schwarz-weiße Karo-Kombi entschieden. »Was ist hier eigentlich los?«, wunderte sich Heinz zum wiederholten Mal. »Mottoparty, oder was?«

Hinzu kam, dass meine Mutter mir regelmäßig den Ellbogen in die Rippen rammte, wenn jemand in der Gratulanten-Reihe auftauchte, den man kennen sollte. »Schau, da ist Rita Süssmuth«, »Sag hallo zu Herrn Geißler«, »Herr Vorsitzender, das ist unsere Sarah«.

Selbstverständlich brachten alle Geladenen großzügige Geschenke mit. Heiner Geißler überreichte breit grinsend einen schweren Karton. Anscheinend folgte er seiner Gast-Tradition: Er verschenkte gerne Wein von seinem eigenen Weingut. Fand Geißler den Gastgeber eigentlich doof, kriegte dieser maximal ein Fläschchen. Verstand man sich gut, gab's zwei bis drei Flaschen. Und nur richtig klasse Typen bekamen mehr. Mein Vater gehörte offensichtlich zur letzteren Kategorie. »Ganze fünf!«, freute sich Vati amüsiert, nachdem er das Paket ausgepackt hatte. »Da muss ich ja alles richtig gemacht haben«, flötete er gut gelaunt. »Oder willst du mich nur betrunken machen, Heiner?« Heiner Geißler grinste über sein ganzes Charaktergesicht: »Beides, Rudi. Beides!«

Der CDU-Landesvorsitzende Wilfried Hasselmann wiederum schenkte meinem Vater eine ganze Wagenladung Holz. »Was bitte sollen wir denn damit?«, wunderte sich

25

Silke, »so viel Holz passt doch gar nicht ins Haus.« Auch Mama wirkte etwas überfordert. Wie bitte sollte sie einen halben Wald in ihre Wohnung integrieren? Im Endeffekt entschied man sich dann dafür, die Scheite später in unserer Garage zu stapeln – eine Position, die sie auch etwa ein Jahrzehnt beibehalten sollten. So lange dauerte es nämlich, bis meine Eltern das gesamte Geschenk verheizt und uns Kinder mit ihren ständigen Kaminabenden fast in den Wahnsinn getrieben hatten.

Einer der letzten Gäste war Bundeskanzleramtsminister Schäuble, der mit dem Hubschrauber nach Papenburg eingeflogen wurde. »Die wichtigsten Leute kommen immer zum Schluss«, flüsterte Vati der Familie zu. Oma ergänzte: »Je später der Abend, desto schöner die Gäste.« Tatsächlich schienen beide Theorien bei Schäuble zu stimmen. Stattlich sah er aus mit seinem schwarzen Zweireiher, der roten Krawatte und dem akkuraten Scheitel. Und Geschmack schien er auch zu haben, denn er lächelte charmant, zeigte auf uns Mädchen und meinte: »Also Rudi, so hübsche Töchter hätte ich dir gar nicht zugetraut.« Vati lachte stolz. Kirstin versuchte sich verlegen ihren Haarspray-Pony aus dem Gesicht zu pusten, und Silke grinste debil auf Schäubles Krawatte. Viel Zeit zum Smalltalk blieb aber nicht, denn auch die Tinner Jäger hatten mittlerweile den wichtigen Neuankömmling entdeckt. Anscheinend wollten sie ihn direkt als Bandmitglied anheuern. Sie holten Schäuble auf die Bühne und drückten ihm den Dirigentenstab in die Hand. »Kann der so was denn?«, fragte ich Vati irritiert. »Klar«, lachte der. »Politiker können alles!« Mama verdrehte die Augen.

Nach kurzer Orientierung erhob der Minister fachmännisch den Dirigentenstab und begann ihn rauf und runter zu schwingen. Die Blasinstrumente setzten taktvoll ein. Alle Frauen der Familie waren schwer beeindruckt: Ein echter Musiker war dieser Schäuble. Kein Wunder, dass er als

Shootingstar unter den Politikern galt. Oma summte vor sich hin. Ich wippte mit. Mama schaute beseelt. Offensichtlich hatte der Minister doch nichts gegen Volksmusik. Jetzt musste nur noch das restliche Programm reibungslos über die Bühne gehen. Alles war von meiner Mutter minutiös durchgeplant: erst Rede Dregger, dann Vorspeise, im Anschluss Rede Geißler, dann Suppe, danach Rede Süssmuth, dann Hauptspeise. Offenbar war es üblich, den Gästen nach jeder Ansprache die Möglichkeit zu geben, wieder zu Kräften zu kommen. Vor der Nachspeise war ich an der Reihe. Meine Mutter hatte bereits während der letzten Stunde durchgängig meine Hand geknetet und mir im Minutentakt zugeflüstert: »Das kriegst du schon hin! Das kriegst du schon hin!« Ungefähr so, wie ich mich jetzt fühlte, musste es jemandem nach einer Gehirnwäsche gehen. Ich war mir sicher: Wenn Mama nicht aufhörte, mich zu bombardieren, würde ich gar nichts mehr auf die Reihe kriegen. Ich musste schleunigst weg von hier.

Während meine Mutter kurzzeitig mit der Bespaßung der Gäste zu ihrer anderen Seite abgelenkt war, machte ich mich aus dem Staub. Und als sie sich dann wieder zu mir umdrehte, um die letzte Phase ihres Motivationstrainings einzuleiten, war ich nicht mehr da. Mama konnte es nicht fassen. Was war passiert? Wieso war ihr Highlight auf einmal verschwunden? Sie sah schon das Damoklesschwert des gesellschaftlichen Desasters über der ganzen Veranstaltung schweben, schließlich hatte sie bereits allen Bekannten von meinem geplanten Auftritt erzählt. Wie peinlich wäre es bitte, wenn der jetzt platzen würde. Außerdem schlug ihr schlechtes Gewissen zu: Hatte sie es mit dem Druck übertrieben, so dass ich nun verängstigt irgendwo im Moor hockte und nie wieder unter Leute wollte? Silke und Kirstin wurden hektisch auf die Suche gescheucht. Und auch Vati sollte meine Fährte aufnehmen. Im Gegensatz zu Mama war der allerdings nicht

mehr aus der Ruhe zu bringen. Seit Schäubles Dirigenten-
auftritt und den fünf Flaschen Geißler-Wein war er selig.
Für ihn lief alles bombig. Und wenn das Kind verschwunden
war, umso besser, dann konnte es wenigstens keinen Unsinn
anstellen, dachte Vati.

Trotzdem machte er sich daran, das Gelände nach mir zu
durchforsten. Er wollte es sich schließlich nicht mit Mama
verderben. Schon gar nicht auf seinem Geburtstag. Und tatsächlich, er fand mich auch. Vor den Toiletten auf einem
Klappstuhl sitzend. Zufrieden grinsend. Keine Spur von
Trauma. Dafür aber mit einem Porzellanteller voller Klein-
geld in der Hand. »Für fünfzig Pfennig dürfen Sie rein«, erklärte ich gerade im gängigen Jahrmarkt-Jargon einer leicht
verblüfften Rita Süssmuth und einem milde lächelnden Alfred Dregger. Vati sah eine kurze Schrecksekunde lang so aus,
als leide er an einer spontanen Fischvergiftung. Das Zucken
am Auge war auch wieder da. Dann musste er lachen. Auch die
anderen beiden nahmen es mit Humor. Und zahlten artig den
geforderten Klo-Obolus. »Deine Tochter sollte sich um den
Staatshaushalt kümmern«, meinte Rita Süssmuth schmunzelnd, »dann wären wir das Problem vielleicht mal los.«

Und sie hatte gar nicht unrecht. Toilettengeld zu kassie-
ren lohnte sich nämlich. Zumindest hier, auf Vatis Geburtstag. Es gab massenweise Wein, Bier und Malteser, plus die
dazugehörigen hochmotivierten Konsumenten. Schon nach
einer Viertelstunde hatte ich genug Kohle für die neue Da-
vid-Hasselhoff-Kassette. Mama hatte sich bisher nämlich
geweigert, meine »verirrte Vorliebe für die Schmalzlocke
mit den zu engen Hosen« zu unterstützen. Aber jetzt
brauchte ich sie nicht mehr. Ich war begeistert: So fühlte sich
finanzielle Unabhängigkeit an. Wenn ich groß war, würde
ich Klofrau werden.

Ärger, weil ich einfach abgehauen war, gab es dann keinen.
Erstens war Mama viel zu froh, dass ich heil aufgefunden

worden war. Zweitens hatte ich meinen großen Auftritt ja immer noch vor mir. Da wollte sie mich nicht mit unnötigen Standpauken verwirren.

Aber ehrlich gesagt hätte ich mit jeder Moralpredigt besser leben können als mit Mamas Motivations-Mantras. Und sie schaute schon wieder so ermutigend. Ich entschied mich, die ganze Nummer lieber schnell hinter mich zu bringen. Also marschierte ich auf die Bühne, kletterte auf den kleinen Holzhocker, den man mir schon vor das Rednerpult gestellt hatte, zog den Mikrofon-Arm auf die richtige Höhe (trotz Hocker noch sehr niedrig) und wartete einfach ab, bis Ruhe im Saal eingekehrt war. Das hatte ich mir von Vati abgeschaut. Mama bezog derweil einen Meter hinter mir Stellung, um – Gott bewahre – zur Not als Souffleuse einzuspringen.

Im Publikum war es ruhig geworden, ein paar Leute schauten besorgt – wahrscheinlich meinten sie, ich hätte schon jetzt meinen Text vergessen. Rita Süssmuth lächelte erwartungsfroh. Schäuble nickte mir aufmunternd zu. Und ich wusste endlich, wie Pastor Trimpe sich bei der Sonntagspredigt fühlen musste. Oder Vati im Bundestag. Oder die Schimpansen im Zoo. Gab es wirklich Menschen, die so etwas freiwillig machten? Egal, jetzt war es zu spät. Mir war ein bisschen schlecht. Meine Rede kam mir nämlich mittlerweile echt Banane vor. Und dann musste ich sie ausgerechnet vor einem Saal voller Politiker vortragen. Die verdienten damit ihre Brötchen. Die kannten sich aus. Ich stöhnte innerlich. Das hatte ich jetzt davon, dass ich unbedingt das Highlight sein wollte.

Ich holte einmal tief Luft, klammerte mich unauffällig am Rednerpult fest, über das ich trotz Holzhocker gerade so rüberschauen konnte, und legte los, im rhythmischen Karnevals-Singsang, so wie Mama und ich es geübt hatten.

*Mein Vater hat Geburtstag heut – drum mach ich ihm mal eine
    Freud
Er wird ja stolze fünfzig Jahr – und so ein Fest ist super rar
Ich schenke ihm nun ein Gedicht – obwohl, ein Goethe bin ich
    nicht
Doch Vati hat mich trotzdem lieb – auch wenn ich keinen Beifall
    krieg*

(Geklatsche im Publikum, ein lachender Vati – zum Glück
schien hier keiner besonders anspruchsvoll zu sein.)

*In Bonn ist er auch sehr beliebt – weil es ihn halt nur einmal gibt
Die Brille findet jeder gut – um sie zu tragen, braucht man Mut
Und wer dann noch so reden kann – den mögen wirklich alle
    Mann
Ob schwarz, ob grün, ob gelb, ob rot – ein jeder will mit in sein
    Boot*

(Männergelächter, Heiner Geißler deutete fröhlich auf Vatis
Brille – und ich freute mich, dass man mich tatsächlich lustig
fand.)

*Doch leider muss er ständig weg – ins Parlament, na, so ein
    Dreck!
Der Kohl, der nimmt ihn ganz schön ran – na klar, er ist sein
    bester Mann
Doch irgendwann, das weiß ich wohl – da reicht es mir mit
    diesem Kohl!
Ich ruf den Kanzler bald mal an – und sag: »Das ist nicht mehr
    human«*

(Schäuble nickte energisch, mein Vater grinste über beide
Ohren – ich kam langsam in Schwung.)

*Der Vati braucht mehr freie Zeit – sonst gibt es auch mit Mama
Streit*
*Die schimpft dann und wird puterrot – und Vati kriegt ein Kuss-
verbot*
*Und das, Herr Kanzler, wirklich wahr – macht keinen Sinn, das
ist wohl klar*
*Denn Vati ist nur Supermann – wenn Mama ihn gut leiden kann*

(Lautes Gelächter, Onkel Heinz klopfte Vati auf die Schulter, der nickte zustimmend.)

*Die Rede ist nun hier zu End – ich hoff, kein Gast ist eingepennt*
*Dich, Vati, hab ich schrecklich lieb – und bin sehr froh, dass es
dich gibt*
*Kein Vater ist so toll wie du – das gebe ich ganz offen zu*
*Und drum mein Wunsch fürs nächste Jahr: – mehr Urlaub für
den Jubilar!*

Hinter mir hörte ich Mama erleichtert ausatmen (hatte sie bis jetzt die Luft angehalten?). Vor mir klatschten zum Glück alle. Vati kam mit aufgerissenen Armen auf mich zugeeilt und drückte mich fest an sich. »Ganz toll hast du das gemacht«, flüsterte er mir gerührt ins Ohr. »Wenn ich mal krank bin, schicken wir dich als Vertretung in den Bundestag!« Mama lächelte stolz, strich mir über den Kopf und murmelte irgendwas von »Partykracher«.

Auch der Rest der Festgesellschaft hatte mich offenbar zu ihrem neuen Liebling erkoren. Jeder einzelne Gast schien das Bedürfnis zu haben, mir persönlich zu meiner Rede gratulieren zu wollen. Das hieß im Klartext: noch mal 350 Hände schütteln und noch mal 350 Runden Smalltalk. Ganz ehrlich: 350-mal Toilettengeld wäre mir lieber gewesen …

Allerdings musste ich feststellen: Begeisterung färbt ab. Plötzlich war ich selber ganz von mir angetan. Und pah! –

Geißler, Süssmuth und Dregger hatte ich mit meiner Rede ja locker in die Tasche gesteckt. Ich ließ mich also noch eine Woche lang von der Familie feiern. Eigentlich hätte ich aber schon damals wissen müssen, dass das Ganze eine Falle des Schicksals war. Dass Ruhm auch seine Schattenseiten hat. Schließlich werden Stars ja nicht umsonst alle zickig, größenwahnsinnig oder stürzen ab. Zu viel Anerkennung kann einfach nicht gesund sein. Und auch ich sollte meine Quittung bekommen. Die Folge meiner fehlerlosen Darbietung: Ich wurde nun regelmäßig, bei jedem wichtigen Familiengeburtstag, auf die Bühne gejagt, unter dem faulen Vorwand, es wäre doch jetzt »Tradition«. Meine Einwände, es könne ja auch mal jemand anders ran, zum Beispiel Silke, Kirstin oder Oma – von mir aus auch Pastor Trimpe –, wurden ignoriert. Hätte ich geahnt, dass diese eine Rede mein Schicksal als Familien-Sprecherin besiegeln würde – ich hätte auf das Highlight-Sein verzichtet.

## Maskottchen und Mitläufer

Nach meinem Appell in Vatis Geburtstagsrede hegte ich eine Weile die Hoffnung, dass er jetzt mehr Zeit für mich haben würde. Tja, Pustekuchen. Es wurde sogar immer schlimmer. Je länger er Erster parlamentarischer Geschäftsführer war, desto mehr Verantwortung bekam er und desto mehr Aufgaben wurden ihm übertragen. Vati war zu einem der engsten Mitarbeiter des Kanzlers geworden. Und der wollte ihn logischerweise so oft wie möglich in Bonn haben. Daher mussten Vatis Pflichten im Wahlkreis häufig aufs Wochenende gelegt werden. Selbst Samstag und Sonntag wurde jetzt gearbeitet. Kein Wunder, dass ich schon als Kind entschied: Das Politiker-Dasein ist nichts für mich. Und nicht nur wegen der beknackten Händeschüttelei und der nervenaufreibenden

Reden. Auch der Rest schien mir eine ziemliche Knochenarbeit zu sein. Die Aktenberge auf Vatis Schreibtisch wirkten bedrohlich hoch, permanent bimmelte das Telefon, und ständig musste er auf Termine im Wahlkreis. Die Job-Definition eines Lokalpolitikers scheint mir noch heute reichlich diffus: Ob Schirmherrschaft vom Schützenfest, Einweihung des Kindergartens, Vorsitz des politischen Frühschoppens oder Eröffnung des Freizeitparks – alles gehörte zu Vatis Aufgaben. Einzige Gemeinsamkeit all dieser Veranstaltungen: Ich wurde überallhin mitgeschleppt. Da Silke und Kirstin alt und schlau genug waren, um sich gegen jegliche Verschleppung zu wehren, war ich schließlich das einzige Kind, das meinen Eltern blieb. Und sie hatten entschieden, dass wir an den Wochenenden so viel Zeit wie möglich miteinander verbringen sollten. Grundsätzlich war das ja auch mein Plan, nur hätte ich das lieber bei uns im Garten gemacht. Warum dachte, verdammt noch mal, keiner mehr über die Idee mit dem Lehrersein nach?

»Wie lange dauert es denn diesmal?«, nörgelte ich auf irgendeinem Wahlkreis-Sommerfest zu Mama hoch. Ich war mittlerweile sieben und kannte die Antwort: Lange! Im Endeffekt glichen sich diese Veranstaltungen alle: War es eine CDU-Feier, lobte man sich gegenseitig. Warum man gemeinsam so stark ist, was man zusammen erreicht hat und überhaupt wie super man sich findet. Ging es um eine parteiübergreifende Geschichte, konnte es schon mal plakativer werden. Hier ein kleiner Scherz auf Kosten des politischen Gegners, dort ein subtiler Seitenhieb, aber Vorsicht, es ist Wochenende, da mag man sich schließlich. War es eine Einweihung, eine Eröffnung oder ein Fest, gab es oft noch etwas Musik, und die örtliche Tanz-, Gesangs- oder wahlweise auch Theater-Gruppe trat auf. Und eine Sache gab es immer: Reden. Von Bürgermeistern, Stadträten, Landespolitikern. Ich saß dann mit Mama in der ersten Reihe, kämmte meine

Puppe Susi kahl und war froh, dass es wenigstens kein runder Geburtstag war, auf dem ich auch noch auftreten musste.

Dieses Mal handelte es sich um eine Open-Air-Veranstaltung mit meinem Vater als Haupt-Act, der über die positive wirtschaftliche Entwicklung des Emslands sprechen sollte. Die Bühne stand mitten auf einem großen Platz, davor waren reihenweise weiße Stühle aufgestellt. Noch bevor wir uns setzten, kam auch schon der Veranstalter herbeigeeilt, begrüßte uns überschwenglich und begutachtete begeistert meine blonden Haare. »Sag mal, Sarah«, fragte er dann freundlich, »willst du nicht auch mit auf die Bühne?« Ich war skeptisch. Hatte sich das mit der Geburtstagsrede etwa so schnell herumgesprochen? Zum Glück war dies nicht der Fall. Der Veranstalter hatte sich lediglich überlegt, dass sich das niedliche Kind doch ganz prima neben seinem Vater machen würde. So etwas schafft schließlich Sympathien und vermenschlicht. Was nie schaden kann bei diesen steifen Politikern. Natürlich sagte er das nicht so. Ich kapierte trotzdem irgendwie, was er wollte. Und solange ich keine Rede halten musste, konnte ich Vati auch auf die Bühne begleiten. Außerdem wüsste dann jeder gleich, dass der Supermann am Mikrofon zu mir gehörte!

Ich stapfte also an seiner Hand frohgemut die kleine Treppe hoch und positionierte mich neben dem Rednerpult. Mein Vater begrüßte die Zuhörer und zeigte dann auf mich. »Meine Tochter wird mich heute unterstützen«, lächelte er in die Runde, »und wenn nötig, Ihre offenen Fragen beantworten.« Auweia, sehr witzig. Jetzt starrten mich alle an. Was hatte ich mir auch dabei gedacht, mich freiwillig für so eine Vermenschlichungs-Mission zu melden? Zum Glück wechselte mein Vater jetzt das Thema und begann, über die Vorzüge des Emslands zu plaudern, seine Wirtschaftsfaktoren und seine Wachstumsaussichten. Ich strahlte währenddessen optimistisch in die Menge, von rechts nach links und wieder zurück, so wie ich es mir bei meiner Mutter abgeschaut hatte. Dieses Rumgelächele war langfristig aber gar nicht so leicht zu managen. Nach einer Weile fing meine rechte Wange an, wie blöde zu zittern, und meine linke spürte ich kaum noch. Hinzu kamen dreißig Grad im Schatten, die Hitze drückte saunamäßig, und die Sonne knallte mir auf meinen dauergrinsenden Lockenkopf. Puh. Vatis Rede nahm einfach kein Ende. Ich heftete meinen Blick verzweifelt auf die große Kirchturmuhr. Zehn nach zwölf. Elf nach zwölf. Immer noch elf nach zwölf. Manno! Langsam reichte es mir wirklich. Mittlerweile hatte doch bestimmt auch der Letzte hier kapiert, wie toll das Emsland war! Und außerdem: Warum war Vati gar nicht warm? Ich blinzelte gegen die Sonne zu ihm hoch, er fuchtelte gerade enthusiastisch mit dem rechten Arm samt Hand durch die Luft und proklamierte den Ausbau der B 70. Supermann wirkte in seinem schicken Anzug kein Stück angeschlagen. Ich hingegen war es, immens. Und ich ärgerte mich über meine eigene Dummheit. Was hatte mich nur geritten, mich hier auf die Bühne zu stellen? Und wofür? Für fünf Minuten Ruhm? Um wieder mal »Highlight« zu sein? Das war doch schon beim letzten Mal nach hinten losgegangen. Ich schüttelte unauffällig meinen rechten Fuß aus, der mittlerweile vom Stehen eingeschlafen war. Am liebsten wäre ich von der Bühne geklettert und hätte mich in der ersten Reihe in Mamas Sonnenschatten plumpsen lassen. Die schaute auch schon ganz besorgt. Ob das meinem unnatürlichen Grinsen galt oder weil ich leicht hin und her schwankte – ich weiß es nicht. Mama deutete besorgt und aufmunternd zugleich auf den freien Stuhl neben sich. Ich schüttelte den Kopf. Ich konnte Vati doch nicht im Stich lassen! Was würden die Leute denken?

Leider schien die Meinung des Publikums meinen Körper ganz und gar nicht zu interessieren. Der gab nämlich irgendwann freiwillig auf. Ein Kribbeln, ein letzter, flehender Blick zur Kirchturmuhr und dann: alles schwarz. Ich war umgekippt. Mitten auf der Bühne. Als ich ein paar Sekunden später die Augen aufschlug, herrschte großes Durcheinander. Mama hielt meine Hand, Vati tätschelte meinen Kopf. Und all die Zuhörer, die zu dem Zeitpunkt schon weggenickt waren, hatte ich mit einem Schlag wieder wach bekommen. Auch ein Erfolgserlebnis. Die Leute um uns herum wirkten erleichtert. Mama meinte, weil ich mich so schnell wieder erholt hätte. Vati entgegnete, die Leute seien einfach froh, weil das Gequatsche nun endlich ein Ende hatte. Mich hätte es nicht gewundert, vielleicht wollten die gar keine Reden und waren nur wegen der Tanzgruppe da.

Meine Eltern ließen sich jedenfalls durch den Vorfall nicht weiter beeindrucken und schleppten mich nach wie vor quer durch den Wahlkreis. Kein Wunder, schließlich gab es – abgesehen von meinem kleinen Bühnenpatzer – kaum ein Kind, das sich besser für Veranstaltungen dieser Art eignete. Obwohl ich zu Hause nicht mal eine Kaffeetassenlänge still sitzen konnte, harrte ich in der Oper bis zum letzten Akt aus. Obwohl ich zu Hause ohne Punkt und Komma quasselte, machte ich bei Veranstaltungen erst den Mund auf, wenn ich gefragt wurde. Obwohl ich zu Hause die Aufmerksamkeitsspanne einer Amöbe besaß, ertrug ich auch noch die langweiligsten Museumsführungen mit der Sanftmut der Gerechten. Ich machte ungezählte Knickse, ließ mir von betagten, parfümierten Damen in die Wange kneifen und von grau- oder nichtshaarigen Herren Geschichten aus dem Krieg erzählen. Ich war das perfekte Wahlkampf-Kind.

Diese regelmäßige Metamorphose zur Wunder-Tochter verunsicherte meine Mutter jedes Mal aufs Neue. »Mischst du dem Kind Valium in den Kakao?«, fragte sie Vati dann irritiert. Warum auch immer – mein tadelloses öffentliches Verhalten freute meine Eltern. Schließlich erhielten sie regelmäßig Komplimente für ihre super Erziehung. Und sie würden den Teufel tun, da zu widersprechen. Musste ja keiner wissen, dass dasselbe Kind zu Hause die Bude auseinandernahm …

## Oma Luzi

Meine Großmutter stand meinen ständigen Wahlkampfreisen skeptisch gegenüber. Sie glaubte nicht, dass es gut für die Entwicklung war, ein Kind über sämtliche Dörfer zu schleppen und dazu zu zwingen, nur mit Erwachsenen Zeit zu verbringen. Ich plapperte ja jetzt schon so neunmalklug daher – wo bitte sollte das hinführen? Oma Luzi lebte ein paar Querstraßen von uns entfernt in einer kleinen Wohnung, von der sie jeden Morgen rüberstapfte, um Mama beim Kochen oder beim Bügeln zu helfen oder dabei, auf mich aufzupassen. Ihre Haare trug sie meist kurz und dauergewellt, und sie hatte immer einen trockenen Kommentar oder eine Binsenweisheit auf Lager (»Wer den Pfennig nicht ehrt, ist den Taler nicht wert«, »Morgen, morgen, nur nicht heute, sagen alle faulen Leute«). Sie war Baujahr 1914, extrem bodenständig und unverblümt konservativ. Mit Ausnahme ihrer leicht lila getönten Haarspitzen, die ein permanenter Kunstfehler von Omas Friseur waren, konnte sie mit neuen Trends und allem, was nach 1950 kam, nix anfangen. Zu den von ihr geächteten Gegenständen in unserem Haushalt gehörten sowohl mein Walkman als auch Kirstins mehrreihiger Nieten-Gürtel. Und warum ich Fan von diesem Hasselhoff war, ging auch über ihren Verstand. Omas Vorlieben beschränkten sich auf »Die Schwarzwaldklinik«, den jeweils aktuellen Papst und natürlich unsere Familie. Obwohl sie sonst eher von der ruhigen Sorte war, konnte meine Großmutter richtig ungemütlich werden, wenn irgendwer Professor Brinkmann, dem Papst oder einem von uns blöd kam. In ihren Augen waren nicht nur Dr. Brinkmann und Johannes Paul II. unfehlbar, sondern auch jedes einzelne Mitglied unserer Familie. Bekam Kirstin eine schlechte Note, war der Lehrer schuld. Hatte Mama vergessen, Käse zu kaufen, war er ihr sicher im Supermarkt geklaut worden. Kam ich zu spät nach Hause, hatte der Oliver mich angestiftet.

Als beliebte Sündenböcke dienten bei Oma meist die Vertreter des starken Geschlechts. Denen traute sie nämlich nicht über den Weg. Alle führten etwas im Schilde – und das war sicher nix Gutes. Oma versuchte auch gar nicht, diese Abneigung zu verbergen. Der ein oder andere Kerl fing schon an, unser Haus zu meiden. Ob Postbote, Schornsteinfeger oder Kumpel von Silke oder Kirstin. Alle hatten so etwas Getriebenes, wenn Oma plötzlich vor ihnen stand. Liebe Oma, du hast es vielleicht nicht gewusst, aber die Männer hatten Angst vor dir!

Eigenartigerweise verhielt es sich bei meinem Vater genau andersherum. Den fand Oma einfach spitze. Das wiederum schweißte auch Oma und mich enger zusammen. Nachdem der Papst einfach nicht mein Typ war und Oma mit David Hasselhoff nix anfangen konnte, hatten wir in Vati ein gemeinsames Hobby entdeckt.

Meine Mutter stand dieser Leidenschaft eher kritisch gegenüber. Natürlich freute sie sich grundsätzlich, dass ihre Mutter den Schwiegersohn mochte. Andererseits muss es für sie auch ganz schön nervig gewesen sein. Oma schlug sich nämlich bei jedem Streit ungefragt auf die Seite meines Vaters. »Mutti!«, stöhnte Mama in solchen Situationen dann gestresst, »du weißt doch gar nicht, worum es geht!« Oma schien das egal. »Dein Mann hat recht!«, erwiderte sie dann störrisch und kochte Vati sein Leibgericht.

Wahrscheinlich mochte Oma meinen Vater auch einfach deshalb so sehr, weil er sich für meine Mama entschieden hatte. Denn anfangs schien es ziemlich unwahrscheinlich, dass es ausgerechnet zwischen *diesen* beiden funken und aus ihnen *jemals* ein Paar werden würde – sogar mit Happy End. Damit hätte nun wirklich keiner gerechnet. Oma am allerwenigsten …

## Mama und Vati – The Big Bang Theory

Wenn das Schicksal es anders gewollt hätte, dann wären sich meine Eltern wahrscheinlich schon sehr früh in ihrem Leben über den Weg gelaufen. Schließlich hatten beide bereits als Jugendliche im gleichen Kanal in der Nähe von Osnabrück gebadet und vielleicht nur ein paar hundert Meter voneinander auf ihren Handtüchern gelegen. Mein Vater war allerdings im Nachhinein ganz froh, dass das Schicksal ihm noch etwas Zeit gelassen hatte. »Ich war damals nicht cool genug«, sagte er immer zu mir. »Deine Mutter hätte mich keines Blickes gewürdigt!«

Vermutlich hatte er mit dieser Theorie sogar recht. Bevor mein Vater erfolgreicher Politiker wurde, gehörte er trotz seiner Streiche eher zu den unscheinbareren Kandidaten. Während Mama mit ihren Freundinnen feiern ging, spielte er lieber mit seinen Kumpels bis zum Morgengrauen Skat. Dates? Nun ja, die könne man auch später noch haben.

Dennoch war das Timing meiner Eltern auch danach nicht immer das beste. Das erste Treffen fand 1964 statt. Meine Mutter arbeitete als Sekretärin bei der CDU. Sie war klein, zierlich, trug ihre dunkle Mähne meist offen und brachte mit ihrer unbeschwerten Art Stimmung in die Bude. Streng wurde sie immer nur, wenn es um Onkel Heinz ging (oder später um ihre Töchter). Ansonsten war und ist Mama im Prinzip von Grund auf fröhlich. Das wussten auch die ambitionierten, teils ein bisschen verkrampften Politiker zu schätzen.

Vati war zu dieser Zeit einer dieser typischen aufstrebenden Hoffnungsträger. Er war bereits Bezirksvorsitzender der Jungen Union. Smart. Charismatisch. Motiviert. Erfolgsverwöhnt. Nonnen erschreckte er schon lange nicht mehr. Stattdessen hatte die Politik für ihn oberste Priorität. Aber Frauen? Nun ja, um die würde man sich später kümmern.

Auf einem Bezirksparteitag in der Nähe von Osnabrück sollte er mal wieder als Redner auftreten. Nichts, weswegen Vati noch aufgeregt war. Sicher würde alles wie gewohnt laufen – nämlich glatt. Im selbstbewussten Stechschritt marschierte er also auf den Eingang des Veranstaltungsgebäudes zu. Warum auch nicht, schließlich war er ja hier der Superstar.

»Ihre Delegiertenkarte!« Fast hätte er die winzige Brünette über den Haufen gerannt, die sich ihm energisch in den Weg stellte. »Wie bitte?« Vati war verwirrt. »Ihre Delegiertenkarte!«, forderte die Kleine mit der Stupsnase wieder. Ja, wusste die denn nicht, wer er war? Und *was* wollte sie sehen? Seine Delegiertenkarte? Natürlich hatte er die blöde Karte nicht dabei. Die hatte er schließlich schon seit Jahren nicht mehr vorzeigen müssen.

»Entschuldigen Sie«, säuselte er und lächelte versöhnlich, »die habe ich leider nicht dabei. Aber ich …« – »Tut mir leid«, schnitt meine Mutter ihm scharf das Wort ab, »ohne Karte kommen Sie hier nicht rein.«

Ich hatte vergessen zu erwähnen, dass Mama auch dann streng wurde, wenn sie eine Mission hatte. Wie in diesem Fall. Schließlich hatte sie von ihrem Chef eindeutige Anweisungen erhalten: Sie war der Boss an der Tür. Und diese Tür würde sie verteidigen. Schließlich hatte sie ihre neue Stelle noch nicht lange und wollte von Anfang an einen guten Eindruck machen. Da konnte sich der überhebliche Kerl mit seinem Siegerlächeln auf den Kopf stellen. Besonders groß war er ja nicht, der sollte erst mal versuchen, an ihr vorbeizukommen. Mama war, so behauptet es zumindest mein Vater, sichtlich zufrieden mit sich. Dem hatte sie es gezeigt. Sie baute sich mit ihren 1,60 Metern so raumeinnehmend wie möglich vor ihm auf, wild entschlossen, meinen Vater nicht durchzulassen. Der war nun doch ein bisschen ratlos, aber auch irgendwie amüsiert. So etwas war ihm wirklich noch nie passiert. Wer bitte war dieser niedliche Türsteher? Was wollte die Kleine wohl machen, wenn er einfach an ihr vorbeimarschierte? Ihm ein Bein stellen? Wahrscheinlich würden sie heute noch so dastehen: Vati gönnerhaft und schief grinsend, Mama resolut und unverdrossen. Zum Glück kam in dem Moment eine Arbeitskollegin meiner Mutter peinlich berührt herbeigeeilt. »Gitta, was machst du denn da?«, zischte sie ihr zu. »Das ist doch der Seiters!« Jetzt wurde es für Vati richtig lustig: Mama starrte zunächst sprachlos ihre Kollegin an, danach ungläubig Vati, und dann erst breitete sich in ihrem Gesicht der Schock aus, zusammen mit einem kräftigen Magentafarbton.

Mamas Kollegin begrub meinen Vater unter einer Lawine von Entschuldigungen, während sie ihn zum Empfangsbereich schob. Meine Mutter blieb paralysiert zurück. Hatte sie wirklich eben zum Shootingstar der Jungen Union gesagt, er komme hier nicht rein? Weil er keine Delegiertenkarte dabeihabe??? Mamas eiserner Wille brach in sich zusammen, und wenn sie gekonnt hätte, sie hätte auf der Stelle das Land verlassen. Was würde ihr Chef sagen, wenn er davon erführe? Oder Onkel Heinz? Und, herrje, was musste der Seiters jetzt von ihr denken?

Nachdem Mama sich wieder eingekriegt hatte, hielt sie sich den restlichen Nachmittag im Hintergrund. Nicht dass Kanzler Erhard oder irgendein wichtiger Minister spontan vorbeikäme und ebenfalls seine Delegiertenkarte vergessen hätte. Mittlerweile traute sie sich alles zu. Und sie ertappte sich immer wieder dabei, wie sie den kleinen Mann mit den tiefschwarzen Haaren beobachtete, der da seine Rede halten sollte. Oder das, was sie von ihm erkennen konnte. Er war nämlich permanent von einer Traube Menschen umgeben. Was fanden die nur alle an dem?

Eine Antwort darauf gab es für meine Mutter – damals bereits mit ihrem ersten Mann verheiratet – erst ein paar Jahre später, als sie einen neuen Chef bekam: meinen Vater. Der wurde gebeten, übergangsweise ehrenamtlich die Geschäftsstelle für den Bezirksverband in Osnabrück zu übernehmen. Zufällig genau das Büro, in dem auch meine Mutter arbeitete. Als sie die Nachricht erhielt, wer ihr neuer Chef werden sollte, wurde ihr spontan ein bisschen schlecht. Was, wenn ihr der Seiters die Nummer vom Bezirksparteitag noch übelnähme? Als es dann aber so weit war und Vati seinen Arbeitsplatz bezog, war sie erleichtert. Er schien sich nämlich gar nicht mehr an sie zu erinnern. Vati verhielt sich einfach nett und unkompliziert und erwähnte ihren Patzer mit keinem Wort.

Mama fand ihren neuen Chef wirklich sympathisch, hatte aber auch ein bisschen Schiss. Zumindest immer dann, wenn sie in sein Büro zitiert wurde, um sich eine Rede, einen Brief oder sonstiges wichtiges Zeug von ihm diktieren zu lassen. Sie hatte nämlich relativ schnell festgestellt: So nett der Seiters auch war, er war ein echter Pedant, wenn es um Kommasetzung ging. »Der Mann macht mich wahnsinnig!«, jammerte Mama regelmäßig den armen Onkel Heinz voll. »Irgendwo findet der immer einen Fehler!« Egal, wie akribisch sie die Texte untersuchte, sie bekam jedes Mal eine neue Lektion zum Thema Zeichensetzung.

In den nächsten Jahren schaffte es Vati in den Bundestag, Mama zur weltbesten Kommasetzerin. Außerdem wurde sie stolze Mutter von Silke und Kirstin. Anfang der siebziger Jahre aber kriselte es in Mamas erster Ehe. Es kam zur Scheidung, und Mama und ihr damaliger Ehemann trennten sich in beiderseitigem Einvernehmen und in Freundschaft.

Was meinen Vater betraf, so hatte er meine Mutter von Anfang an gemocht, weil sie so viel lachte und so lebhaft war. Mama ließ sich nämlich schon aus Prinzip nicht anmerken, was für einen Heidenrespekt sie vor ihm hatte. Noch hinzu kam: Vati war von Mamas Türsteheraktion nachhaltig beeindruckt gewesen. Natürlich hatte er ihr erstes Kennenlernen nicht vergessen. »Wenn eure Mutter Troja verteidigt hätte«, erzählte er uns später immer lachend, »die Griechen würden heute noch vor den Toren stehen.« Selbstverständlich fand Mama auch meinen Vater toll. Klar, er war erfolgreich und charismatisch, noch wichtiger aber war, dass er dabei so nett geblieben ist. »Obwohl er so gefragt war und überall mitreden konnte, kam er immer so bodenständig daher«, erklärte uns Mama später. »Und hat sich ständig so freundlich nach Oma erkundigt!« Kurz und gut: Meine Eltern verliebten sich ineinander.

Da meine Mutter mittlerweile geschieden war, hätte auch im Prinzip alles geregelt sein können. War es aber nicht. Stattdessen wurde es erst so richtig kompliziert. Vati war Christdemokrat. Mama eine geschiedene Frau mit zwei Kindern. So eine Verbindung galt als unvorstellbar und hatte eigentlich keine Zukunft. Nicht in der damaligen Zeit. Nicht im konservativen Emsland. Und erst recht nicht, wenn mein Vater seine erfolgversprechende Karriere nicht komplett in die Tonne kloppen wollte. Er wusste: Die Situation war extrem heikel. Es würde massiven Widerstand gegen einen CDU-Abgeordneten geben, der eine geschiedene Frau heiraten wollte. Viele Leute – in der Bevölkerung und in der Partei – waren nicht bereit, das zu akzeptieren. Vati stand vor der Entscheidung: Ließ er Mama sausen oder entschied er sich für sie und damit vermutlich gegen seine Karriere?

Die Nachricht von der geplanten Hochzeit traf dann Kollegen, Freunde und die Familie meines Vaters entsprechend unerwartet. »Spinnst du?«, »Ist das dein Ernst?«, »Weißt du, was du da tust?« Viele zeigten sich überrascht, der überwiegende Teil schockiert. Diese Spontanhochzeit sah dem sonst so besonnenen Rudi gar nicht ähnlich. Schließlich hatte er immer nur seine Politik im Kopf gehabt und wollte sich doch erst später um Frauen kümmern. Und dann gleich eine geschiedene Mutter? Wusste er denn nicht, dass das wahrscheinlich sein Karriere-Aus bedeuten würde?

Trotz der Welle von Skepsis, die ihm entgegenschlug, stand der Entschluss meines Vaters fest: Er würde Brigitte heiraten. Und das so schnell wie möglich. Er informierte sogar persönlich den Bischof und den Kirchenvorsteher seines Wahlkreises darüber, ließ sich aber mit ihnen auf keine Diskussionen ein.

Im Juli 1974 wurde dann in Osnabrück im kleinen Kreis geheiratet. Vati war damals sechsunddreißig, Mama fünf Jahre jünger. Als Kind habe ich regelmäßig ihr Hochzeitsfoto rausgekramt. Schließlich war es so schön bunt. Mama hatte die Haare hochgesteckt, trug ein knielanges, rosafarbenes Kostümkleid und einen orangefarbenen Brautstrauß. Um das Ganze farblich noch konfuser zu gestalten, hatte man die Blumenkinder, also Silke und Kirstin, in blau-weiße Spitzenoutfits gesteckt. Die Tatsache, dass die beiden dabei sein durften und ich nicht, hat bei mir übrigens diverse Heulkrämpfe und Schmoll-Attacken ausgelöst. Ich fand das einfach ungerecht. Trösten konnte man mich nur, indem man mir detailliert von der Hochzeit berichtete. Obwohl die Trauung, abgesehen von den abenteuerlichen Farbkombinationen, relativ unspektakulär abgelaufen war. Nicht dass meine Mutter das interessiert hätte. Hauptsache, sie konnte ihren Rudolf heiraten. Sie erzählt heute noch, wie verliebt sie damals war. Anders kann sie sich bis heute auch folgende Szene nicht erklären: Nach der Trauung, beim gemeinsamen Hochzeitstanz zu Al Martinos »Spanish Eyes«, fragte mein Vater säuselnd: »Na, Brigitte, wie tanze ich?«, woraufhin seine Angetraute tatsächlich und völlig ernst gemeint erwiderte: »Rudolf, wie ein junger Gott!« Spätestens das ist der Beweis, dass Liebe nicht nur blind, sondern auch taub macht. Vor allem die Füße. Und ich weiß, wovon ich spreche. Schließlich musste ich später mehrfach bei den Veranstaltungen meiner Tanzschule mit Vati aufs Parkett. Und, sorry Vati, deine Tanzkünste grenzen an Körperverletzung.

Ähnlich leicht ließ sie sich von Vatis Plänen für die Hochzeitsreise begeistern: Er hatte Karten für das WM-Endspiel in München besorgt. Deutschland gegen Holland – ein Klassiker. Mama, die einen Fußball kaum von einem Medizinball unterscheiden konnte, fiel ihm überwältigt in die Arme. Wahrscheinlich hätte er ihr auch einen Ausflug in den Heidepark Soltau schenken können oder zum jährlichen Ornithologen-Kongress, und meine Mutter hätte noch glänzende Augen gehabt.

Vati war nicht besser. Dank seiner frisch Vermählten war er offenbar so beseelt, dass es ihn nicht einmal störte, als Mama in der 57. Spielsekunde fälschlicherweise beim Tor der Niederländer jubelte. Zum Glück glich Deutschland wieder aus, wurde mit 2:1 Weltmeister und verhinderte damit, dass meine Eltern von den anderen deutschen Fans eins auf die Nase kriegten. Ich jedenfalls bin froh, dass ich die beiden damals noch nicht kannte.

Wie befürchtet, zog aber eine dicke, schwarze Gewitterwolke auf meinen Vater zu. Ein halbes Jahr nach der Hochzeit wurde eine große Kampagne gegen ihn gestartet. Einige in der Kirche besonders engagierte Bürger, darunter viele Landwirte, Schulräte und Ärzte, wollten verhindern, dass mein Vater 1976 erneut für die Bundestagswahl aufgestellt werden würde. Ein Mann, der eine geschiedene Frau geheiratet hatte, könne die christlichen Werte nicht anständig vertreten. Über ein Jahr bekamen meine Eltern entrüstete Briefe aus der Bevölkerung und von CDU-Mitgliedern, die forderten, er dürfe nicht noch einmal kandidieren. Oder er solle sich alternativ schnell wieder scheiden lassen. Jeden Tag wurden in den regionalen Zeitungen Artikel und Leserbriefe zu dem Thema abgedruckt. Sogar *Spiegel* und *Stern* berichteten umfangreich über das Thema. Egal ob pro oder kontra – alle hatten etwas zum Privatleben meines Vaters zu sagen. Die emsländische CDU war gespalten. In den Ortsverbänden stand die Stimmung auf der Kippe.

Monatelang gab es bei meinen Eltern zu Hause kein anderes Thema. Der morgendliche Blick in die Zeitung war immer das Schlimmste. Man wusste nie, welche Position in den aktuellen Leserbriefen vertreten wurde. Mal pro Vati, mal kontra. Jeder negative Artikel hätte die Stimmung endgültig zuungunsten meines Vaters kippen lassen können. Vati war angespannt. Mama fühlte sich durch die öffentliche Diskussion verletzt. Onkel Heinz war empört. »Ja, leben wir denn im Mittelalter?«, schimpfte er, als er bei einem sonntäglichen Spaziergang die abschätzigen Blicke manch anderer Spaziergänger bemerkte. Zum Glück waren Silke und Kirstin noch zu klein, als dass sie wirklich etwas von dem ganzen Drama mitbekommen hätten.

Für Vati zeigte sich damals, wer seine echten Freunde waren. Viele unterstützten meine Eltern nach Kräften, darunter zahlreiche Politiker. Sie argumentierten, dass es seine Privatsache sei, mit wem er zusammen war, und dass seine Partnerwahl über seine politischen Qualitäten nichts aussagte. Und überhaupt: Wo kämen wir denn hin, wenn wir nicht mehr heiraten dürften, wen wir wollten?

1976 war es dann so weit: Die Entscheidung, ob mein Vater noch einmal für den Bundestag kandidieren würde, stand auf dem Programm. Die Kreisverbände hatten jetzt darüber abzustimmen. Und damit gleichzeitig darüber, ob seine politische Laufbahn zu Ende war oder nicht. Ohne ihre Zustimmung hätte es auch keine Möglichkeit für ihn gegeben,

weiterhin auf Bundesebene Politik zu betreiben. Wahrscheinlich wäre mein Vater dann zurück in seinen Beruf als Anwalt
gegangen – was zwar kein Weltuntergang, aber trotzdem weit
entfernt von seiner eigentlichen Leidenschaft gewesen wäre.
Meine Eltern waren vermutlich an diesen Tagen so gestresst
wie noch nie in ihrem Leben. Vati, weil er Politiker bleiben
wollte. Mama, weil sie nicht dafür verantwortlich sein wollte,
dass er es nicht mehr sein konnte. Aber die Situation war, wie
sie war, und zumindest würde bald Klarheit herrschen …

Das Ergebnis war dann eindeutig: Im entscheidenden
Wahlgang sprachen sich alle drei Kreisverbände *für* eine er-
neute Kandidatur meines Vaters aus. Alles war gutgegangen!
Vati hatte gewonnen. Seine Kandidatur und meine Mutter.
Das Sahnehäubchen lieferte dann die folgende Bundestagswahl: Mein Vater wurde mit absoluter Mehrheit in den Bundestag gewählt – und damit vollständig durch die Bevölkerung bestätigt. Danach verstummte auch der letzte Kritiker;
die Leute auf der Straße hörten auf, komisch zu gucken, das
Thema hatte sich ein für alle Mal erledigt.


## Drei Schwestern

Für Silke und Kirstin wurde Vatis »Promi«-Status erst relevant, als sie schon etwas älter waren. Silke erinnert sich
manchmal genervt an ihre Schulzeit: »Nur wegen Vati
wurde ich in Geschichte ständig drangenommen«, be-
schwert sie sich noch heute. »Dabei hatte ich weniger Ahnung als alle anderen.« Der Geschichtslehrer unterstellte ihr
offensichtlich ein wesentlich größeres Wissen, als tatsächlich vorhanden war. Wahrscheinlich ging er davon aus, dass
bei Seiters am Tisch mit spektakulären Erkenntnissen und
Know-how nur so um sich geworfen wurde. Dass es bei *dem*
Vater beim Abendessen mindestens um den Aufbau der grie-

chischen Polis gehen musste, um Bismarcks Gleichgewichts-
politik oder um die Säkularisierung während der Französischen Revolution.

Ähm, nein. Erstens hätte ihm dann zu Hause keiner zugehört. Zweitens diskutierte Vati ohnehin lieber über die Ta-
bellenergebnisse des VfL Osnabrück oder die letzte Tatort-
Folge. Und schließlich, drittens, war er sich damals durchaus
bewusst, dass er größere Chancen hatte, einen SPD-Anhän-
ger für die CDU zu begeistern, als Silke für Geschichte. Das
Einzige, wo wir natürlich nicht drum herumkamen, war das
aktuelle politische Tagesgeschehen, das beim Abendessen
rauf und runter seziert wurde – das half Silke bei ihrer Ge-
schichts-Schwäche aber auch nicht wirklich weiter.

Abgesehen von ihrem Geschichtsunterrichts-Trauma gab
es durchaus Dinge, die Silke an Vatis Position gefielen. Zum
Beispiel, dass er sie hin und wieder, und im Gegensatz zu mir
nur wenn sie Lust hatte, auf eine seiner Veranstaltungen mit-
nahm. Seine erste Amtshandlung war dann, eine große Be-
grüßungsrunde zu drehen, um meine gerade volljährige
Schwester allen Anwesenden vorzustellen. Klar, dass Silke
das gefiel. Schließlich machte es deutlich, wie vorzeigbar und
erwachsen sie schon war. Silke strahlte dann jovial in die
Runde, schüttelte gönnerhaft die ihr angebotenen Hände
und kam sich enorm reif vor.

»Mann, das macht er bei mir doch auch«, fiel Kirstin eines Tages genervt ein, als Silke mal wieder von ihrer gelungenen Einführung in die Gesellschaft berichtete. »Der will
nur kein Getuschel.« Silke war verwirrt. Getuschel? Getuschel worüber denn? Die Leute konnten doch nicht ernsthaft
denken … »Klar können die!«, stellte Kirstin trocken fest.
»Woher sollen die denn wissen, dass du seine Tochter bist?«
Silke war empört. Das war doch völliger Unsinn!

Entrüstet stellte sie Vati dann aber doch beim Abendessen
zur Rede. Machte er wirklich nur deshalb so sorgfältige Be-

grüßungsrunden, um peinliche Verwechslungen zu vermeiden? Und tatsächlich. Mein Vater gab sich nicht mal Mühe, es abzustreiten. Er schien deshalb auch kein schlechtes Gewissen zu haben. »Politiker-Paranoia« – so bezeichnet Silke das Phänomen bis heute. Mein Vater nennt es Selbsterhaltungstrieb und Gerüchteprophylaxe. Schließlich, sagt er, würde in Politikerkreisen mehr getratscht als bei Mama auf dem Tennisplatz.

Ob mich persönlich die exponierte Stellung unserer Familie damals nun störte oder ob sie mir gefiel, kann ich heute gar nicht mehr sagen. Sicher ist: Ich kannte es nicht anders. Allerdings befürchte ich, dass ich durchaus eine Zumutung für meine Klassenkameraden gewesen bin. Zumindest manchmal. Grundschulkinder haben nämlich eine sehr niedrige Toleranzschwelle, wenn man mit ihnen die Bundestagsdebatte vom Vortag analysieren will. Oder unbedingt ausdiskutieren möchte, warum der Oppositionsführer sich mal wieder wie ein Fähnchen im Wind verhalten hat. Schließlich verfolgten wir zu Hause jeden Tag die Nachrichten. Und das rauf und runter und auf jedem Sender. Wenn Vati sich dann über den »Laberheini« von der Opposition aufregte, regte ich mich mit auf. Lobte er den »guten Mann« aus den eigenen Reihen, nickte ich diesem aufmunternd durch den Fernseher zu. Natürlich war ich bei der Einordnung auf der Skala zwischen »guter Mann« und »Laberheini« komplett auf Vatis Expertise angewiesen, die ich übernahm, ohne sie zu hinterfragen. Die gleiche Solidarität erwartete ich natürlich von meinen Freunden. Und das gleiche Grundinteresse. Kam der arme Oliver vorbei, um friedlich Murmeln zu tauschen, schwallte ich ihn mit der Barschel-Affäre voll. Wollte er Frösche fangen, durfte er sich zunächst mein Halbwissen zur amerikanischen Präsidentschaftswahl anhören. Er muss mich wirklich sehr gemocht haben, dass er mich nicht aus purer Verzweiflung im Kanal ertränkt hat – oder zumindest die Schule wechselte. Auch meine anderen Schulkameraden sahen gnädigerweise davon ab, mich Klugscheißer auf dem Nachhauseweg zu verprügeln – zu verdenken gewesen wäre es ihnen nicht. Soweit ich mich erinnere, wurde ich aber tatsächlich von jeglichem Mobbing verschont und auf alle wichtigen Geburtstage eingeladen. Dementsprechend entspannt konnte ich wohl auch meinen Status als Politikerkind sehen.

Kirstin hatte es da schwerer. Sie hatte sich vorgenommen, den Rummel um unsere Familie in ihrer typisch gelassenen Art und mit stoischer Ruhe zu ignorieren. Leider war das gar nicht so einfach … Als *Tochter* eines Politikers gilt man in Papenburg nämlich ebenfalls fast als Person des öffentlichen Lebens. Keine Jugendsünde bleibt geheim, kein Ausrutscher unentdeckt. Und Kirstin hatte leider als Kind einen Hang zu Fettnäpfchen. Gab es einen See, in den man fallen konnte – Kirstin tat es. Gab es eine Laterne, die man umarmen konnte – Kirstin war die Erste. Meine Schwester war in brenzligen Situationen einfach nicht vom Glück gesegnet. Ein klassischer Pechvogel eben. Ein Schicksal, das sie bis in die Pubertät verfolgte. Kam sie nachts mal zu spät nach Hause, verpfiff sie am nächsten Morgen der Taxifahrer bei meinen Eltern. Rauchte sie mal heimlich auf dem Spielplatz, petzte ein Nachbar. Scheinbar hatte sich halb Papenburg vorgenommen, bei ihrer Erziehung ein Wörtchen mitzureden.

Dabei war Kirstin gar nicht aktiv auf der Suche nach Abenteuer oder Risiko. Sie war eher der Typ »harmloser Durchschnitts-Teenie«. Keine Drogen, keine Skandale. Akzeptable Exzesse. Die einzigen wirklich spektakulären Ausfälle hatte sie im Schlaf. Bei Vollmond schlafwandelte sie nämlich. Während eines Familienurlaubs auf der Insel Ischia war sie sogar einmal gegen drei Uhr nachts einfach aufgestanden, hatte die Tür zum Balkon geöffnet und war von dort auf den Nachbarbalkon geklettert – wir befanden uns wohlgemerkt im dritten Stock. Im Nebenzimmer schlummerte zur gleichen Zeit ein Flitterwochen-Pärchen friedlich in seinem Bett. Zumindest so lange, bis eine junge Frau im Nachthemd plötzlich durch ihr Zimmer wandelte (die Balkontür hatte offen gestanden), um sich dann seelenruhig – kein Scherz! – auf der Toilette der frisch Vermählten niederzulassen. Die Story war schon in Papenburg rum, bevor die Familie überhaupt die Koffer wieder ausgepackt hatte, und Kirstin gilt bis heute als »Honeymoon-Horror«.

Dass Kirstin mit Abstand die Friedlichste von uns dreien war, half ihr also wenig. Sie wurde einfach bei jeder peinlichen Aktion und jedem noch so kleinen Regelverstoß erwischt. Logisch, dass Kirstin es schon früh kaum erwarten konnte, Papenburg zu verlassen und in der Anonymität einer Großstadt unterzugehen. Und ebenso logisch, dass sie irgendwann dazu überging, nur noch dann zu sprechen, wenn es wirklich unumgänglich war – umso weniger konnte gegen sie verwendet werden.

## Die Demo vor der Tür

Selbst unsere eigenen vier Wände garantierten nicht immer Privatsphäre. Das lernten Silke, Kirstin und ich spätestens an dem Abend, als sich eine Gruppe von etwa dreißig düsteren Gestalten mit brennenden Fackeln auf der Straße vor unserem Haus versammelte. Mama und Vati waren nicht zu Hause und wir Mädels hatten keinen blassen Schimmer, was diese Leute von uns wollten. »Kirstin, mach sofort das Licht aus!«, kommandierte Silke. »Die starren ja alle zu uns rein!« Und in der Tat sah es so aus, als hätten die Fackelmänner vor dem Haus Stellung bezogen, um uns stumm zu beobachten. Die Aktion wirkte ein bisschen wie Sankt-Martins-Singen für Erwachsene, fand ich. Nur dass keiner sang. Und auch sonst nix passierte. Wir kauerten also wie doof in der dunklen Küche rum und wussten nicht so recht, was tun. Auf keinen Fall rausgehen, so viel stand fest. Meine Schwestern wurden leicht panisch. Kirstin, weil ihr das Ganze nicht geheuer war. Silke, weil sie zusätzlich noch ein ziemlich praktisches Problem hatte: »Wie soll ich bei der Versammlung da draußen denn jetzt die Jungs aus dem Haus kriegen?«, stöhnte sie verzweifelt. Silke hatte nämlich ohne das Wissen von Mama und Vati einen Kasten Bier und ein paar Kumpels bei uns eingeschleust, obwohl sie eigentlich auf mich aufpassen sollte. »Na toll!«, Kirstin rollte genervt mit den Augen. »Jetzt gibt's wieder Vatis Vortrag über Verantwortung.« Ich schluckte. Oje! Nicht der Verantwortungsvortrag! Alles, bloß das nicht! Auch Silke wurde ganz blass.

Trotz dieser finsteren Aussichten trauten wir uns nicht, Silkes Kumpels über den Garten ins Freie zu entlassen. Konnte doch schließlich keiner wissen, ob da auch noch irgendwer lauerte. Also holten wir die Jungs mit in die Küche und hockten alle gemeinsam in der Dunkelheit herum. Silkes Freunde machten dumme Sprüche. Wir kicherten nervös. Und ich fühlte mich pudelwohl. Gut, auf den Verantwortungsvortrag konnte ich wirklich verzichten, aber dank der Fackel-Versammlung durfte ich jetzt Zeit mit meinen Schwestern verbringen und mit ihren coolen Freunden. Ohne diese Notsituation hätte man mich doch sicher wieder in mein Zimmer gesperrt.

Nach circa einer Dreiviertelstunde ging endlich das Licht an. Meine Eltern waren zurück. »Kinder?«, rief Mama. »Ist alles in Ordnung?« Vati knallte die Tür hinter sich zu und war offensichtlich auf hundertachtzig. Nachdem sie sich davon überzeugt hatten, dass wir keinen Schaden davongetragen hatten, legte Vati so richtig los. »Die können doch nicht einfach zu mir nach Hause kommen und meine Mädchen erschrecken«, schimpfte er, »die spinnen ja wohl!« Er war so sauer, dass er sogar Silkes Kumpels ignorierte.

Trotz des Gepolters wussten wir aber immer noch nicht, was eigentlich los war. Das erklärte uns Vati, nachdem er sich etwas beruhigt hatte. Offensichtlich hatte es sich bei der Aktion um eine Mahnwache der Gewerkschaften gehandelt. Der Grund: Der Bundestag plante eine Änderung des Streikparagraphen, und die Gewerkschaften befürchteten, diese Gesetzesänderung würde ihr Streikrecht einschränken. Mit der Fackel-Nummer wollten sie einfach ihren Protest ausdrücken. »Aber bitte nicht auf Kosten meiner Familie«, regte sich mein Vater schon wieder auf. »Und erst recht nicht, wenn ich gar nicht zu Hause bin.« Er war so wütend, dass er sich weigerte, auch nur ein Wort mit den Fackelträgern vor der Tür zu wechseln. Zum Glück auch zu wütend, um an den Verantwortungsvortrag zu denken. Silkes kleines Vergehen ging in dem Chaos völlig unter, die Jungs durften sich trollen, ohne einen auf den Deckel zu kriegen. Die Standpredigt bekam stattdessen der Vorsitzende des Deutschen Gewerkschaftsbundes ab. Dem schickte mein Vater nämlich umgehend ein Beschwerde-Telegramm.

Am nächsten Tag kamen natürlich ein paar Reporter zu uns, um meinen Vater zu den Ereignissen der letzten Nacht zu interviewen. Und natürlich auch, um ein paar O-Töne von uns erschreckten Töchtern einzuholen. Ich erzählte ihnen aufgeregt, wie spannend die ganze Sache gewesen war und dass das mit den Lichtern echt hübsch ausgesehen hätte. In der Zeitung wurde dann später ein Foto von uns Mädchen hinter der Küchengardine abgedruckt. Der Artikel trug die Überschrift: »Sarah ist froh: Die Fackelmänner sind weg«. Ich war empört. Ich? Ausgerechnet ich? Wo ich die Einzige gewesen war, die Ruhe bewahrt hatte? Ich fühlte mich missverstanden. Und verleumdet. Mit der Presse, so erklärte ich meinen Eltern entrüstet, würde ich so schnell nicht mehr sprechen.

# In der Arena

Nun war ich allerdings schon als Kind eher so mittelkonsequent. »Die Sarah hält's wie der Adenauer«, sagte mein Vater immer. »Die kümmert ihr Geschwätz von gestern auch nicht.« Dementsprechend lange hielt ich mich auch an meine Informationssperre gegenüber der Presse. Meine nächste Konferenz gab ich nämlich schon im Sommer 1988 beim »Großen Preis von Aachen«, einem der renommiertesten Reitturniere der Welt. Mein Vater war Ehrengast und sollte eine Medaille überreichen. Wir nahmen wie immer auf der Ehrentribüne Platz, neben spektakulären Erscheinungen wie den Nachkommen von König Hussein von Jordanien und anderen internationalen Größen, die angeblich wahnsinnig wichtig waren. Mama und Vati unterhielten sich unentwegt mit den Leuten rechts, links, vor und hinter uns, während ich aufmerksam beobachtete, was vor Ort so abging. Die Frauen trugen überdimensionale Hüte und hielten alberne, kleine Ferngläser in den Händen. Die Pferde trugen komische Namen wie »van Gogh«, »Walzerkönig«, »Silbersee« – ich fragte mich, was an »Fury«, »Black Beauty« oder »Amadeus« falsch war ... Ich fühlte mich als echte Pferdeexpertin – selbsternannt. Nicht dass ich je auf einem Vollblüter gesessen hätte, dafür hatte ich in letzter Zeit das Hörspiel »Fünf Freunde und das verschwundene Pferd« aufmerksam verfolgt, mehrmals. Es ging um Abenteuer und Pferdediebstahl – das hatte mich offenbar inspiriert. Im Aufstehen erklärte ich Mama und Vati, ich würde mir schnell etwas Süßes an der Pommesbude holen – natürlich nur ein Vorwand, um Umgebung, Tiere und gegebenenfalls den ein oder anderen Pferdedieb in Ruhe inspizieren zu können.

Erst eine ganze Weile später, während einer Smalltalk-Pause auf der VIP-Tribüne, bemerkten meine Eltern, dass ich noch immer nicht von meiner Pommesbuden-Mission zurückgekehrt war, und brachen umstandslos in Panik aus. Mein Vater begann, hektisch auf und ab zu laufen und die armen Platzeinweiser ganz nervös zu machen. Mama war kurz davor, dem Stadionsprecher sein Mikro zu entreißen und die restlichen 40 000 Leute aufzufordern, sofort beim Kindersuchen zu helfen. Zum Glück blieb dem guten Mann – und auch den 40 000 Besuchern – die Begegnung mit Mama erspart. Ihn rettete, dass in diesem Moment die Ehrenrunde eingeläutet wurde und sich alle Aufmerksamkeit auf die einfahrenden, geschmückten Wagen richtete. Mama sah es zuerst, packte Vati am Arm und deutete aufgeregt in die Arena: »Rudolf, was macht das Kind da schon wieder?!« Vati schüttelte sprachlos den Kopf, als er mich entdeckte. Ich saß mit wehendem Kleid oben auf dem ersten Wagen, direkt neben dem Kutscher, und winkte munter den Massen zu.

Rückblende: Auf meiner Suche nach Abenteuer, Pferden und Halunken war ich an einer Koppel zufällig auf besagten Kutscher gestoßen. Mit seinem lustigen Frack, seinem Bart und seinem Weihnachtsmann-Lächeln musste ich ihn einfach anquatschen. Ich wusste schließlich, wie Smalltalk ging. »Sind das alles Ihre Pferde?«, fragte ich ungläubig und deutete auf die vier Tiere, die vor seine Kutsche gespannt waren. Und gleich weiter: »Macht Ihnen Ihr Beruf Spaß?« Das fragte Vati immer alle Bürger. »Es ist der schönste Beruf überhaupt«, erklärte mir der Kutscher verschwörerisch lächelnd und schob sich seinen Zylinder zurecht. »Willst du mal mitfahren?« Logisch wollte ich das. Das klang immerhin genau nach dem, was ich gesucht hatte: Abenteuer und Pferde. Ohne die Halunken, na gut, aber ich wollte nicht zu gierig sein. Der Kutscher hob mich mit einem Satz auf den Bock seines Wagens, schwang sich daneben und drückte mir eine Peitsche in die Hand. Dann trieb er die vier Pferde vor der Kutsche langsam in Richtung Arena. Dort angekommen, gab er dann Gas. Ich war hin und weg. Das war viel cooler, als auf der langweiligen VIP-Tribüne rumzuschimmeln. Gut, der Wagen holperte zwar nicht zu knapp, und meine langen Haare wehten mir und dem Kutscher vorm Gesicht herum, aber dafür schienen uns alle 40 000 Zuschauer zuzujubeln – bis auf Mama und Vati.

Direkt nach der Ehrenrunde kamen meine Eltern auf unseren Wagen zugestürzt. Offenbar unsicher, ob sie jetzt sauer oder stolz sein sollten. Bevor sie aber etwas sagen konnten, hielten mir schon zwei Reporter ihre Mikrofone unter die Nase. »Na, wer bist du denn, junge Dame?«, fragte der eine. »Willst du später auch große Turniere reiten?«, ergänzte der andere. Ich dachte kurz darüber nach und antwortete dann wahrheitsgemäß: »Ich bin Sarah Seiters. Und ich möchte lieber Klofrau werden.«

Meine Mutter blickte hilfesuchend Richtung Himmel. Mein Vater schluckte nur und schaute leidend drein. Na bravo, das hatte gerade noch gefehlt. Er sah schon die Titelseiten der Zeitungen vor sich: »Traumberuf Klofrau. Politikertochter packt aus«. »Kleiner Scherz«, flötete mein Vater also schadensbegrenzend dazwischen und zog mich energisch weg. Für den restlichen Nachmittag ließ er den Griff keine Sekunde mehr locker. Nicht einmal bei der Siegerehrung: Mit rechts übergab er die Medaille, mit links hielt er meine Hand. Bloß kein Risiko eingehen. »Seit wann redest du denn wieder mit der Presse?«, fragte er mich später auf dem Weg nach Hause leicht vorwurfsvoll. Bevor ich antworten konnte, meldete sich meine Mutter resigniert zu Wort: »Na, zumindest ist sie dieses Mal nicht ohnmächtig geworden.« Das Lächeln konnte sie sich aber nicht verkneifen. Mein Vater überlegte kurz, lachte dann auch und meinte trocken: »Och, solange es *vor* dem Interview gewesen wäre ...«

## Und Püppi, wie war ich? – Politikerkrankheiten

Wenn hier jetzt der Eindruck entstanden ist, ich hätte einen Hang zum Rampenlicht gehabt, kann ich nur sagen: Ähm. Hmmm. Tja. Zugegeben ... Aber hey, wen wundert's? Mein größtes Vorbild war mein Vater. Und das Scheinwerferlichtsuchen und Sich-am-liebsten-selbst-reden-Hören zählt nun mal zu den klassischen Politikerkrankheiten. Gäbe es offizielle Stellenausschreibungen für Abgeordnete, fielen diese Symptome unter »Minimalvoraussetzungen«. Und zu Vatis großer Freude existierten Hilfsmittel, die dieses Faible unterstützten: zum Beispiel Fernseher! Dank ihrer Hilfe konnten Politiker sich ganz in Ruhe selbst bewundern. Demzufolge gab es bei uns zu Hause auch nur ein einziges Kardinalverbrechen: Meine Mutter durfte niemals, unter keinen Umständen und nur eventuell mit ärztlichem Attest, vergessen, den Videorekorder zu programmieren. Beiträge, in denen Vati auftauchte, Talkshows, in denen er interviewt wurde, oder Großereignisse, bei denen er eine Rede hielt – alles wurde festgehalten, dokumentiert und später analysiert. Zum Glück schien meine Mutter sich damit abgefunden zu haben, im Laufe ihrer Ehe zur persönlichen PR-Beraterin meines Vaters avanciert zu sein und sich jeden Auftritt mehrfach anschauen zu müssen. Handelte es sich um Live-Sendungen, rief Vati oft direkt danach zu Hause an und fragte aufgeregt in den Hörer: »Und Püppi, wie war ich?« Meiner Mutter, die natürlich eine glühende Verehrerin meines Vaters war, andererseits aber auch Pragmatikerin, fehlte dann manchmal das rechte Maß an diplomatischem Fingerspitzengefühl. Oder anders ausgedrückt: der Wille zum Lügen. Mitgliedern der eigenen Familie verkündete sie immer recht schonungslos, was sie dachte – besonders Vati: »Am Ende zog sich's« oder »Du bist der Frage ausgewichen« oder »Deine Krawatte passte nicht zum Rest«.

Klingt harmlos, war es aber nicht. Zumindest nicht für einen Politiker. Da gilt so etwas als frappanter Ordnungsverstoß, ja Hochverrat. Was Kritik betrifft, greift in diesen Kreisen nämlich automatisch eine recht eindimensionale Schwarzweiß-Regelung: Der Freund (Parteikollege, Familienmitglied, CDU-Wähler) lobt oder applaudiert. Gefälligst. Der Feind (Oppositionsvertreter, querulantischer Journalist, rebellischer Gewerkschaftler) nörgelt rum. Und es gibt nur eine Instanz, von der Kritik wirklich angenommen wird: vom Kanzler. Wenn Mama also wagte, das natürliche Freund-Feind-Kontinuum mit ihrer Kritik durcheinanderzubringen, hatte das unangenehme Konsequenzen – für die Laune meines Vaters und somit für uns alle: Seine Stimmung war im Keller. Unser Abend im Eimer.

Wenigstens war Vati schon damals nicht gut im Schmollen. Spätestens beim Frühstück winkte er wie wild mit der Friedenspfeife, nahm Mama in den Arm und gab ihr in allem recht. Wenn er es überhaupt so lange aushielt. Vati leidet nämlich noch an einem anderen, für einen Politiker eher ungewöhnlichen Gebrechen: der Harmoniesucht. Wolfgang Schäuble meinte dazu einmal trocken, man müsse sich ernsthaft anstrengen, wenn man sich mit meinem Vater streiten wolle.

Vati konnte es noch nie ertragen, wenn der Haussegen auch nur um einen Zentimeter schief hing. Das stresste ihn schon immer enorm. Wirklich kein leichtes Schicksal in einer Fünf-Frauen-Enklave. Vor allem, weil er völlig harmlose Dialoge unter uns Frauen fälschlicherweise als Streits interpretierte: Wir unterhielten uns einträchtig über die Abendplanung – schon wollte Vati vermitteln. Wir diskutierten über Monopoly-Regeln – Vati sah uns vor dem Familiengericht. Gut, vielleicht redeten wir alle durcheinander. Und ja, vielleicht verbreiteten wir mehr Hektik als nötig. Aber so lief es doch schon immer: Silke hatte grundsätzlich zwei Meinungen, Oma redete am Punkt vorbei, und Mama gab auch dann ihren Senf dazu, wenn sie gar nicht wusste, worum es ging. Ich quatsche sowieso überall rein, und Kirstin verdrehte stumm die Augen. Aber das konnte doch nicht der Grund sein, die Familie permanent deeskalieren zu wollen. Vati sah das anders. Er schmiss sich bei jeder Gelegenheit tapfer dazwischen. Und vermittelte sich dumm und dusselig. *Das* brachte zwar nichts, trotzdem hielt Vati beharrlich an seiner Mission fest: Er wollte Ruhe. Frieden. Und Harmonie. Hätten wir diese Information an die Öffentlichkeit durchsickern lassen, wer weiß, vielleicht hätte man ihn mit Pauken und Trompeten aus dem Parlament geschmissen. Ein Politiker, der nicht gern streitet? Ein Harmoniesüchtiger? Wo soll das bloß hinführen? Zum Ende des Mehrparteiensystems? Bitte nicht! Und dann ausgerechnet der Typ, den sie »Wadenbeißer« nennen – ein Skandal!

Wir verrieten besser nichts.

## II. ICH KRIEG DIE BODYGUARDS, VATI DAS MINISTERAMT

### Kanzleramtsminister? Wie geht das?

April 1989. Das Telefon in Vatis kleinem Arbeitszimmer hatte bereits zweimal geklingelt, bevor Mama abheben konnte. Am Apparat: der Kanzler. »Hol Vati!«, rief sie mir aufgeregt zu, während sie eine Hand fest auf die Sprechmuschel drückte und mit der freien hektisch Richtung Garten wedelte. Also lief ich los.

»Rudi Seiters, was machen Sie gerade?«, fragte Helmut Kohl, als sich mein Vater etwas außer Atem in der Leitung meldete. Er trug seine älteste Anzughose, eine Schirmmütze gegen die Frühlingssonne, hatte Schweißperlen auf der Stirn und noch ein paar Grasbüschel unter den Schuhen. Aber das konnte Kohl ja zum Glück nicht sehen. »Herr Bundeskanzler, ich mähe den Rasen«, antwortete mein Vater wahrheitsgemäß. Am anderen Ende räusperte sich Kohl: »Nun, Rudi Seiters, das ist eine sehr verdienstvolle Tätigkeit«, entgegnete er. Kunstpause. »Aber es gibt auch verdienstvolle Tätigkeiten in Bonn.« Mein Vater wurde auf einen Schlag nervös. Er ahnte, was das bedeutete. Zu früh freuen wollte er sich aber nicht. »Besitzen Sie ein weißes Hemd und einen schwarzen Anzug?«, fragte der Kanzler weiter. Mein Vater versuchte, nicht zu überschwenglich zu klingen, als er antwortete: »Das, Herr Bundeskanzler, wird sich sicher auftreiben lassen!«

Der Grund für dieses Gespräch: Der Kanzler hatte vor, meinen Vater zum Minister zu befördern. Genauer gesagt zum Kanzleramtsminister. Der war Chef des Bundeskanzleramts und sorgte dafür, dass der Riesenapparat dort reibungslos lief. Er musste bei Bedarf den Kanzler vertreten, Kabinettssitzungen vorbereiten und Gesetzentwürfe prüfen. Außerdem war er Minister für besondere Aufgaben. Diese Aufgaben umfassten Ende der Achtziger vor allem die innerdeutschen Beziehungen oder besser: die Beziehungen zwischen der Bundesrepublik und der DDR. Vati sollte also in Zukunft die Deutschlandpolitik koordinieren und Verhandlungspartner des DDR-Regimes sein. Er löste damit den bisherigen Kanzleramtsminister Wolfgang Schäuble ab, der von nun an Innenminister sein würde. Vati würde also an seiner Stelle zu Kohl ins »Allerheiligste« ziehen – ins Kanzleramt.

Mein Vater war begeistert. Wäre er der Typ zum Hüpfen gewesen, hätte er es jetzt wohl getan. Stattdessen beschränkte er sich aber darauf, die nächsten Stunden quer durch die Wohnung zu strahlen. Auch meine Mutter freute sich und machte vermutlich noch mal drei Kreuze, dass sie Vatis Karriere damals doch nicht ruiniert hatte. Silke und Kirstin wurden am Abend per Telefon über die super Neuigkeit informiert. Kirstin, gerade neunzehn geworden, hatte es nach ihrer Ausbildung zur Industriekauffrau endlich in die Anonymität einer größeren Stadt geschafft – Bremen. Silke arbeitete mittlerweile in Frankfurt bei einem touristischen IT-Unternehmen als Trainerin für Software-Applikationen. Der Hang zu komplizierten Berufsbezeichnungen lag wohl in der Familie. Beide fanden die Aussicht auf Vatis neues Amt prima. Warum auch nicht? Für sie gab es ja kein Risiko. Alle eventuellen Anderen-Seiten-der-Medaille von Vatis Karrieresprung würden sie ohnehin nicht mitbekommen. Schließlich waren sie nur noch alle paar Wochen in Papenburg.

Ganz anders sah es bei mir aus. Ich war acht Jahre alt, und da galt: mitgefangen, mitgehangen. Ich kam aus der Nummer so leicht nicht raus. Das wussten wohl auch meine Eltern. Die Nachricht von Vatis neuem Amt wurde mir ganz behutsam beim Abendessen beigebracht. Ich hatte mich eh schon über die penetrant gute Laune in unserem Haus gewundert, und jetzt hatte Mama auch noch Gulasch gekocht, mein Leibgericht – da hätte ich bereits merken müssen, dass was faul ist. Und weil Vati so feierlich guckte. »Sarah, es ist was ganz Tolles passiert«, eröffnete mir meine Mutter einen Tick zu überschwenglich. Ich blickte alarmiert von meinem Gulasch hoch. »Der Kanzler möchte«, fuhr meine Mutter bedeutungsschwanger fort, »dass Vati ein Minister wird.« Wumms. Aha. Das war also die große Info. Aber was genau hatte das zu bedeuten? Ich meine, ich wusste schon, was ein Minister war – die Typen kannte ich aus den Nachrichten. Wenn der Kanzler König von Deutschland ist, sind die Minister seine Ritter. König Kohl und die Tafelrunde – so stellte ich mir das vor. Gawain und Lancelot hießen heute eben Genscher und Schäuble. Und jetzt würde Vati auch dazugehören. Ich nahm an, dass dieses Amt eine Art Super-Beförderung war – ein Ritterschlag eben. Das hörte sich grundsätzlich ja cool an, aber ich befürchtete, dass das Ganze irgendwo einen Haken hatte. Und zwar für mich. »Und was heißt das genau?«, fragte ich skeptisch nach. Meinen Eltern konnte man bei so etwas einfach nicht trauen – das hatte ich schon gelernt. Die erzählten mir ja auch jedes Mal aufs Neue, was für ein Spaß die nächste Wahlkampfveranstaltung werden würde. »Ein Minister ist sehr, sehr wichtig«, fuhr Mama unbeirrt fort. »Und er muss ganz viel mit dem Kanzler arbeiten.«

Ahhhhh! Da war er schon, der Haken. Mehr Arbeit = weniger Freizeit. Ich seufzte tief. Die hielten mich wohl für doof, dass ich das nicht durchblicken würde. Diese Ministersache gefiel mir jetzt schon nicht. Und nun hatte Vati auch schon wieder so eine beknackte Berufsbezeichnung abbekommen. Bundeskanzleramtsminister. Da hätten wir ja gleich beim parlamentarischen Geschäftsführer bleiben können. Ich musste mir ja bereits Silkes IT-Titel merken. Ich war definitiv von der neuen Entwicklung *nicht* überzeugt. Die *Bunte* schrieb damals nach einem Interview mit meinem Vater ganz treffend: »Sarah war dagegen – aber wer hört in Bonn schon auf ein kleines Mädchen.« Eben. Niemand! Also schonte ich meine Kräfte, blieb erst mal cool und konzentrierte mich wieder auf das Gulasch. Trotzdem ahnte ich, dass diese Minister-Nummer noch einen ganz schönen Rattenschwanz haben würde.

Schon zwei Tage später fuhr die Familie gesammelt nach Bonn, um bei Vatis Vereidigung dabei zu sein. Eigentlich wollte ich Oliver als mein »Plus Eins« mitnehmen, aber mein Vater hatte rigoros den Kopf geschüttelt und mir dann verschwörerisch zugeflüstert: »Lieber nicht, sonst wollen Silkes Freunde auch noch alle mit.« Er versprach aber, dass Oliver bei der nächsten Hauptstadt-Reise dabei sein dürfte.

Die Veranstaltung fand im damaligen Parlament, dem Alten Wasserwerk, statt. Bevor wir den Ort des Geschehens ansteuerten, zeigte mein Vater uns jedoch noch ein bisschen was von Bonn und der parlamentarischen Welt. Das Regierungsviertel, das Rheinufer und den Langen Eugen – das Abgeordnetenhochhaus, in dem auch mein Vater bisher sein Büro gehabt hatte. Nicht schön, aber selten.

Für die Ministerbenennung hatte Mama mich mal wieder in das obligatorische Blümchenkleid gesteckt – man erinnere sich: Vatis Geburtstag … Mein Vater trug – logisch – einen schwarzen Anzug. Kirstin und Silke hatten wieder Karo-Jacketts übergeworfen. Mit besonders viel Einfallsreichtum in Sachen Mode ist unsere Familie nicht gesegnet. Das Gute daran: Schäuble und Geißler, die auch anwesend waren, konnten uns gleich richtig einordnen. Sie kamen herzlich auf uns zugeeilt und gratulierten zum neuen Amt meines Vaters. Neben zahlreichen weiteren Kabinettsmitgliedern nahm natürlich auch der Kanzler an der Zeremonie teil. Noch nie zuvor hatte ich ihn in echt gesehen! Ich war ernsthaft aufgeregt. Kohl wirkte wie im Fernsehen. Groß, staatsmännisch, beeindruckend. Verwechseln konnte man den nicht. Die ganze Situation war ebenso ehrfurchteinflößend wie der Kanzler selbst. Der imposante Saal. All die Anwesenden, die andächtig nach vorne blickten. Und dann ging es los: Mein Vater stand auf und positionierte sich unter dem riesigen grauen Bundesadler. Er hob seine Hand und legte den Amtseid ab: »*Ich schwöre, dass ich meine Kraft dem Wohle des deutschen Volkes widmen, seinen Nutzen mehren, Schaden von ihm wenden, das Grundgesetz und die Gesetze des Bundes wahren und verteidigen, meine Pflichten gewissenhaft erfüllen und Gerechtigkeit gegen jedermann üben werde. So wahr mir Gott helfe.*«

Meine Mutter schaute gerührt, Vati konzentriert, und ich hatte eine Gänsehaut. Bereits als Achtjährige war ich wahnsinnig empfänglich für diesen ganzen pathetischen Kram. Heute leider immer noch. Schon beim ersten Anflug von Pathos heul ich los. Jedes Mal wenn die deutsche Nationalhymne angestimmt wird, kriege ich feuchte Augen und einen Kloß im Hals. Das Gleiche passiert mir übrigens beim amerikanischen »Star-Spangled Banner« oder bei »God Save the Queen«. Ich bin da ganz flexibel. Selbst beim Glaubensbekenntnis in der Kirche laufen mir Schauer über den Rücken. Ich bin näher am Wasser gebaut als der Dogenpalast in Venedig. Hoffentlich würde ich jetzt nicht wieder ohnmächtig …

Zum Glück hatte ich mich pünktlich zum Ende der Vereidigung wieder gefangen. Irgendein Journalist wollte nämlich unbedingt ein Foto vom neuen stolzen Bundeskanzleramtsminister mit seiner jüngsten Tochter. Und das landete dann prompt in der Zeitung. Mit dem Hinweis, ich sei das erste Politikerkind gewesen, das je an einer solchen Zeremonie habe teilnehmen dürfen. Wunderte mich nicht. Ich hatte ohnehin den Eindruck, dass ich das einzige Politikerkind *überhaupt* war. Andere von meiner Sorte schien es irgendwie nicht zu geben. Oder man hielt sie bewusst vor mir versteckt. Silke und Kirstin zählten ja nicht – die waren erstens schon erwachsen, und selbst früher hatte man sie längst nicht überallhin mitgenommen. Vermutlich, weil Vati damals noch nicht so oft am Wochenende arbeiten musste, und außerdem, weil sie zu zweit waren und damit als schwerer kontrollierbar galten. Aber auch von anderen Politikerkindern gab es auf all den Veranstaltungen keine Spur. Das erklärte zumindest, warum ich permanent wie eine Zirkusattraktion angestarrt und auf jede verfügbare Bühne oder Ehrenkutsche geladen wurde. Ich war ein Novum. Kurz: Entweder waren alle anderen Politiker von Haus aus kinderlos, oder ihre Sprösslinge eigneten sich einfach nicht so ideal als Wahlkampfhelfer wie ich …

Nach Vatis Ministerbenennung gab es in den Medien zahlreiche Berichte und Porträts zu seiner Person. Schließlich würde er in Zukunft die Geschicke Deutschlands ganz oben mitbestimmen. Manche seiner Charakterbeschreibungen irritierten mich allerdings. Da fielen Begriffe wie »graue Eminenz«, »steifer Niedersachse« oder »kühler Analytiker«. Die Politstrategen bezeichneten ihn als »still und ruhig«, »unauffällig und tüchtig«, »sachlich und etwas dröge«. Ich konnte es kaum glauben. Sprachen die von meinem Vater? Still und ruhig sollte er sein, unauffällig, sachlich – und vor allem dröge? Der Mann, der vor keinem dummen Spruch haltmachte und sich über seine eigenen Witze so köstlich amüsieren konnte wie sonst niemand? Der Nonnenschreck? Der, der mit Pflaumen schmiss? Wussten die denn nicht, dass Vati für jeden Quatsch zu haben war? Dass er bei unseren Doppelkopfrunden in Bohmte bei seiner Schwester ständig in Schüttelreimen sprach? Dass er dabei so Sachen sagte wie: »Aquavit macht fit«? Und die ganze Runde (Onkel Hermann, Tante Marianne, Cousin Heiner, ich) dann nicht wusste, ob sie nun lachen oder weinen sollte. Den bezeichneten sie als steif? Also nein, da war die Presse nun wirklich falsch gewickelt. Da lag sie definitiv falsch. Nur einer Meinung, die in den Zeitungen kursierte, konnte selbst ich nicht widersprechen: dass mein Vater »modisch nicht viel hermachte«.


## Die Bodyguards – Testosteron-Alarm

Die größte Veränderung, die Vatis Karrieresprung mit sich brachte, war, dass plötzlich zahlreiche neue Männer in mein Leben traten. Bisher hatte es nur Vati, David Hasselhoff, Onkel Heinz und Oliver für mich gegeben. Und auf einmal standen da diese knackigen Typen vor dem Haus herum. Echte Männer, zwischen zwanzig und vierzig, durchtrainiert, mit Lederjacke, grimmigem Blick, umgeben von einer Wolke aus Testosteron: Vatis Bodyguards!!!

Auf die Entscheidung, ob und wie viele Personenschützer des Bundesgrenzschutzes meinem Vater zugewiesen wurden, hatte er selbst wenig Einfluss. Das wurde vom Bundeskriminalamt anhand einer Gefährdungsanalyse beschlossen. Anfangs waren Vati zehn Leibwächter zugeteilt und mehrere Fahrer. Meist bildeten drei Bodyguards plus ein Fahrer jeweils eine Schicht. Dieses diensthabende Kommando umgab meinen Vater zwei bis drei Wochen am Stück, auch am Wochenende. Dann wurde es abgelöst, und die nächsten Jungs waren dran. Da die Besetzung des Kommandos immer wechselte (nicht immer dieselben drei Bodyguards bildeten eine Schicht), machten alle von ihnen schnell untereinander Bekanntschaft.

Meinem Vater wäre etwas mehr Privatsphäre natürlich lieber gewesen. Für ihn war es extrem ungewohnt, keinen

Schritt mehr alleine vor die Tür setzen zu dürfen. Meine Mutter konnte sich zwar unter der Woche, wenn sie ohne ihn in Papenburg war, frei bewegen, aber jedes Mal wenn sie jetzt auf ihren Mann traf, gab's den nur noch im Fünferpack. Schon komisch, fand Mama. War mein Vater in Papenburg, so wohnten der Fahrer und die Bodyguards in einem örtlichen Hotel. Sie hatten jedes Mal parat zu stehen, wenn Vati auch nur kurz das Haus verlassen wollte. Der Tagesablauf musste also zeitlich immer sehr genau zwischen ihm und seinen Personenschützern abgestimmt werden. Spontane Ausflüge wie ein kurzer Spaziergang oder ein Besuch in der Kirche waren nicht mehr möglich. Außer wenn Vati und ich uns mal heimlich aus dem Haus schlichen, um einen Gang am Kanal zu unternehmen oder im Wäldchen hinter unserem Haus. Immer wenn das rauskam – und es kam meistens raus –, schauten die Bodyguards Vati ganz vorwurfsvoll an. Aber was sollten sie schon sagen? Sie konnten ihn ja schlecht ausschimpfen, den Minister.

## Liebe auf den ersten Blick

An dem Tag, als mein Vater das erste Mal mit seinen neuen Leibwächtern nach Papenburg kommen sollte, hatte ich mir, schon lange bevor die zwei dunkelblauen Mercedes-Limousinen in unsere Straße bogen, die Nase am Kinderzimmerfenster platt gedrückt. Ich hatte sogar das Spielen mit Oliver abgesagt, weil ich auf keinen Fall ihre Ankunft verpassen wollte. Die Warterei hatte sich gelohnt: Nach gefühlten Stunden rollten tatsächlich zwei schwere Autos um die Ecke, aus denen sogleich drei durchtrainierte Männer sprangen. Einer baute sich grimmig vor den Wagen auf, die anderen beiden sicherten mit der Hand an der Waffe die Umgebung. Sie überprüften den Zugang zum Garten, den kleinen Weg hinter der Hausecke und schauten sich kritisch Briefkasten und Haustür an. Keine Ahnung, was genau sie da suchten, aber egal, ich fühlte mich jedenfalls wie bei Miami Vice. Nachdem offensichtlich alles in Ordnung war, durfte auch mein Vater aussteigen. Ich war fasziniert: Was für coole Typen! Würden die jetzt immer mit dabei sein? Mochten die Kinder? Und spielten die Fußball? Fragen über Fragen türmten sich auf. Aber vom Naseplattdrücken kriegte ich keine Antworten. Es half nichts, ich musste da raus, entschied ich. Vorher begrüßte ich noch kurz meinen Vater, dann schnappte ich mir irgendeinen Alibi-Ball und schlenderte unschuldig dribbelnd durch die Tür. Die drei Kerle wirkten, als wüssten sie mit einer Gemütsregung so viel anzufangen wie Oliver mit einer Barbie. In ihren Gesichtern ließ sich nun wirklich gar nichts lesen. Hatten sie Lust auf Konversation? Fanden sie mich jetzt schon doof? Sprachen sie überhaupt Deutsch?

Wahrscheinlich hofften die Bodyguards, ich würde wortlos an ihnen vorbeirauschen oder vor Ehrfurcht wieder rückwärts ins Haus stolpern. Stattdessen blieb ich einfach stehen, ließ nervös den Ball zwischen meinen Händen rotieren und versuchte, sie freundlich anzulächeln, ohne dabei wie eine Gehirnamputierte zu starren. Jetzt stieg auch noch ein vierter Mann aus. Er war etwas älter als die anderen drei und sah gar nicht wie ein Leibwächter aus. Offenbar der diensthabende Fahrer. Die anderen drei waren Mitte zwanzig, groß und breit gebaut. Ich fing an, unsicher auf meiner Unterlippe zu kauen, und wartete. Den ersten Schritt müssten schon die machen – das hatte ich im Fernsehen gelernt und von meinen Schwestern. Männer sollte man jagen lassen, sagten Silke und Kirstin immer. Natürlich nicht zu mir, sondern zueinander. Das wäre die Grundvoraussetzung für eine erfolgreiche Beziehung. Für mich war die Grundvoraussetzung einer erfolgreichen Beziehung immer gewesen, dass Oliver für mich die Frösche aus dem Teich fischte und Vati mit mir durchs Haus galoppierte. Seitdem ich David Hasselhoff kannte, ahnte ich aber, dass es da noch mehr geben musste. Eine gute Strategie zu haben konnte also nicht schaden. Allerdings schienen diese Jungs hier leider nicht in Jagdlaune zu sein – oder sie waren einfach etwas langsam. Sie blickten recht unschlüssig durch die Gegend, bis sich der Blonde, der ein bisschen aussah wie ein schwedischer Lars oder ein norwegischer Erik, einen Ruck gab. Er schaute zu mir herunter, schenkte mir ein schiefes Grinsen und fragte: »So, und wer bist du?« Erleichtert, dass sie mich nicht total hatten auflaufen lassen, strahlte ich in die Runde, ließ achtlos meinen Ball fallen und begann, munter loszuplappern. Eine klare Übersprungshandlung. Anders kann ich mir das heute nicht erklären, denn ich war ziemlich eingeschüchtert von so viel Testosteron. Trotzdem gab ich eine Kurzvita meines Lebens zum Besten, erklärte, wie es in der zweiten Klasse so lief und dass ich für sie extra meine Verabredung mit Oliver abgesagt hatte. Hätte der Kerl mit dem skandinavischen Charme geahnt, was er mit seiner Höflichkeitsfrage auslöste, er hätte sie sich wahrscheinlich verkniffen.

Die Bodyguards waren kurzfristig überrumpelt und irritiert, dass sie so umweglos in der Kategorie »Spielkameraden« gelandet waren, ließen aber dennoch meinen ganzen beziehungsbildenden Smalltalk geduldig über sich ergehen. Mehrere Wochen lang. Sie hatten auch wirklich kaum eine Wahl, muss ich zugeben. Schließlich war es ihr Job, ständig an Vatis Seite zu sein. Tja, und *da* war auch ich.

Wir lernten uns schnell ziemlich gut kennen. Wenn wir zu Wahlkampfterminen fuhren oder einfach zum Essen ins Restaurant, saßen meine Eltern zusammen mit dem Fahrer und einem der Bodyguards im ersten Auto, ich hingegen bekam die anderen zwei »Bodys« und den zweiten Wagen. Das lag übrigens nicht *nur* daran, dass ich es bei den Jungs »hinten« viel cooler fand, sondern auch an den Sicherheitsbestimmungen: Die Gewichtsverteilung in beiden Autos sollte möglichst ausgeglichen sein. Warum, habe ich nicht ganz kapiert – unwichtig: Ein Hoch auf die Gewichtsverteilung! Ich liebte es, die Bodys hinten für mich zu haben. Sie wechselten sich im zweiten Wagen nicht nur mit dem Fahren ab, sondern auch mit dem Anekdoten-Erzählen. Zugegeben, Vatis Geschichten waren spannend. Aber mal ehrlich: Hier waren echte Kerle am Werk, mit derbem Humor, trockenen Kommentaren und einer dreckigen Lache. Typen, die einen bei einem Angriff von Außerirdischen hätten beschützen können. Immer wenn wir irgendwo vorfuhren, riefen sie herrisch: »Sarah, bleib im Auto!« oder »Fass nichts an, sonst verkaufen wir dich an die Russen«, sprangen mit ihren Waffen aus dem Wagen und suchten die Gegend souverän auf Gefahrenherde ab. Ich starrte dann gebannt durch die abgedunkelten Scheiben und fühlte mich sicherer als auf Fort Knox.

Seitdem die Bodys in mein junges Leben getreten waren, hatten sich meine Prioritäten komplett verschoben. Ich hatte zwar immer noch genug Zeit für Oliver (»manchmal zu viel«, wie er hin und wieder seufzend bemerkte), aber gerade an den Wochenenden, wenn die Bodys da waren, klebte ich an ihnen wie Kaugummi. Ich gestehe: Ich war verknallt. In alle zehn gleichzeitig. Aber es gab immer einen, der gerade mein absoluter Favorit war. Das konnte allerdings mehrfach wöchentlich wechseln. Wer will sich bei so vielen heißen Typen schon endgültig festlegen?

Drei der Bodyguards hatten es mir aber ganz besonders angetan. Zunächst einmal der schwedische Lars vom ersten Zusammentreffen, klar. Nur dass Lars nicht Lars hieß, sondern Ralf. Auch gut. Er war charmant, aufmerksam und schien mich wirklich ernst zu nehmen. Dann gab es Andi. Den dunkelhaarigen Sonnyboy mit den süßen Grübchen und dem ansteckenden Lachen. Und als Letztes war da noch

Mark. Tja, Mark ... Er hatte ein bisschen was von einem römischen Legionär. Oder auch Bruce Willis. In groß. Und jung. Er war wortkarg, lachte selten und sah aus, als hätte er vor nichts und niemandem Angst – und vielleicht auch schon ein paar Kinder verspeist. Wahrscheinlich konnte er jeden Bösewicht mit einem einzigen Blick dazu bringen, freiwillig ins Gefängnis zu gehen. Er war der »Coole« unter den Jungs. *Wenn* er etwas sagte, dann ergab das Sinn; wenn er einen Witz machte, dann saß der, und wenn er lächelte, ging mir das Herz auf. Natürlich wussten die Bodys genau um meine Favoritenliste. Und hatten, wie ich später erfuhr, immer Wetten laufen, wer gerade auf Platz eins stand.

Meine Eltern waren leicht verunsichert, dass die Bodyguards und ich schon nach kurzer Zeit so dicke waren. War es normal, dass ich derart an ihnen hing und sich die Jungs davon offenbar nicht stören ließen? »Also, irgendwie kommt mir das komisch vor«, wunderte sich mein Vater stirnrunzelnd. »Glaubst du, die anderen Ministerkinder hängen auch ständig mit den Bodyguards rum?«, fragte er Mama dann. Diese Frage konnte Mama nicht beantworten. Ich leider auch nicht. Schließlich hatte ich von diesen ominösen »anderen« Ministerkindern noch keins kennengelernt.

Für mich wurden die Bodys zu einer Art Großer-Bruder-Ersatz, und das Großartige daran war: Sie akzeptierten diese Rolle widerstandslos. Sie alberten mit mir herum, zogen mich auf und wiesen mich kräftig zurecht, wenn ich, wie sie sagten, mal wieder »verwöhntes kleines Monster spielte«. Immer wenn sie das Gefühl hatten, Mama und Vati ließen mir zu viel durchgehen, wurden sie streng (»Sag Entschuldigung zu deiner Mutter, sonst reden wir nicht mehr mit dir!«). Oder wenn ich sie nervte (»Hör auf zu quasseln, sonst kommst du ins erste Auto!«). Oder wenn ich im Urlaub pampig war (»Sei brav, sonst darfst du bei UNO nicht mitspielen!«). Noch heute behaupten die Jungs – nicht ohne Stolz übrigens –, ein Großteil meiner Erziehung ginge auf ihr Konto. Womit sie nicht ganz unrecht haben. Mama gehorchte ich kaum, Vati ab und zu, Oma alle Jubeljahre mal. Nur bei den Bodyguards war ich lammfromm. Sie machten mir deutlich klar, wann ich kurz davorstand, in hohem Bogen aus dem Wagen zu fliegen. Ralf schimpfte, wenn ich mein Gemüse nicht aß, Andi rollte mit den Augen, wenn ich sie herumkommandierte, und Mark seufzte regelmäßig: »Wenn du nicht die Tochter vom Chef wärst …« Aber *wenn* ich dann eine Weile brav gewesen war, brachten sie mir sogar kleine Geschenke von ihren Dienstreisen mit. Oder – noch wirkungsvoller – sie lobten mich. Das zog bei mir tatsächlich am besten.

Auch meine Eltern hatten die Bodyguards bald ins Herz geschlossen. Am Anfang übte Vati sich zwar noch in professioneller Distanz – das hatte er sich bei seinen Kollegen und deren Leibwächtern abgeschaut. Langfristig schien diese Taktik in unserer Familie jedoch nicht zu funktionieren. Vor allem nicht, wenn das eigene Kind störrisch und mit hochrotem Kopf regelmäßig darauf bestand, im Restaurant aber unbedingt mit den Leibwächtern an einem Tisch sitzen zu wollen! Aus der ursprünglichen Zweckgemeinschaft zwischen meinen Eltern und den Bodys entwickelte sich daher eine Art Freundschaft. Vati behandelte die Jungs mit Respekt unter Männern, Mama mit mütterlicher Fürsorge. Das machte es auch für die Bodyguards einfacher. Ralfs nüchterner Kommentar dazu klang hart, war aber herzlich: »Keiner fängt gerne eine Kugel für ein Arschloch ab.«

Mein Vater hatte sich ebenfalls eine Bezugsperson in seinem Kommando ausgesucht. Was für mich Ralf, Andi und Mark waren, war für ihn sein Fahrer Werner. Wahrscheinlich weil die beiden irgendwann während der langen Autofahrten anfingen, miteinander zu quatschen. Auf so engem Raum lernt man sich zwangsläufig kennen. Werner wusste bald einzuschätzen, wann Vati schlechte Laune hatte und er sich besser wegduckte, wann Vati müde war und wann er Zuspruch brauchte. Mama »on the road« sozusagen.

Silke, die zu dem Zeitpunkt ja schon 22 Jahre prima ohne Bodyguards gelebt hatte, war zunächst etwas befremdet vom Familienzuwachs. Sie fand es unheimlich, dass wir (wenn wir mit Vati zusammen waren) auf Schritt und Tritt begleitet wurden, und diagnostizierte sich selbst einen latenten Verfolgungswahn. »Ich fang schon an, mich ständig umzudrehen«, stellte sie nach kurzer Zeit fest, »selbst wenn ich in Frankfurt bin.« Kirstin nahm's lockerer: »Ach, so geht es mir seit Jahren«, fügte sie resigniert hinzu, »ich hab das Gefühl, mich hat ganz Papenburg im Visier.« Meinen Schwestern fiel es schwer, die Jungs einzuordnen. Waren sie Freund oder Feind? Kategorie »Kumpel« oder »Spitzel«? Konnte man offen mit ihnen reden, oder landete jedes Wort bei unseren Eltern? Aber die Scheu der beiden hielt nicht lange an. Nach der ersten Beschnupperungsphase war klar: Das passte! Manchmal, wenn Mama und Vati schon sicher zu Hause geparkt waren, zogen Bodyguards, Fahrer und meine Schwestern gemeinsam durch die Kneipen. Eigentlich eine coole Situation für alle. Nur ich saß bockig am Fenster und hielt mich schmollend an meiner heißen Milch fest.

Mir passte es einfach überhaupt nicht in den Kram, dass meine Schwestern und die Bodys sich auch gut verstanden. Ich fand es nicht fair, dass sie zusammen durch die Bars turnten, während ich zu Hause im Bett versauerte. Dass die restliche Nation sich amüsierte, während ich Schäfchen zählte. Dabei hatte ich die Jungs zuerst entdeckt. Sonst schleppte man mich ja auch überall mit hin, nur wenn's lustig wurde, dann hieß es plötzlich: »zu jung«. Acht zu sein war wirklich großer Mist. Ein völlig unnützes Alter, entschied ich. Und zu allem Überfluss hatten Silke und Kirstin auch noch einen Heidenspaß daran, Salz in meine Wunden zu reiben. Sie sparten nicht an Details über wildes Barhopping und barfuß durchgetanzte Nächte. Na prima …

Dabei wusste ich eigentlich: Da lief sonst nix. Fast alle Bodys waren in festen Händen, meine Schwestern (meistens) auch. Außerdem gab es – so hatte Ralf mir mal erzählt – nur eine einzige goldene Regel, an die sie sich halten mussten. Und die ihnen eingebleut worden war, bevor sie zu uns ins Kommando kamen: »Abends dürft ihr machen, was ihr wollt«, so lautete die Ansage ihrer Chefs beim Bundesgrenzschutz. »Aber Finger weg von den Töchtern!«

Trotzdem war ich beunruhigt. Ich wollte unbedingt verhindern, dass meine Schwestern mir bei den Bodyguards den Rang abliefen. Es mussten ganz schnell Gegenmaßnahmen her, beschloss ich. »Auf was stehen Männer eigentlich so?«, fragte ich Oliver, als wir gerade dabei waren, mit Vatis Gartenschaufeln sinnlos Löcher in den gepflegten Rasen meiner Mutter zu hacken. Der schaute mich verstört an. »Hä?«, fragte er mit leerem Gesichtsausdruck und schüttelte irritiert den Kopf. Ich hakte nach. »Na ja, ich meine, was Männer an Frauen toll finden.« Oliver blies die Backen auf, überlegte und strich dabei so lange konzentriert durch seine blonden Haare, bis seine Stirn voller Erde war. »Wenn ihr Frauen aufhören würdet, uns Männer zum Barbiespielen zu zwingen«, murmelte er dann plötzlich und hatte dabei so etwas Flehendes im Blick, »dann würden wir euch mögen!« Olivers Tipps waren echt für die Tonne, entschied ich.

Ich brauchte einen Plan. Wie wäre es, wenn ich mich ein bisschen interessanter machen würde? Wenn ich den Bodys zeigen würde, dass ich für mein Alter enorm reif war? Dass ich das Leben schon voll im Griff hatte? Dass sie es hier mit einer echten Frau zu tun hatten? Ich schlich mich ins Badezimmer meiner Eltern, kramte Mamas pinkfarbenen Lippenstift und ihren blauen Lidschatten hervor und trug beides großzügig auf. Dann vergriff ich mich noch an Mamas Samthaarreif und schmiss das Jeanskleid über, das sie mir nur unter Protest gekauft hatte, weil keine Blumen drauf waren. Ich fand, ich machte jetzt echt was her. Und sah mindestens aus wie elf. Meine Schwestern hatten keine Chance mehr.

Als die Bodyguards später vor dem Haus vorfuhren, machte ich mich bereit, meine neue, reife Ausstrahlung an ihnen zu testen. Während sie auf Vati warteten, setzte ich meinen anmutigsten Blick auf, öffnete die Haustür, stolzierte an ihnen vorbei und hauchte dabei ein »Hallo« in die Runde. Am Auto entlang, an Mark, Andi und Ralf vorbei, über den Bordstein, hin zum Gully – und zurück. Einmal, zweimal, dreimal – auf und ab. Die Jungs grüßten zwar ebenfalls, »Hey Sarah, alles klar?«, unterhielten sich ansonsten aber unbeeindruckt weiter. Nichts. Kein bewundernder Kommentar. Kein »Mensch, Sarah, du sieht heute so anders aus«. Kein »Wie alt warst du noch mal?«. Nicht mal ein schlichtes »Wow«. Nada. Null. Nothing. Solche Ignoranten. Ich war gekränkt, und mein Tag war gelaufen. »Denen fällt ja wirklich gar nichts auf!«, schimpfte ich später in mein Tagebuch. »Die sind einfach zu viel unter Männern!«

Selbst am Abend schmollte ich noch. Auf dem Weg zu unserem Lieblingsitaliener blieb ich stumm und setzte mich demonstrativ bei meinen Eltern an den Tisch. Auf der Heimfahrt ließ ich mich wortlos auf die Rückbank des zweiten Wagens fallen. Kaum hatte ich das gemacht, drehte sich Mark auch schon zu mir um, schaute mich eindringlich an und meinte stirnrunzelnd: »Mensch, Sarah, wo warst du denn heut?« Er guckte dabei fast beleidigt. »Uns war so langweilig ohne dich!« Ich war umgehend versöhnt, strahlte übers ganze Gesicht und hatte die Sache mit dem Frau-sein-Wollen schon wieder vergessen.

# Urlaub mit den Bodys

Grandios fand ich, dass die Bodyguards jetzt auch bei allen Reisen mit von der Partie waren. Egal, ob es sich um Wochenendausflüge innerhalb Deutschlands handelte oder um längere Urlaube in Italien, Spanien oder den USA. Meine Jungs hatte ich immer im Schlepptau.

Manche Hotels, in denen wir übernachteten, waren mit unseren ungewöhnlichen Anhängseln allerdings überfordert. Bei einem Trip nach Hamburg wurde Mark wie selbstverständlich in unsere Suite geführt. Offensichtlich ging das Hotelpersonal davon aus, der Beschützer dürfe nicht zu weit von seinem Schutzobjekt entfernt nächtigen. Zwar wurde Mark ein Extrazimmer zugewiesen, aber Bad und Wohnzimmer waren für die gemeinsame Nutzung gedacht. Mark war nicht gerade amüsiert, Vati verdutzt. »Ähm ... Ist das ein Scherz?«, wandte Mark sich an die junge Frau, die uns zu den Zimmern geleitet hatte. Die schaute ziemlich hilflos drein und erklärte, man sei davon ausgegangen, dies sei so üblich. Anscheinend hatten die Angestellten den Begriff »Leibwächter« zu wörtlich genommen. Mark schüttelte entsetzt den Kopf, meine Mutter schaute ratlos, Vati lachte peinlich berührt und wies die nette Dame auf das Missverständnis hin und darauf, dass Bodyguards natürlich ihre eigenen Zimmer bräuchten. Die ahnungslose Rezeptionistin entschuldigte sich daraufhin etliche Male, erklärte aber sehr geknickt, dass leider keine anderen Räume mehr frei wären. Jetzt setzte auch mein Vater einen ratlosen bis entsetzten Gesichtsausdruck auf. Auf eine Spontan-WG mit seinem Bodyguard hatte er wohl doch keine Lust. Ralf und Andi, die ein eigenes Zimmer ergattert hatten, standen grinsend in der Tür, klopften Mark schadenfroh auf die Schulter, während der grimmig vor sich hin starrte. Mich zumindest freute diese ungewohnte Zimmerbesetzung. »Das machen wir jetzt immer so!«, forderte ich begeistert, nachdem ich mir mit Mark zusammen die Zähne geputzt hatte.

Auch unsere Sommerurlaube bekamen durch die Bodyguards einen ganz neuen Reiz. Immerhin waren das manchmal zwei Wochen am Stück, die – nur mit meinen Eltern – ziemlich lang werden konnten. Meine Schwestern waren schließlich längst nicht mehr immer dabei. Dank der Bodyguards hatte sich dieses Problem erledigt: Mark fuhr mit mir Jetski, Ralf brachte mir Schach bei, und Andi tauchte mit mir im Hotelpool nach Münzen. Und wurde es mir beim Inselerkunden mal langweilig, stimmten die Jungs ein paar Wanderlieder an (»O du schöner Westerwald«, »Hoch auf dem gelben Wagen«, »Ein Jäger aus Kurpfalz«) – die Bodys waren wandelnde Mundorgeln. Außerdem hatte ich es mir mittlerweile zum Hobby gemacht, regelmäßig verlorenzugehen. Die Idee dahinter: Einer der Bodyguards würde mein Fehlen schon bemerken, mich suchen und heldenhaft retten. Dass ich mit acht Jahren so durchtrieben war, ist mir ehrlich gesagt im Nachhinein ein wenig unheimlich. Wo bitte kam das her? Diese abenteuerlichen Strategien? Aus den Heimatfilmen, die ich mit Mama schaute? Oder Omas Romanheftchen, die ich heimlich unter der Bettdecke las? Oder war es einfach meine Phantasie, die mit mir durchging? Egal, wo immer ich das gelernt hatte, ich hatte offensichtlich nicht besonders gut aufgepasst. Meine Pläne hatten nämlich einen Denkfehler. Immer. Irgendwo …

Während einer Kretareise unternahmen wir einen Tagesausflug zu einer historischen Ausgrabungsstätte, zu der wir über einen recht steinigen Weg wandern mussten. Rechts ragten steile Berge baumlos in die Höhe, links hatte man eine tolle Aussicht auf das blauglitzernde Meer. Eine perfekte Gelegenheit zum Gerettetwerden, entschied der Teil meines Gehirns, der nicht für rationales Denken zuständig ist sondern für Dramatik. Ich ließ mich unauffällig ein Stück zurückfallen. Als meine Eltern und die Bodys um die nächste Ecke waren, erklomm ich einen der vorhin bemerkten steilen Hügel. Ich kletterte so hoch, wie ich mit meinen kleinen Beinchen und den unpraktischen Sandaletten eben kam – schließlich sollte es ja so aussehen, als würde ich mich in einer echten Notlage befinden. Eine beknackte Idee. Richtig behämmert. Als ich nämlich aufhörte zu klettern und mich umdrehte, war der Boden schon gefährlich weit weg, und der Berg schien sich von schräg zu vertikal verschoben zu haben. Mist. Irgendwie hatte ich mir ein etwas zu reales Szenario ausgesucht. Vorsichtig versuchte ich, ein paar Zentimeter hinunterzuklettern, und löste damit prompt eine Steinlawine aus. Gut, vielleicht waren es nur ein paar einsame Kieselchen, die hinunterbröckelten, aber in Extremsituationen ist auf die Wahrnehmung bekanntlich kein Verlass. Ich blieb besser, wo ich war, entschied ich spontan. Damit hing ich jetzt allerdings fest. In der Hitze, verstaubt, auf einem griechischen Steinhügel. Wo blieben nur die Bodyguards? Oder sonst irgendwer? Was, wenn die mich nicht finden würden? Was, wenn es dunkel würde? In meinem Kopf hörte ich Omas Stimme: »Wer sich in Gefahr begibt, kommt darin um!« Ich atmete einmal schwer die trockene Luft ein. »Kommt darin um … kommt darin um …«, hallte es in meinen Gedanken nach.

Zum Glück bog in diesem Moment Ralfs blonder Haarschopf um die Ecke. Ich war erleichtert, obwohl ich mir das ja irgendwie anders vorgestellt hatte. Ich, elegant auf einem Felsbrocken drapiert, leicht verängstigt, aber doch nonchalant auf meine Rettung wartend. Nicht geplant war: Ich, komisch verrenkt, an einen einzelnen Busch geklammert. Aber gut, Hauptsache, er war da. »Sarah, was machst du da für einen Mist?«, rief er ärgerlich zu mir hoch. »Ich komm nicht mehr runter«, rief ich überflüssigerweise zurück. Ralf schüttelte den Kopf und begann, zu mir hochzuklettern. Oben angekommen, schaute er besorgt hinunter: »Das ist zu steil hier, ich kann dich unmöglich runtertragen«, stellte er fest. »Aber ich sag dir, wo du deine Füße hinsetzen musst.« Na super. Der ganze Stress, und nun sollte ich mich auch noch selber retten. Quasi. Jetzt bloß nicht losheulen! Ich folgte brav Ralfs Anweisungen. Rechter Fuß dahin. Linker Fuß dorthin. Und immer gut festhalten. Als wir sicher wieder unten waren, klopfte er mir anerkennend auf die Schulter: »Siehste, das ging doch prima«, dann wieder vorwurfsvoll: »Aber was um Himmels willen hast du dir dabei gedacht?« Ich wurde rot. Die Wahrheit konnte ich ja schlecht sagen. Die war einfach zu peinlich. Zumindest mit diesem Ergebnis. Eine Notlüge musste her, und zwar schnell. Ah, vielleicht könnte ich behaupten, ich wäre einem Tier gefolgt. Irgendwas Exotischem. Einem Tier, das es nur in Griechenland gibt. Dummerweise kannte ich mich in der hiesigen Fauna nicht im Geringsten aus. Aber half ja nichts. »Da war ein Eichhörnchen«, erklärte ich also mit gesenktem Blick. »Das wollte ich streicheln.« Was für ein Schwachsinn! Ich hoffte inständig, dass es überhaupt Eichhörnchen auf Kreta gab. Oder Ralf zumindest genauso wenig Ahnung von der griechischen Tierwelt hatte wie ich. Anscheinend war dem so, er nickte verständnisvoll, nahm mich bei der Hand und brachte mich zurück zur Gruppe. Meinen Eltern und den anderen Bodyguards erzählte er nur, ich hätte mich verlaufen. Und nicht, dass er mich wie eine Idiotin an einem Felsbrocken hängend gefunden hatte, weil ich einem griechischen Eichhörnchen gefolgt war.

Als ich am Abend in meinem Hotelbett lag, ließ ich den Tag noch mal Revue passieren und war heilfroh, dass in diesem Urlaub weder Andi noch Mark dabei waren – die hätten vermutlich erst mal ein Belegfoto für die Nachwelt gemacht, bevor sie mich gerettet hätten.

## Gepanzert unterwegs

Zeitgleich mit den Bodyguards trat eine weitere Neuerung in unser Leben: die gepanzerten Autos, in denen mein Vater sich von jetzt an fortbewegen musste. Schwere, schusssichere Kisten, die absolute Sicherheit boten und mit allem möglichen Kram ausgestattet waren. Zum Beispiel mit einem Autotelefon! Ende der Achtziger ein echtes Wow. Ähnlich geartete Hightech-Wunder kannte man sonst nur aus James-Bond-Filmen oder eben »Knight Rider«. In der ernüchternden Praxis hatten die Gespräche, die man mit dem Teil führen konnte, aber eher etwas von »Stille Post«. Das Funknetz war erst sehr lückenhaft ausgebaut, so dass ständig die Verbindung abriss und wir zu Hause Wetten abschlossen, was Vati uns jetzt eigentlich sagen wollte.

Damit nicht genug: Die Autos besaßen auf dem Dach eine Blaulichthalterung. Wenn man normal, also inkognito, unterwegs war, blieben die Blaulichter im Kofferraum. Nur im Notfall oder wenn es extrem schnell gehen musste, wurden sie rausgeholt. Zum Beispiel, wenn mein Vater kurz davor war, einen Flug oder einen wichtigen Staatstermin zu verpassen. Leider waren die Bodys, was das anging, echte Spielverderber. »Macht doch mal Blaulicht«, forderte ich auf jeder Fahrt mindestens einmal. Egal, ob wir zur Kirche, zum Restaurant oder zum Tunxdorfer Waldsee fuhren. Doch die Bodys blieben stur. Wenn wir dann tatsächlich mal auf dem Weg zu einem von Vatis wichtigen Terminen waren, war ich wohl der einzige Mensch auf der gesamten Autobahn, der sich voll Inbrunst nur das eine wünschte: Stau!

Zusätzlich gab es an den Wagen noch so niedliche Fahnenhalter, woran bei offiziellen Anlässen kleine Deutschlandflaggen befestigt wurden. Zumindest bis Oliver eine der Halterungen bei seiner »Autoinspektion« abbrach. Seitdem wurde er von Fahrer Werner kritisch beäugt, sobald er sich den Wagen nur näherte. Auch mir war es strikt verboten, an den Autos herumzufummeln. »Sarah, Hände weg!«, rangierte auf der Liste der meistformulierten Sätze der Bodyguards ganz oben. Zusammen mit: »Bist du mal ruhig!« und »Bleibst du jetzt hier!«. Kein Wunder, dass ich Megaärger bekam, als ich bei einer Fahrt so lange heimlich an den Kästen unter der Decke herumspielte, bis mir die darin verwahrte Maschinenpistole auf den Schoß fiel. Die war nun wirklich nur für Notfälle.

Auf besonderem Kriegsfuß stand ich allerdings mit den schweren Panzertüren. Die ließen sich einfach nicht öffnen. Was bei Mark, Andi, Ralf und den anderen Bodys aussah wie ein Kinderspiel, war für mich pure Herkulesarbeit. Elegant auszusteigen war nicht drin. Das ging nur mit roher Gewalt. Man musste sich mit voller Wucht dagegenschmeißen, bevor die Tür sich auch nur einen Millimeter bewegte. Und dann bloß nicht nachlassen, sonst kam sie einem direkt wieder auf die Nase geflogen. Das Türenschließen war ein ähnlicher Kraftakt. Bis heute hat mich das geprägt. Trotz massiver Umerziehungsversuche meiner Umwelt haue ich immer noch sämtliche Autotüren mit so viel Schmackes wie möglich zu. Taxifahrer zucken schockiert zusammen, Freunde nehmen mich nur unter Protest mit, und Mama weist mich schon beim Einsteigen darauf hin, beim Aussteigen die Tür nicht wieder so zu knallen. Dabei sollte sie es doch eigentlich gewohnt sein. Diese Türknallerei ist nämlich eine weitere Marotte, die mein Vater und ich gemeinsam haben.

Den besten Beweis dafür brachte ein Urlaub auf der britischen Insel Jersey. Für einen Ausflug hatten wir uns ein normales, handelsübliches Auto gemietet. Um genau zu sein, eine ziemliche Klapperkiste. Da im Ausland das Gefahrenpotential als geringer eingestuft wurde, waren wir dort nicht auf »Panzerwagen« angewiesen. Darum fuhren wir nun also in dieser rostigen Hutschachtel durch die Gegend. Aus praktischen Erwägungen (wie der Größe des Wagens) hatten wir uns entschieden, dass zwei Bodyguards für diesen Ausflug völlig ausreichen würden. Beide saßen vorne, Mama, Vati und ich auf die Rückbank gequetscht. Wir hielten an romantischen Burgruinen, wildschönen Buchten und unberührten Sandstränden. Und jedes Mal wenn wir uns wieder in das Auto zwängten, knallte Vati die rostige Autotür so kräftig zu, dass unser Trommelfell vibrierte. Offensichtlich nicht nur das, denn nach dem vierten Stopp machte der Schließmechanismus der Tür schlapp. Den kompletten Nachhauseweg durften wir im Schneckentempo zurücklegen, während Vati ohne Pause über die miese Qualität britischer Autos motzte und dabei krampfhaft die kaputte Tür mit beiden Händen von innen zuhielt.

Ich für meinen Teil war eigentlich ganz happy darüber, mal nicht die gepanzerten Autos nehmen zu müssen. Sie hatten nämlich eine wirklich nervige Eigenschaft. Je weiter die Strecken waren, die man darin zurücklegte, desto schlechter wurde einem. Obwohl mein Magen sonst robuster war als die Arche Noah. Aber spätestens nach ein paar Stunden in diesen Staatskarossen stellte sich eine massive Reiseübelkeit ein, das Atmen fiel mir schwer, und ich wollte nur noch raus. Vermutlich weil bei den Panzerscheiben so viele Schichten Glas aufeinanderlagen, dass diese nicht nur Licht schluckten, sondern sich auch die Perspektive komisch verschob. Schaute man zu lange raus, waren Augen und Gehirn überfordert, und schon wurde einem übel. Fuhren wir nach Bayern, stellte ich spätestens auf Höhe Hessen jede Kommunikation ein und war nur noch darauf konzentriert, die teuren Staats-Bezüge nicht zu ruinieren. Wie hätte das bitte vor den Bodys ausgesehen? Eine echte Lady kotzt schließlich nicht. Mein Kampf auf der Rückbank schien ihnen aber ziemlich egal zu sein. Jedes Mal, wenn ich versuchte, Andi vor einer Fahrt zu überreden, mit mir Plätze zu tauschen (er hinten, ich vorne), zeigte der mir einen Vogel, schüttelte den Kopf und verkündete tröstend: »Wir halten schon, wenn du brechen musst!« Na, vielen Dank …

## Kanzlerkränzchen

Nachdem mein Vater jetzt Chef des Bundeskanzleramts war, durfte auch ich öfter mit nach Bonn. Ich fand es spannend, dass das Kanzleramt nun Vatis Arbeitsplatz war. Er hielt dort drei Sekretärinnen auf Trab, unterschrieb täglich an die sechzig Vorgänge, hatte teilweise bis zu zehn Sitzungen und ganz nebenbei das Kommando über 485 Mitarbeiter. Ich persönlich kannte nicht mal 485 Leute. Faszinierend.

Das Gebiet um das Kanzleramt war noch geschützter als unser Haus. Polizisten gab es an jeder Ecke, und das Gelände war mit massiven Metallgittern umzäunt. Das Gebäude selbst wirkte irgendwie dunkel und gedrungen, obwohl es größtenteils verglast war. Wahrscheinlich weil der gesamte Komplex nur drei Geschosse hatte und damit so flach war, dass er nicht mal die Baumkronen des anliegenden Parks überragte. Besonders glamourös kam es mir hier nicht vor. Eher puristisch-zurückhaltend. »Der Bau hat den Charme einer rheinischen Sparkasse«, soll Helmut Schmidt mal gesagt haben.

Und doch: Mir persönlich gefiel dieser Siebziger-Jahre-Flachbau. Er sah ein bisschen aus wie unsere Berufsschule in Papenburg, an der ich jeden Morgen vorbeifuhr. Einmal nörgelte ich meiner Mutter so lange die Ohren voll, bis sie mir erlaubte, den Tag im Kanzleramt zu bleiben. »Aber ich weiß wirklich nicht, was du da willst«, fügte Mama verständnislos hinzu. Zugegeben, Vatis Arbeitszimmer war nicht Disneyland. Passend zum Gebäude standen in seinem Vierzig-Quadratmeter-Büro vorwiegend dunkle, schnörkellose Möbel herum und eine Sofagarnitur aus braunem Leder. An der Wand hingen ein paar antik anmutende Ölgemälde. Als »total uninspiriert« hatte Mama das Interieur schon bei ihrem ersten Besuch abgestempelt. Aber noch schlimmer fand sie den ganzen kitschigen Kram, den Vati von irgendwelchen Staatsreisen mitgebracht hatte: ein Häuptlingsstab von dem südafrikanischen Stammesführer Buthelezi, eine Paschtunen-Mütze aus Pakistan und ein blau-schimmerndes Glasnashorn aus Weißrussland. Und dann war da noch diese schwarz-rot-goldene Deutschlandflagge, die mitten im Zimmer gehisst war. Direkt neben der riesigen Standuhr aus Kirschholz mit den güldenen Verzierungen. Ein abenteuerlicher Stilmix, der durch die unscheinbaren Büromöbel irgendwie noch absurder wirkte. Jedoch hätte Mama den Teufel getan, meinem Vater das zu sagen. »Solange er das Zeug hier hortet«, stellte sie pragmatisch fest, »schleppt er es wenigstens nicht zu Hause an!«

Immerhin war meinem Vater der Blick direkt auf das hübsche Palais Schaumburg vergönnt, ein schlossähnliches Gebäude, das für repräsentative Empfänge genutzt wurde. Das gefiel selbst meiner Mutter. Auf Vatis Schreibtisch standen zahlreiche Fotos von Staatsempfängen. Seine »Ego-Galerie«. Auf jedem einzelnen war er selbst zu sehen. Mal beim Händeschütteln mit dem Papst, mal mit dem amerikanischen Präsidenten Ronald Reagan, dann wieder mit Bundespräsident Richard von Weizsäcker oder dessen Vorgänger Karl Carstens. Mich wunderte nur, dass das Bild mit David Hasselhoff nirgends zu finden war, das hätte ich doch als Erstes aufgestellt. Aber gut, wahrscheinlich wollte Vati einfach nicht übermäßig prahlen. Trotzdem nahm ich mir vor, das Foto für Weihnachten einrahmen zu lassen – Vati würde ausflippen.

Nachdem ich im Sommer 1989 ja nun endlich einen Tag im Kanzleramt rausgehandelt hatte, saß ich dort in Vatis

Büro und wartete darauf, dass etwas passierte. Mein Vater hockte mit seriös gerunzelter Stirn an seinem Schreibtisch und bearbeitete telefonbuchdicke Aktenordner mit bunten Textmarkern. Ich hatte aus Langeweile angefangen, seine Schränke zu inspizieren. Die, die nur diese öden schwarzen Akten enthielten, ignorierte ich. Ich suchte etwas anderes. So viel hatte ich nämlich mittlerweile kapiert: Irgendwo hier mussten die Besuchergeschenke versteckt sein. CDU-Füller, gläserne Briefbeschwerer, Anstecknadeln mit Deutschlandflagge und bunte Wahlkampfluftballons mit fröhlichen Partei-Slogans – die hatte doch schließlich jedes Politikerbüro auf Tasche, das etwas auf sich hielt. Einmal hatte ich sogar ein Skatspiel gefunden. Auf der Rückseite jeder Karte prangten der Kopf meines Vaters und der Schriftzug: Rudolf Seiters ist unser Trumpf! Subtilen Wahlkampf gab es wohl noch nicht.

Leider schien sich keiner dieser Schätze in Vatis Büro zu befinden. Ich hatte mittlerweile das Arbeitszimmer bis auf die letzte Büroklammer durchforstet. Ohne Erfolg. Vati schaute ab und zu von seinen Unterlagen auf. Mit einem amüsierten Funkeln in den Augen. Der wusste genau, was ich suchte. Und wahrscheinlich auch, dass ich es nicht finden würde. Mama hatte ihm sicher eingebleut, dass ich nicht irgendwelchen unnützen Kram mit nach Hause schleppen sollte. Ich sammelte zu der Zeit nämlich alles, was mir unter die Nase kam. Mein Gespür für Zimmerdekoration, so fand Mama, hatte etwas von der Willkür eines Pfandleihers. Dort gab es limitierte Telefonkarten, Vatis Karnevalsorden, Vasen, Schälchen und Figuren aus jedem erdenklichen Material und in jeder möglichen (meist kitschigen) Form, eingerahmt von Fußballwimpeln und meinem David-Hasselhoff-Schrein. Dass in Vatis Büro jetzt nichts zu holen war, war mehr als enttäuschend.

»Ich geh mal 'ne Runde spazieren, ja?«, fragte ich in meinem »Ich-stell-auch-nichts-an-Ton«. Vati schaute alarmiert auf und musterte mich. Er wog wohl die Situation ab: Konnte er mich wirklich aus den Augen lassen? Diese niedliche, aber tickende Zeitbombe? Und das ausgerechnet hier? Im Kanzleramt? Andererseits: Würde er mich noch länger untätig in seinem Büro herumhocken lassen, würde ich wahrscheinlich irgendwann mit ihm spielen wollen. Und fordern, dass er mich huckepack durchs Kanzleramt tragen solle. Moment, kurz nachgedacht … Nein, besser nicht.

»Also gut«, nickte er. »Aber bleib in der Nähe! Und nerv den Portier nicht! Und um Himmels willen: Halt dich fern vom Kanzler!« Konkrete Anweisungen, das hatte mein Vater in den Jahren mit mir bereits gelernt, waren lebenswichtig, um Chaos zu vermeiden.

Ich erkundete also das Kanzleramt. Zunächst streunte ich durch die dunklen Flure, an deren Wänden überdimensionale Ölgemälde der ehemaligen Kanzler angebracht waren. Von Adenauer über Brandt bis Schmidt. Wirklich glücklich sah keiner von denen aus, fand ich. Kein Wunder, wer weiß wie lange sie für diese Gemälde Modell stehen mussten. Und jetzt hingen sie auch noch hier herum und langweilten sich zu Tode. Hier war nämlich echt nichts los. Nur verschlossene Türen. Weit und breit kein Mensch. Musste denn von den 485 Leuten hier nie einer aufs Klo?

Ich lief die breiten Treppen hinunter und war erleichtert, den Portier zu sehen. Endlich ein Mensch in diesem Geisterhaus. Ich winkte ihm fröhlich zu, in der Hoffnung, dass das noch nicht unter »nerven« fiel, und steuerte auf die verglaste Tür zu, die in den repräsentativen Innenhof führte. Mitten auf dem großen Rasenstück des Vorplatzes stand eine riesige bronzefarbene Skulptur aus Eisen. Mein Vater hatte mir erzählt, dass das Teil »Large Two Forms« hieß und von dem Bildhauer Henry Moore entworfen worden war. Bundeskanzler Helmut Schmidt hatte es 1979 aufstellen lassen. Und im Gegensatz zu den Kanzlerbildern in Öl schien es sich hier um abstrakte Kunst zu handeln. »Darunter fallen alle Sachen, bei denen man nicht erkennt, was sie sind«, so mein Vater weiter. Nicht dass er auf diesem Gebiet eine Koryphäe gewesen wäre. Seine künstlerischen Ambitionen erschöpften sich in dem Farbchaos, das er mit seinen Textmarkern anrichtete. Sollte seine Beschreibung von abstrakter Kunst aber zutreffen, so musste es sich hier um ein Paradebeispiel handeln, dachte ich. Beim besten Willen konnte ich nicht erkennen, was dieses ineinander verschlungene Dingsbums darstellen sollte. Ich legte den Kopf schief. Ganz schief. Und tatsächlich, aus dieser Perspektive klingelte etwas. Sollte das etwa ein Tier sein? Ein besonders dickes, klar. Vielleicht ein Dinosaurier? Der auf dem Rücken lag. Und dabei seine Stampfer in die Luft streckt. Dieser künstlerische Geistesblitz reichte mir fürs Erste.

Ich marschierte rechts an dem Hauptgebäude vorbei und begutachtete die Fassade. Besonders faszinierte mich, dass an so vielen Fenstern des Bundeskanzleramtes schwarze Vögel klebten. Wohl um die Piepmätze davon abzuhalten, gegen die Scheiben zu donnern. Irgendwie absurd. Ich meine, Entschuldigung, wir befanden uns hier auf einem Hochsicherheitsgelände mit Polizeischutz, den modernsten Alarmanlagen und bis an die Zähne bewaffneten Grenzschutzbeamten. Und um sich vor verirrten Vögeln zu schützen, fiel auch der Sicherheitselite Deutschlands nichts Besseres ein als Aufkleber?

Umso mehr Mühe hatte man sich dafür mit dem Garten des Bundeskanzleramts gemacht. Hier gab es akribisch geschnittenen Rasen, kräftige, hohe Bäume und einen Rosengarten zu bestaunen. Nach kurzer Zeit landete ich direkt vor dem Kanzlerbungalow. Ein flacher, viereckiger Kasten, der rundherum mit bodentiefen Fenstern verglast war, wie ein überdimensionaler Wintergarten, dem das Resthaus fehlte.

Der Bungalow diente Kohl zum Wohnen und Repräsentieren. Hier empfing er Freunde, Staatsgäste und seine engsten Mitarbeiter. Auch Vati war dort häufig zum Abendessen eingeladen. Da wurden dann in gemütlicher Runde noch mal die Staatsgeschäfte durchgegangen und dazu ein Gläschen Wein getrunken. Ich fand es schade, dass Mama nie eingeladen wurde. Oder ich. Der Kanzler genoss offenbar seine Männerrunden.

Ich wollte gerade noch einen Blick durch die Fenster riskieren, da kamen mir von der anderen Seite des Bungalows zwei Sicherheitsmänner in blauer Uniform entgegen. Als sie mich sahen, stoppten sie und starrten mich unschlüssig an. Die hatten vermutlich auch noch nicht viele Politikerkinder gesehen – genau wie ich. Sie steckten die Köpfe zusammen und nuschelten irgendwas in ihre Walkie-Talkies. Der eine verschwand daraufhin wieder. Der andere blieb stehen und schaute konsequent zu mir rüber. Das nervte. So konnte ja kein Mensch in Ruhe den Kanzlerbungalow untersuchen. Hatte der Angst, dass ich mich verlaufe und nicht mehr zurückfinde? Oder dass ich den penibel gepflegten Rasen ruiniere? Oder sah ich am Ende aus wie eine Terroristin? Wie eine gutgetarnte Kampfmaschine, hier eingeschleust, um den Kanzlerbungalow in die Luft zu jagen? Wie jemand, der in seinem Koala-Rucksack aus Plüsch einen Hightechsprengsatz mit sich rumschleppt? Ich war mir sicher: Nein. Trotzdem fühlte ich mich schon prophylaktisch schuldig. Der Typ machte mich nervös. Sollte ich einfach weglaufen? Besser nicht. Schließlich würde ich dann entweder in Handschellen enden oder stante pede wieder in Vatis Büro. Und da war außer dem Textmarker-Massaker nichts zu erleben. Ich entschied mich, den geordneten Rückzug anzutreten und mich möglichst unauffällig wieder zum Kanzleramt zu begeben. Mit der Idylle war es eh vorbei, nun, da ich »Mister Alarmiert« an den Hacken hatte.

Der folgte mir auch tatsächlich bis ins Foyer des Kanzleramts. Während ich zielstrebig die Treppe zum ersten Stock hochstapfte, hörte ich, wie er beim Portier Personeninformationen über mich einholte. Da er weitere Verfolgungsaktionen unterließ, gehe ich bis heute davon aus, dass der Portier ihn darüber aufklärte, dass ich weder eine russische Agentin mit Attentatsabsichten war noch eine Zeugin Jehovas.

Oben angekommen, zog es mich plötzlich automatisch vor eines der Büros. Das Büro, auf das mein Vater schon mehrfach unauffällig gedeutet hatte. Das Büro, das das wichtigste hier im Haus war, ach, wahrscheinlich sogar im ganzen Land. Dorthin, wo die denkwürdigsten Staatsentscheidungen getroffen wurden. Dorthin, wo die Macht pulsierte. Zum Büro des Kanzlers.

Ehrfürchtig stand ich direkt vor der Pforte zur Macht und wusste nicht so recht, wie nun weiter vorgehen. Einfach hineinmarschieren ging wohl nicht. Vati hätte mir schön die Ohren langgezogen. Vorbeilaufen wollte ich aber auch nicht. Dafür hatte mich der Magnetismus der Macht schon zu sehr in seinem Bann. Ich entschied mich für einen Kompromiss. Eine Lösung, aus der man mir hinterher keinen Strick drehen konnte. Ich setzte mich. Auf den Boden. Mit dem Gesicht zur Tür. Im Schneidersitz.

Genial. Einfach. Effektiv. Irgendwas würde hier schon irgendwann passieren. Schließlich sprachen doch alle immer vom schnelllebigen Tagesgeschäft und dem rasanten Wandel in der Politik. Und tatsächlich: Kurze Zeit später öffnete sich die schwere Holztür, und eine dunkelhaarige Frau mit Bubikopf eilte heraus. Um ein Haar wäre sie direkt in mich hineingerannt. Juliane Weber stieß einen Laut der Überraschung aus, beugte sich dann aber vor und lächelte freundlich zu mir herunter. »Nanu, Sarah …?«, fragte sie mit ihrer tiefen, rauchigen Stimme. »Was machst du denn hier?« Die Frage war

89

jetzt etwas unglücklich gestellt. Was sollte ich bitte darauf antworten? »Die Macht hat mich angezogen«? Das klang ziemlich beknackt, ein bisschen wie bei *Star Wars* und irgendwie gruselig. Also grinste ich sie nur debil an und tat so, als hätte ich die Frage nicht verstanden.

Juliane Weber war Helmut Kohls Büroleiterin und seit 1965 eine seiner engsten Vertrauten. Die Einzige, die regelmäßig zu seinen Männerrunden gebeten wurde. Vati sagte immer, es gebe nur zwei Leute, die alles über den Kanzler wüssten: seine Frau Hannelore und Juliane Weber. Obwohl ich Frau Weber vorher erst zweimal zusammen mit Vati auf dem Flur begegnet war, mochte ich sie schon. Die meisten Erwachsenen, die ich kennenlernte, behandelten mich wie ein sprechendes Haustier. Man strich mir über den Kopf, sagte: »Ohhhh, süüüüüß!« Und sprach mit mir, als hätte ich nicht mehr alle beisammen. Beknackter Kindertalk. Nur weil ich erst acht war. Juliane Weber war da anders. Die kurzen, fast schwarzen Haare, ihr energischer Schritt und die dunkle Stimme ließen sie bodenständig und burschikos erscheinen. Irgendwie hatte sie eine beruhigende Ausstrahlung. Sie schien mir wie jemand, der auch während eines Hurrikans noch in aller Ruhe lateinische Verben konjugieren konnte. Kein Wunder, dass Vati behauptete: An der kommt keiner vorbei! An mir in diesem Fall übrigens auch nicht.

Mein Manöver hatte Frau Weber natürlich direkt durchschaut. Sie glaubte keine Sekunde, dass ich mich hier wegen der Aussicht niedergelassen hatte oder wegen der schönen Tür-Maserung oder weil meine Füße mir weh taten. »Willst du zum Kanzler rein?«, fragte sie mich ganz direkt. Ich überlegte kurz und nickte mutig. Leugnen hatte keinen Zweck. Und jetzt nein zu sagen wäre schon fast einer Majestätsbeleidigung gleichgekommen.

Also stand ich auf und folgte ihr ins Vorzimmer. Auf ihrem Schreibtisch hatte sich eine ganze Herde von Elefanten versammelt. Große Elefanten, mittlere Elefanten, kleine Elefanten. Aus Stein, Glas, Edelmetall. Ich hatte schon durch meinen Vater von ihrer Schwäche für diese Tiere gehört, aber dass es so ein Massenauflauf war, damit hätte ich nicht gerechnet. Es waren wohl Geschenke aus der ganzen Welt von Politikern und Freunden. Auch mein Vater hatte Frau Weber schon mal einen Elefanten mitgebracht. Als ich ihn fragte, woher ihr Faible für Dickhäuter rührte, hatte er nur mit den Schultern gezuckt. »Vielleicht wurde sie mal von einem getreten«, vermutete er. Was für eine bescheuerte Theorie! Wirklich. Manchmal fragte ich mich ernsthaft, wie es Vati so weit hatte bringen können. Wahrscheinlich hatte Frau Weber einfach etwas für Dickschädel übrig – als Kohls Sekretärin sicher keine schlechte Eigenschaft.

Als sie nun tatsächlich die Tür zum Kanzlerbüro öffnete, war ich schon etwas aufgeregt. Ich war dem Kanzler ja erst einmal kurz begegnet. Bei Vatis Vereidigung. Dementsprechend wenig konnte ich ihn einschätzen. Hatte Kohl überhaupt Lust, mich zu sehen? Und Zeit dazu? Wusste der überhaupt noch, wer ich war? Andererseits hatte er meinen Eltern damals so herzlich zu meiner Geburt gratuliert und mir einen »glücklichen und sonnigen Lebensweg« gewünscht. Dann müsste es ihn doch auch interessieren, ob es bei mir wirklich so sonnig zuging, oder?

Wie lebte wohl so ein Kanzler?, fragte ich mich. Auf Samtthron, umgeben von salutierenden Leibwachen in jeder Zimmerecke? Mit rotem Notfalltelefon? So wie in den *Batman*-Filmen? Oder mit Geheimtür in der Wand, die direkt ins Weiße Haus führte? Ich war echt gespannt. Als Frau Weber mich dann in Kohls Büro schob, musste ich feststellen, dass selbst in meinem Kinderzimmer mehr los war als in Kohls Allerheiligstem. Klar, groß war der Raum. Aber sehr nüchtern. Da gab es keine schweren Brokatvorhänge. Keine

Goldornamente an den Wänden. Und der Kanzler trug weder Krönchen noch Lorbeerkranz. Er saß auf einem schwarzen Ledersessel vor einem großen, schweren Holzschreibtisch und blätterte in einer Mappe. Er trug eine Anzughose und ein weißes Hemd, das in Bauchhöhe – na, sagen wir mal – etwas spannte. Zwei Hosenträger rahmten die Mitte seines Körpers ein. Darüber hatte er eine schwarze Wollweste geworfen. Und, ich traute meinen Augen nicht, er trug Hausschuhe! Wahnsinn. Der Kanzler schien wirklich hier zu wohnen.

Ich blinzelte kurz unter dem Schock dieser Erkenntnis und wunderte mich gleichzeitig, wie es ihm gelang, in diesem unprätentiösen Outfit so viel Autorität auszustrahlen. Das kannte ich sonst nur von Pastor Trimpe.

Außerdem hatte der Kanzler das gleiche Hobby wie Vati und ich. Er hortete offensichtlich alles, was nicht niet- und nagelfest war. Auf seinem Schreibtisch waren zahlreiche Gedenkmünzen unterschiedlicher Prägung drapiert. Ganz ordentlich und in Reih und Glied. Die halbe Tischplatte war davon bedeckt. Irgendetwas sammelte wohl jeder, der in diesem Haus arbeitete, schlussfolgerte ich. »Wie? Sie sammeln nichts? Tut mir leid, dann kommen Sie hier nicht rein!« – ob so die Vorstellungsgespräche im Kanzleramt abliefen? Die Regale waren vollgestopft mit Büchern, an der Wand hing ein Porträt von Konrad Adenauer, und vor dem Fenster stand, wohl das Highlight hier, ein Aquarium, in dem Goldfische apathisch hin und her schwammen. Wie lustig, dachte ich spontan: Die zarte Frau Weber mag Elefanten und der Kohl Goldfische. Ich kicherte.

Die Fotos auf Kohls Schreibtisch zeigten unter anderem seine Familie. Enttäuschenderweise schienen seine Söhne sogar noch älter als Silke und Kirstin zu sein und waren damit ebenfalls ungeeignet für die Kategorie »Politikerkind«. Hätte Vati sich mit dem Vaterwerden bei mir nicht etwas beeilen können? Vor fünfzehn Jahren hatte es hier vielleicht nur so von Politikerkindern gewimmelt, spekulierte ich. Auf den anderen Fotos war Kohl zusammen mit wichtigen internationalen Staatsmännern abgebildet, die ich aus dem Fernsehen kannte: Bush, Mitterrand, Gorbatschow. Kohl hatte also auch seine »Ego-Galerie« – wie Vati! Meist mit Datum und persönlicher Widmung. Lesen konnte man das Gekritzel allerdings nicht. Diese Landeschefs hatten alle eine echte Sauklaue. Wenn ich so schreiben würde, wäre ich schon längst von der Grundschule geflogen. Aber vielleicht war eine kryptische Handschrift aus Gründen der nationalen Sicherheit vonnöten? Hinterher konnte man dann schlicht behaupten: »Das heißt doch ganz was anderes!«

Als Frau Weber mich aufmunternd noch weiter ins Zimmer vorschob, blickte der Kanzler endlich von seinen Unterlagen auf. Er war sichtlich irritiert, und das charakteristische Gitter aus waagerechten und senkrechten Falten auf seiner Stirn verdichtete sich. Er hatte wohl keinen Besuch erwartet. Vor allem nicht von einer Achtjährigen. Ich trat unruhig von einem Fuß auf den anderen und bekam einen ganz trockenen Mund. Ob das hier so eine gute Idee gewesen war?

»Die Sarah Seiters wollte nur mal schnell hallo sagen«, erklärte Frau Weber freundlich. »Sie hilft heute ihrem Vater bei den Staatsgeschäften.« Da musste der Kanzler dann zum Glück lachen und winkte mich zu sich an den Tisch. »Soso, du bist also die Tochter von Rudi Seiters?«, fragte er mich schmunzelnd. »Und übernimmst jetzt seinen Job?« Ich war mir zwar ziemlich sicher, dass ich das nicht tat, aber in Anbetracht der Tatsache, dass mir immer noch die Spucke fehlte, nickte ich einfach mal. Es kann ja keiner damit rechnen, dass der Kanzler plötzlich smalltalken will. »Gefällt es dir denn bei uns?«, löcherte er mich unbeirrt weiter. Ich nickte wieder. Und versuchte, ein Lächeln hinterherzuschieben. Ein schiefes. Bis jetzt lief es ja ganz gut. Aber weit würden wir mit der

Fragen-und-nicken-Nummer nicht kommen, befürchtete ich. »Reiß dich zusammen!«, forderte eine Stimme in meinem Kopf. Die gleiche Stimme, die wahrscheinlich dafür verantwortlich war, dass ich überhaupt hier gelandet war. Und dafür, dass ich auf diesem beknackten griechischen Berg festsaß oder auf dieser überhitzten Wahlkampfbühne zusammenbrach. Die gleiche Stimme eben, die mir immer einredete, es wäre cool, Highlight zu sein. Ich musste endlich den Mund aufmachen, sonst würde die Geschichte hier noch richtig peinlich werden. Und ich müsste später beim Referat in der Schule berichten, dass ich den Kanzler totgenickt hatte.

Also räusperte ich mich und fing tatsächlich an zu sprechen. Ich berichtete dem Kanzler vertrauensvoll (in keiner speziellen Reihenfolge), dass ich heute bereits für eine Terroristin gehalten worden war, dass ich glaubte, die Schule wäre dauerhaft nichts für mich, und dass ich nicht sicher wäre, ob mir abstrakte Dinosaurier gefallen. Dann erzählte ich munter darüber, dass »Bundeskanzleramtsminister« eine ähnlich doofe Berufsbezeichnung war wie »Erster parlamentarischer Geschäftsführer« und dass ich es Vati wirklich übelnahm, dass er die Besuchergeschenke vor mir versteckt hatte. Wahrscheinlich würde ich heute noch dort stehen und quasseln, wenn der Kanzler mich an dieser Stelle nicht unterbrochen hätte. »Das mit den Geschenken ist in der Tat kein feiner Zug von Rudi Seiters …«, stellte er fest. Und rief dann seiner Chefsekretärin, die während meines Geschwafels zurück an ihren Schreibtisch gekehrt war, zu: »Juliane, Geschenke!«

Kurz darauf überreichte der Kanzler mir fast feierlich eine goldene Uhr mit schwarzem Lederband. Auf dem Zifferblatt prangten Kohls Unterschrift und ein großer Bundesadler. Klobig, kitschig, grottenhässlich – und für die nächsten Monate mein größter Schatz. Endlich kannte ich die wahre Bedeutung von »Schweigegeld«.

»Findest du es denn gut, dass dein Vater hier arbeitet?«, fragte der Kanzler, als er mir zum Abschied die Hand reichte. Mist, so eine verzwickte Frage ganz am Ende. Konnte ich Kohl denn offen sagen, dass Vati hier meiner Meinung nach ein bisschen ausgebeutet wurde? Dass es für die gesunde Entwicklung eines Kindes bestimmt nicht gut war, seine männliche Bezugsperson so selten zu sehen? Und dass man nie wissen konnte, ob sich daraus nicht später irgendwelche Störungen entwickelten? Was, wenn der Kanzler Vati daraufhin rausschmiss, um ihm mehr »Freiraum« zu gewähren? Und der dann nur noch zu Hause rumhing? Mama würde die Krise kriegen. Und ich sicher kein Taschengeld mehr.

»Ich find's toll, dass Vati jetzt hier ist …«, leitete ich versöhnlich-diplomatisch meine Antwort ein. »Aber ich glaub, ähm …«, jetzt druckste ich doch ein bisschen, »… er braucht vielleicht mehr Urlaub?« So. Jetzt war es raus. Kohls Reaktion beruhigte mich: Er lachte kurz und laut und nickte verständnisvoll. »Verstehe«, sagte er. »Ich werde sehen, was sich machen lässt.« Ach. Ernsthaft? Das ging ja einfach. Ich war baff. Und hochzufrieden: Ich war jetzt im Besitz einer Bundesadler-Uhr. Hatte gediegene Konversation mit dem Regierungschef unseres Landes betrieben. Und nebenbei Vatis Freizeitproblem gelöst. Ich war überzeugt: Kohl würde das regeln.

Nur mein Vater schien weniger euphorisch, als Juliane Weber mich nach dem Besuch zurück in sein Büro brachte und ihm fröhlich von meiner Stippvisite beim Kanzler berichtete. Er schüttelte resigniert den Kopf, schaute leidend an die Decke und faselte etwas von Frührente. Ärger gab es keinen. Erstens hatte ich ja de facto nicht gegen Vatis Anweisungen verstoßen (ich hatte den Portier nicht genervt und Kohl auch nur deshalb, weil man mich quasi darum gebeten hatte). Zweitens war Vati vermutlich einfach nur froh, dass ihm das Galoppieren durchs Kanzleramt erspart geblieben ist. Oder rechnete er sich insgeheim jetzt tatsächlich mehr Urlaub aus?

Nach meiner Begegnung mit Kohl hatte ich das Gefühl, dass das Eis zwischen dem Kanzler und mir gebrochen war. Daher versuchte ich mich in nächster Zeit des Öfteren als Vatis Sekretärin. Vor allem, wenn bei uns zu Hause das Telefon klingelte, nahm ich pflichtbewusst den Hörer in die Hand. Schließlich konnte der Kanzler am Apparat sein. Und nachdem wir uns doch jetzt so gut verstanden, wollte ich ihm keine weitere Bezugsperson in unserem Haushalt zumuten. Mein Vater musste bald einsehen, dass ich im Zweifel schneller als er oder Mama das Arbeitszimmer erreichte, also hatte er mir zur gröbsten Schadensbegrenzung eingebleut, wie ich mich melden sollte. Und dass ich Kohl unbedingt mit »Herr Bundeskanzler« ansprechen müsse – nicht einfach mit »Hallo Herr Kohl«. Ich hielt mich natürlich daran, wenn dieser tatsächlich mal anrief. Ich hob ab, feuerte mein freundlichstes »Guten Tag, Herr Bundeskanzler« in den Hörer hinein und brüllte dann lauthals durchs ganze Haus und auch in Bonn noch gut verständlich: »Vaaaaatiiiii!! Kohl ist dran!«

## Kohlsuppe? Nicht schon wieder!

Soweit ich weiß, gab es zwischen dem Kanzler und meinem Vater ein ziemlich ausgeprägtes Vertrauensverhältnis. Vati wurde von der Presse zeitweise sogar als »Lieblingsminister« des Kanzlers bezeichnet. Die beiden waren häufig zusammen auf Dienstreise (zum Beispiel in Indonesien und Japan) und gingen in Bonn oft gemeinsam essen. Mein Vater war auch mit von der Partie, wenn Kohl alle sechs Monate seine traditionelle Wanderung durch den Pfälzerwald und über die Grenze nach Frankreich unternahm. Es war eine Art Mini-Betriebsausflug des Kanzleramts – nur mit Kohls engsten Mitarbeitern. Wenn ich zu Hause rumquengelte, dass ich auch mitwolle, schüttelte Vati nur den Kopf: »Nein, du hast deine eigenen Klassenfahrten.« Super. Nur dass wir dann mit dem Bus zum Surwolder Märchenwald fuhren, während die Kohl-Truppe mit dem Hubschrauber nach Frankreich gondelte. Manchmal ging es auch in ein Benediktinerkloster in der Nähe von Würzburg zur Andacht und – natürlich – auf einen größeren Imbiss. Als mein Vater den Kanzler einmal fragte, warum sie kein Franziskanerkloster besuchen würden, meinte der nur: »Weil die Benediktiner besseren Wein haben.« Das leuchtete Vati ein.

War mein Vater im Kanzlerbungalow zum Essen eingeladen, wurde meist Deftiges aufgetischt, zum Beispiel Buletten und Bratkartoffeln. »Mit Salaten und dünnen Suppen braucht man dem Kanzler nicht zu kommen«, erklärte mein Vater immer. »Da verscherzt man es sich nur!« Kein Wunder, dass jeder Gastgeber, wenn Kohl zu Besuch kam, bei der Auswahl der Gerichte einen Riesenbogen um den Gemüsegarten machte. Stattdessen wurden dem Kanzler auf seinen Reisen und bei Veranstaltungen nicht selten große Keulen Schinken als Gastgeschenk überreicht – Schinken galt nämlich als eine von Kohls Lieblingsspeisen. »Die Keulen haben den Rückflug aber nur selten überlebt«, stellte mein Vater nüchtern fest. Schließlich trug Kohl stets sein spezielles Schinkenmesser bei sich, nur für alle Fälle … Davon profitierten dann auch die Mitarbeiter, die Kohl besonders mochte. Mama fragte sich manchmal, was wohl aus Vati geworden wäre, wäre er Vegetarier. Das wusste ich auch nicht. Aber eins war sicher: garantiert nicht Kohls »Lieblingsminister«!

Mir persönlich wäre es trotzdem lieber gewesen, Kohl hätte seinen Schinken nicht ganz so freimütig in der Gegend verteilt. Der und die ganzen Buletten schlugen sich nämlich auf Vatis Hüften nieder. Und damit auch auf die Stimmung zu Hause. Mein Vater kam regelmäßig mit schlechtem Gewissen heim, zeigte auf seinen Bauch und forderte »leichte Kost«. Und nicht irgendeine, sondern eine »Wunderspeise«, die angeblich die Pfunde schneller schmelzen ließ als David Hasselhoff die Frauenherzen. Das Stichwort war: »Kohldiät«. Ironie pur! Denn das war leider wörtlich und nicht im übertragenen Sinn gemeint. Es handelte sich bei besagter Wunderspeise um eine Suppe aus Kohl, Schnittlauch, Bohnen und zahlreichen Kräutern. Ein grauenvolles Gemisch ohne jeden Geschmack. Deshalb wirkte sie wohl auch so effektiv, weil man nach einem Löffel komplett bedient war. Das Zeug verhagelte mir jedes Mal den Appetit. Onkel Heinz, den ich übrigens bis heute kein einziges Mal am Herd gesehen habe, hatte dieses Rezept angeschleppt und es als Allheilmittel für jegliches Gebrechen angepriesen. Leider hatte mein Vater ihm geglaubt, und jetzt war das Elend da: Machte mein Vater »Kohldiät«, machte die restliche Familie sie auch – ob wir wollten oder nicht. Es gab in unserem Haus plötzlich keine Individuen mehr, es zählte nur noch das große Ganze. Und das war Vatis Bauchumfang.

Ob der Kanzler wusste, was er uns mit seinen Buletten-Orgien einbrockte? Ich glaube nicht. Schließlich hatte er bei seinem Amtseid geschworen, Schaden vom deutschen Volk fernzuhalten. Und die »Kohlsuppe« fiel garantiert in diese Kategorie.

Verwirrt war ich aber doch, wenn Vati über Kohls kulinarische Vorlieben sprach. Schinken? Buletten? Wein? Kartoffeln? Ich dachte, der Kanzler würde sich nur von Saumagen ernähren. Das sagten immerhin die Nachrichten. »Eine Legende«, erklärte Vati mir. »Der mag genauso gern Chinesisch.« Ich war platt. Und bestätigt. Den Medien konnte man echt nicht über den Weg trauen.

Offensichtlich störte Helmut Kohl dieses Gerücht nicht. Er schien es sogar zu unterstützen. Warum sonst hätte er Präsident Bush senior einmal einen enormen Saumagen geschenkt, zusammen mit einem ironischen Augenzwinkern? Alleinstellungsmerkmale konnte man schließlich nicht genug besitzen. Aber wie das mit Staatsmännern so ist: Jetzt wollte Bush natürlich beweisen, dass er ebenso viel Humor besaß wie Kohl. Er ließ den Saumagen im Weißen Haus zubereiten, sich davor fotografieren und schickte das Bild postwendend an den Kanzler nach Bonn. Kohl freute sich und platzierte das eingerahmte Bild stolz mitten auf seinem Schreibtisch. Ein weiterer Schatz für die »Ego-Galerie«. Wie leicht man Staatsmänner doch glücklich machen kann.

## Kinderfest im Kanzleramt

Im Sommer 1989 stand für mich dann eine weitere Premiere an. Eines der größten Events des Jahres: das Kinderfest im Kanzleramt. Auf meiner Wichtigkeitsskala kam es direkt nach Weihnachten und meinem eigenen Geburtstag. Dieses Fest war eine Art »Tag der offenen Tür« für Kinder. Und als mein »Plus Eins« gab es nur eine Option: Oliver.

Das Kinderfest hatte ein bisschen was von einer politischen Kirmes. Überall flatterten Fahnen rum. Bunte Luftballons flogen durch die Gegend. Eine Attraktion reihte sich neben die nächste. Gummibärchen-Stände, Losbuden, Torten-Stände. Hier gab es mehr Süßkram als im Schlaraffenland. Auf dem Gelände tummelten sich Hunderte von Kindern. Waren das etwa die ganzen Politikerkinder, die mir sonst immer vorenthalten wurden? Na, selbst wenn: Heute brauchte ich sie auch nicht. Heute hatte ich ja Oliver. Die sollten lieber mal bei den anstrengenden Events aufschlagen.

Das Kinderfest, pah, das war Zuckerwatte. Wahlkampfveranstaltungen waren das Schwarzbrot!

Als Erstes zerrte ich Oliver zu einer Bude, an der professionelle Maskenbildner Kinder schminkten. Oliver verdrehte die Augen. Ihm schwante Böses. Vor allem, als er die Bildvorlagen sah. Es waren Fotos der Musicaldarsteller von »Cats«. »Nicht dein Ernst!«, stöhnte Oliver. »Ich lass mich doch nicht als Katze schminken!« Er schaute sich verzweifelt nach meinem Vater um, der ihn da vielleicht hätte rausboxen können. Doch Vati war nirgends zu sehen und ich erbarmungslos. Sollte das nachher doof aussehen, hatte ich mich wenigstens nicht allein zum Affen gemacht.

Nachdem das Werk vollendet war, hielten uns die Künstler einen Spiegel vors Gesicht. Oliver sackte in sich zusammen und guckte gequält auf sein Spiegelbild. Und auch ich runzelte kritisch die Stirn. Nach Affen sahen wir nicht aus. Nach Katzen leider auch nicht. Eher nach Kindern, die bei einer Travestieshow auftreten wollten. Um Oliver versöhnlich zu stimmen, musste eine Ablenkungsstrategie her, klar. »Lust auf einen Berliner?«, fragte ich und deutete auf das Kuchenzelt. Oliver nickte. Zwar immer noch schmollend, aber doch interessiert. Nachdem Oliver den zweiten Berliner verdrückt hatte, schien er glücklicherweise vergessen zu haben, dass er im Gesicht aussah wie Boy George zu seinen besten Zeiten.

Als Nächstes stand also die offizielle Eröffnung des Kinderfestes an. Dazu gaben sich auch der Kanzler und seine Frau Hannelore die Ehre. Sie schnitten gemeinsam eine überdimensionale, mehrstöckige Sahnetorte an, die meine gesamte Grundschulklasse eine Woche lang glücklich gemacht hätte. Mein Vater schob uns durch die Menge, und wir begrüßten den Kanzler, der neben dem Riesen-Sahneturm sogar ein wenig zerbrechlich wirkte. Vati stellte mich auch der Kanzlergattin vor. Ich fand Frau Kohl wahnsinnig nett und trotz ihres Amtes als First Lady kein Stück überheblich. Sie lächelte mich warmherzig an, strich mir über die Wange und fragte: »Na, amüsierst du dich auch gut?« Nachdem ich das wahrheitsgemäß durch Kopfnicken bejaht hatte, fragte sie weiter: »Und interessierst du dich denn auch ein bisschen für Politik?« Mein Vater, der hinter mir stand, zog scharf die Luft ein, Oliver wich vor Schreck einen halben Meter zurück. Beide wussten: Die Kanzlergattin hatte die Büchse der Pandora geöffnet. »Natürlich«, erklärte ich euphorisch und stemmte die Hände in die Hüften: »Ich kann das ganze Kabinett auswendig.« Ehe Vati oder Oliver mich aufhalten konnten, legte ich los: »Wolfgang Schäuble – Innenminister, Hans-Dietrich Genscher – Außenminister, Theo Waigel – Finanzen, Norbert Blüm – Arbeit und Soziales, Klaus Töpfer – Umwelt, Rita Süssmuth – Familie, Heinz Riesenhuber – Forschung, Christian Schwarz-Schilling – Post …« Ich zählte auf und zählte auf, bis ich endlich bei Ignaz Kiechle, dem Minister für Ernährung und Landwirtschaft, angekommen war. Hannelore Kohl schaute mich ähnlich fasziniert an wie einen Alien, bei dem man sich fragt, ob er in guter Absicht gekommen ist. Trotzdem tätschelte sie mir den Kopf, gratulierte mir zu diesem großartigen Allgemeinwissen und warf gleichzeitig meinem Vater einen vorwurfsvollen Blick zu, der wohl sagte: »Was bitte machst du mit dem Kind?«

Zur Erklärung und Vatis Verteidigung: Ich war ein Freak. Während andere Kinder die Namen aller »He-Man«-Figuren, Schlümpfe oder Happy Hippos aufzählen konnten, kannte ich eben die Minister aus dem Effeff. Ich hatte mir sogar von Vati das offizielle Kabinettsfoto mit allen Ministern drauf unter den Nagel gerissen. Nun stand es eingerahmt auf meinem Schreibtisch. Wahrscheinlich fühlte ich mich grundsätzlich zu den Menschen hingezogen, die meinen Vater häufiger zu sehen bekamen als ich. Und davon gab es ja recht viele im Bundestag.

So ganz schien ich Hannelore Kohl aber nicht geheuer zu sein, denn sie verabschiedete sich relativ schnell wieder. Vorher redete sie mir aber noch den Kreativ-Stand warm. Dort gäbe es ganz viele DIN-A4-Bilder der Kabinettsmitglieder, die man bemalen könne. Ich war vor Begeisterung sprachlos. Wie cool war *das* denn? Ich wollte die Bilder zwar nicht anmalen. Aber DIN-A4-große Kopien aller Minister? Die konnte man sicher prima sammeln. Ich strahlte, Vati schaute verzweifelt. Was würde Mama wohl dazu sagen? Für eine Intervention war es aber zu spät. Ich schleppte Oliver schon zum Kreativ-Stand und schnappte mir dort so viele Politikerbilder, wie ich tragen konnte. Die Folge: Ein Jahr lang war mein Zimmer mit schlechten Schwarz-Weiß-Kopien von Ministerköpfen tapeziert. »Und ich dachte, der Hasselhoff war schon der Tiefpunkt«, stöhnte Mama regelmäßig.

Nachdem mir nun ein Jutebeutel voll mit Politikerkopf-Kopien am Arm baumelte, mein Magen mit Berlinern gefüllt war und ich Smalltalk mit der Gastgeberin gemacht hatte, brauchte ich ein wenig körperliche Aktivität. Oliver hatte bereits eine bunte Holzwand mit großen Löchern entdeckt, auf die man Fußbälle schießen konnte – genauso wie man das im »Aktuellen Sportstudio« immer tat. Oliver und ich machten uns eifrig an die Sache und waren so vertieft, dass wir erst nach einer Weile bemerkten, dass sich eine Menschentraube um uns versammelt hatte. Ich war irritiert. Ich hatte zwar viel mit Vati trainiert, aber um anderer Leute Aufmerksamkeit zu erregen, reichte mein Talent sicher nicht. Das Missverständnis klärte sich rasch auf: Die Aufmerksamkeit galt gar nicht uns, sondern den drei Kerlen, die sich hinter uns in die Kicker-Schlange eingereiht hatten: Lothar Matthäus, Bruno Labbadia und Karl-Heinz Rummenigge. Die kannte ich von den »Sportschau«-Abenden mit Vati. Und von den Duplo-Klebebildchen sowieso. Eine Reporterin, die gerade dabei war, die drei Fußballprofis zu interviewen, deutete mit dem Finger auf Oliver und mich und winkte uns zu sich herüber. Oliver stolperte wie hypnotisiert auf seine Helden zu, ich folgte zögernd. Schon wieder ein Interview? Zum Thema Fußball fiel mir spontan gar nicht so viel ein. Ich könnte ja noch mal das Kabinett aufzählen …

Zum Glück waren die Fragen der Reporterin recht simpel: »Mögt ihr Fußball?«, »Kennt ihr diese drei?«, »Wer ist euer Lieblingsspieler?« Obwohl die dritte Frage dann doch irgendwie kompliziert war. Sollte ich vor Matthäus, Labbadia und Rummenigge wirklich sagen, dass keiner von ihnen mein Favorit war? Dass ich stattdessen einen Kollegen von ihnen gut fand? Den Mann, der flankte wie ein junger Gott und jubelte wie ein kleiner Junge? Den Kerl mit der Mähne aus Gold? Den, der jeden Gegner vom Platz lächeln konnte oder ihn alternativ niederschwäbelte: Jürgen Klinsmann! Oliver nahm mir die Entscheidung ab. »Sie steht auf Klinsmann!«, erklärte er der Reporterin und zeigte dabei auf mich. Hmmm. Tja. Gut. Damit war es raus. Matthäus und Co. nahmen es wie gute Verlierer und lachten. Trotzdem entschied ich: Bei meinem ersten Date würde ich Oliver zu Hause lassen.

In jedem Fall waren Oliver und ich megastolz, ein Interview zusammen mit den Fußballgrößen der Nation gehabt zu haben! Genau das posaunten wir später auch recht unbescheiden überall in Papenburg herum. Und dass wir die Abzüge der Fotos, die während des Interviews gemacht wurden, in Postergröße in unseren Zimmern aufhängen wollten. Eine Idee mit »Schönheitsfehler«. Denn als wir die Bilder endlich in der Post fanden, die Umschläge aufrissen und auf den Inhalt starrten, stand eins fest: Diese Fotos konnten wir nicht verwenden. Und auch niemandem zeigen. Wir hatten total vergessen, dass wir bei unserem Treffen mit den Fußballprofis immer noch so aussahen wie Pünktchen und Anton beim Festival der Farben.

## Geschichten aus dem Kabinett

Wenn mein Vater am Wochenende zu Hause war, bestand ich immer auf meine Gutenachtgeschichte. Viel lieber als irgendwelche Märchen waren mir Vatis Anekdoten aus dem Bundestag. Statt »Hänsel und Gretel« gab es »Kohl und Süssmuth«, statt »Abenteuer im Zauberwald« »Abenteuer im Kabinett« ...

Und ich war anspruchsvoll. Ich wollte Heldenstorys, Gänsehaut und Happy End. Vati fügte sich. Jede Rede, die er gehalten hatte, wurde zum Jahrhundertevent, jede Diskussion, die er gewonnen hatte, zur verheerenden Niederlage für seine Gegner. Er schaffte es, kleinste Ereignisse mit so viel heroischen Elementen auszuschmücken, als hätte er gerade eigenhändig einen auf die Erde zurasenden Asteroiden zerstört. Während ich mit glänzenden Augen auf seinem Schoß saß und mir Wort für Wort einprägte.

Eine dieser Geschichten war die Reise nach Indonesien. Mein Vater war zusammen mit dem Kanzler und einer Reihe von Abgeordneten dorthin geflogen, um den indonesischen Präsidenten Suharto zu treffen und die politischen und wirtschaftlichen Beziehungen zu dem Land auszubauen. Alles war akribisch durchgeplant, und nach dem ersten Gespräch zwischen Kohl und Suharto sollte es einen offiziellen Empfang für die deutsche Delegation geben.

Der Protokollchef des Bundeskanzleramts, der für den reibungslosen Ablauf und die Vorstellung der einzelnen Abgeordneten zuständig war, hatte vor dem Eintreffen der beiden Regierungschefs jeden einzelnen der mitgereisten Delegierten, also auch meinen Vater, so platziert, wie es die Reihenfolge auf seinem Spickzettel vorschrieb. Damit es beim Empfang auch ja keine Verwechslung der Namen gab. Mehrfach wies er die Abgeordneten streng darauf hin, ihre Plätze bitte nicht mehr zu verlassen, während sich schon der ein oder andere Schweißtropfen auf seiner Stirn bildete. »Jetzt bitte so stehen bleiben!«, erklärte er bestimmt zum fünften Mal. Ein Fehler. Politiker scheinen nämlich manchmal einen Humor zu haben, der den Reifegrad von Grundschulkindern kaum übersteigt. Besonders mein Vater, der sich bis heute diebisch freut, wenn er irgendwem einen Streich spielen darf. Als der Protokollchef den Raum verließ, um kurz darauf mit dem Bundeskanzler und dem indonesischen Präsidenten wieder aufzutauchen, stand keiner der Abgeordneten mehr am richtigen Platz. Dafür grinsten alle wie die Honigkuchenpferde. Der arme Protokollchef musste die zahlreichen Abgeordneten plus ihre exakten Ämter schwitzend aus dem Kopf aufzählen. Ich hätte da sicherlich punkten können!

An erster Stelle meiner Geschichten-aus-dem-Bundestag-Charts standen aber die Storys über seine legendären Urgesteine. Zum Beispiel Herbert Wehner, den ehemaligen Vorsitzenden der SPD-Fraktion. Er galt als grantig und konnte extrem laut werden, wenn ihm etwas gegen den Strich ging – und das war eigentlich Dauerzustand. »Unter Wehner war noch was los im Parlament«, sagte Vati immer. »Langeweile gab's da nicht.« Wehner ist bis heute der Abgeordnete, gegen den im Laufe seiner Karriere die meisten Verwarnungen ausgesprochen wurden. Einmal wurde er sogar wegen unparlamentarischen Verhaltens für zehn Sitzungstage ausgeschlossen, nachdem er mit ein paar Kollegen angeblich einen anderen Abgeordneten aus dem Ruheraum des Parlaments vertrieben hatte. Wehner nahm eben kein Blatt vor den Mund. Das bekam auch ein Abgeordneter zu spüren, den es störte, dass die Anwesenden in alphabetischer Reihenfolge im Plenum sitzen mussten. Die Nachnamen mit A, B oder C saßen in den ersten Reihen, die mit X, Y und Z hingegen mussten in den hintersten Ecken Platz nehmen. Nun begann der Nachname des besagten Abgeordneten tatsächlich mit einem Z, und er erschien zum wiederholten Mal bei Herbert Wehner, um sich über die Ungerechtigkeit der Sitzverteilung zu beklagen. Wehner, der für solche Sperenzchen überhaupt keine Nerven hatte, antwortete dem Nörgler klipp und klar: »Na, wenn du vorne sitzen willst, dann nenn dich doch Arschloch.«

Je mehr Anekdoten Vati erzählte, desto mehr hatte ich den Eindruck, dass es bei uns in der Grundschule gesitteter zuging als im Bundestag. Selbst unter Parteikollegen wurde bei jeder Gelegenheit gefrotzelt. Als mein Vater sich einmal in einer Sitzungspause über die horrenden Preise eines neuen Bonner Restaurants ausließ, erklärte Kohl vor der gesamten Kabinettstruppe: »Also, der Rudi Seiters ist ganz schön geizig. Der schneidet sich immer selbst die Haare.« Eine Info, die sogar stimmte und mein Vater auch stolz überall verbreitete. Vielleicht dachte er, noch ein weiteres Alleinstellungsmerkmal (zusätzlich zu seiner Brille) könnte nicht schaden. Der Genscher hatte seinen gelben Pulli, der Riesenhuber seine Fliege, und Vati griff eben selbst zur Schere. Aber nicht, weil er unbedingt sparen wollte, neee, sondern weil er tatsächlich bis heute glaubt: »Ich kann es besser!« Dass Kohl ihn jetzt hier vor dem ganzen Kabinett auf die Schippe nahm, störte ihn wenig. Nachdem der Kanzler sich aber in Fahrt geredet hatte und gar nicht mehr aufhören wollte, auf Vatis Friseursalon-Aversion herumzuhacken, fühlte der sich doch genötigt, mal einen gezielten Konter zu setzen: »Herr Bundeskanzler, wenn sich bei den Diäten auf meiner Einnahmenseite nichts verbessert, *muss* ich eben an den Ausgaben sparen.« Zur Erklärung: Die Diäten waren in den letzten Jahren konsequent nicht angehoben worden, was dem Kanzler von seinen Abgeordneten gerne mal unter die Nase gerieben wurde. Kohl amüsierte sich kurz über die Kritik an diesen Nullrunden, wandte sich dann wieder ans Kabinett und verkündete: »Merkt ihr was? Jetzt wissen wir's: Der Seiters will Finanzminister werden.«

Zum Glück lachten nun alle. Hätte man Vati noch weiter über Diäten reden lassen, wäre er sicher irgendwann beim Thema Kohlsuppe gelandet. Dann hätte der Kanzler vermutlich gedacht, dass Vati eigentlich Landwirtschaftsminister werden wollte. Und davon hatte Vati sogar noch weniger Ahnung als von Finanzen oder Haarschnitten.

## Die Wiedervereinigung

Vati blieb also weiterhin Kanzleramtsminister und hatte damit auch wirklich genug zu tun. Kohl hielt sich nämlich überhaupt nicht an seine indirekte Zusage, Vatis Arbeitszeiten zu kürzen. Dabei hatten wir das doch fest abgemacht. Stattdessen konnte ich meinen Vater jetzt fast täglich im Fernsehen bewundern. In den Nachrichten, auf Pressekonferenzen oder bei Veranstaltungen. 1989 war international so einiges los. Und viele der Ereignisse fielen in Vatis Zuständigkeitsbereich.

In der DDR war die allgemeine Unzufriedenheit innerhalb der Bevölkerung in den vergangenen Monaten extrem gestiegen. Die gefälschten Kommunalwahlen vom Mai 1989 ließen das Fass dann überlaufen, und spätestens seit dem Ende des Sommers waren Nachrichten und Zeitungen voll von Berichten über die Montagsdemonstrationen. Die Bürger protestierten gegen die politischen Verhältnisse und für eine demokratische Neuordnung, erklärte mir mein Vater. Tatsächlich waren es die Anfänge einer Art friedlicher Revolution. Der Druck aus dem Volk, zusammen mit den Reformen zur Demokratisierung Russlands, die Michail Gorbatschow im Zeichen von Glasnost und Perestroika eingeleitet hatte, weckten die Hoffnung, dass sich das DDR-Regime im Herbst des Jahres 89 ein Stück weit liberaler und verhandlungsbereiter zeigen würde.

Und genau hier kam mein Vater ins Spiel. Als Kanzleramtsminister war er ja für die Beziehungen zwischen der Bundesrepublik Deutschland und der Deutschen Demokratischen Republik zuständig. Es fiel in seinen Aufgabenbereich, mit der DDR über Reiseerleichterungen zu verhandeln und über eine »Verbesserung der Verkehrslage« (zum Beispiel für Warenlieferungen nach Westberlin). Er traf sich zu diesem Zweck auch mit DDR-Staatschef Erich Honecker.

Ich persönlich verstand das »System DDR« nicht so richtig. Wie bitte konnte man Menschen verbieten, zu verreisen oder Verwandte zu besuchen? Oder Schokolade zu kaufen? Kein Wunder, dass die Leute da langsam die Nase voll hatten und in Massen in die Tschechoslowakei fuhren, fand ich. In den bundesdeutschen Botschaften von Warschau, Prag und Budapest wurde es langsam eng. Die Menschen aus der DDR, die die Botschaften erreicht hatten, hingen dort anschließend nämlich fest. Die Ausreise nach Deutschland war ihnen einfach nicht gestattet.

Vati kam in dieser Zeit manchmal wochenlang nicht nach Hause. Mal verhandelte er in Ostberlin mit dem stellvertretenden Außenminister der DDR über Flüchtlingsfragen. Mal sprach er in Bonn mit dem Ständigen Vertreter der DDR. Überall war er mit dabei. Die Sorge, er könne der Sache nicht gewachsen sein, hatte ich natürlich nicht. Wer mit uns fünf Frauen klarkam, für den war doch das DDR-Regime ein Klacks, vermutete ich.

Wenn mein Vater dann endlich mal wieder auf dem Weg nach Papenburg war, brach bei uns die Hektik aus. Mama fing nervös an, das Haus auf Vordermann zu bringen. Völlig unnötigerweise. Denn bei uns wirkte ohnehin immer alles so unbenutzt, als wären wir ein Möbelhaus. Unsere Küche war so keimfrei, dass man dort Operationen am offenen Herzen hätte durchführen können. Mama sah das offensichtlich anders. Sie kippte zur Sicherheit noch eine Ladung Meister

Propper drüber. Ich rannte ihr dann hibbelig von Zimmer zu Zimmer hinterher und nervte, wann es endlich so weit sei, wann Vati endlich ankäme. Bis irgendwann das Telefon klingelte! Der Moment der Wahrheit. Entweder hatte man jetzt Glück und mein Vater rief nur an, um mitzuteilen, dass er gerade schon das Papenburger Rathaus passiert hatte, oder – der Super-GAU – er verkündete Mama bedröppelt: »Püppi, ich kann doch nicht kommen«, weil er auf halber Strecke zwischen Bonn und Papenburg wieder umkehren musste. Weil es neue deutsch-deutsche Entwicklungen gab. Weil irgendwelche kurzfristigen Verhandlungen angesetzt worden waren. Weil, weil, weil ...

Natürlich war so eine Hiobsbotschaft auch für meine Mutter ein herber Schlag. Sie hatte Vati schließlich genauso lange nicht gesehen. Trotzdem machte sie ihm deshalb nie einen Vorwurf und stand knallhart hinter ihm. Mama wusste ja, wie viel Stress Vati hatte und dass er unter enormem Druck stand. Sie wusste, dass er häufig nur fünf Stunden pro Nacht schlief und oftmals auf dem Sofa in seinem Bonner Büro übernachtete. Und dass das Leben der Menschen in der DDR gerade wichtiger war als ihre Freizeitplanung.

Ich wusste das alles auch. Mir war das allerdings egal. Ich knallte die Türen und nahm mein Kinderzimmer auseinander. Einmal habe ich aus Protest einen Tag lang nichts gegessen. Ein anderes Mal 24 Stunden nicht gesprochen. Und vor Wut geheult habe ich ohnehin ständig. Dieses beknackte Deutschland konnte mich mal. Was ging mich das Schicksal des Landes an? Warum wurden internationale Krisen auf meinem Rücken ausgetragen? Ich fand das einfach unfair. Zugegeben, vielleicht war ich ein *bisschen* egoistisch. Vielleicht habe ich *etwas* überreagiert. Aber, hey, ich war acht – und wollte gefälligst mit meinem Vater spielen!

Ein schwacher Trost war, dass ich jetzt offiziell mehr fernsehen durfte. Mama hing ja auch ständig vor dem Bildschirm. So konnten wir beobachten, wo Vati sich gerade herumtrieb. Wir verfolgten, wie sich die Flüchtlingssituation in der deutschen Botschaft in Prag immer weiter zuspitzte. Bereits sechstausend DDR-Bürger hatten es geschafft, sich in die Botschaft zu retten, und kampierten nun im Garten hinter dem Haus. Die Bilder von verzweifelten Menschen, die über den Botschaftszaun kletterten, gingen um die ganze Welt. Zusammengepfercht verharrten Männer, Frauen und Kinder zwischen den Großzelten im Garten der Botschaft, der durch den Dauerregen ganz verschlammt war. Die Leute schliefen auf den Stufen des Gebäudes oder mitten auf dem Gelände. Kein Wunder, dass die Botschaftsangestellten mit der Situation komplett überfordert waren. Auch das Rote Kreuz kam mit der Versorgung kaum hinterher. Die hygienischen Bedingungen waren eine Katastrophe, und so wuchs die Gefahr einer Epidemie wie Typhus oder Cholera. Es gab viel zu wenig Toiletten, und die Wartezeit betrug ein bis zwei Stunden! Mama kam aus dem Erklären gar nicht mehr heraus – ständig forderte ich Situations-Analysen von ihr und dass wir die Nachrichten auf den anderen zig Sendern jetzt auch noch schauen. Wir beide ahnten: Das konnte so nicht mehr lange weitergehen …

Mein Vater verhandelte bereits seit Wochen in Bonn über ihren Ständigen Vertreter, Horst Neubauer, mit der DDR. Leider bisher ohne Ergebnis. Trotzdem hatte er sich endlich mal wieder ein Wochenende für uns freigeschaufelt und machte sich am Freitag, dem 29. September 1989, mit dem Hubschrauber auf den Weg nach Papenburg. Als er dann bei uns durch die Tür kam, fiel Mama ihm um den Hals, und ich sprang gleich hinterher. Mein Wochenendplan stand schon. Schließlich hatte ich die letzten Tage damit verbracht, mir auszumalen, was wir alles für tolle Sachen machen würden. Seiters eins und Seiters zwei – ganz wie früher. Immerhin hatten wir ein komplettes Wochenende für uns. Zwei volle Tage.

Eine Ewigkeit! Nachdem Vati den Mantel ausgezogen hatte, zerrte ich ihn ungeduldig an der Hand Richtung Garten, um dort ein paar Elfmeter zu üben. Da klingelte das Telefon. Ausgerechnet jetzt. Als mein Vater dranging, wurde mir ganz mulmig. Immer wenn er diesen konzentrierten Gesichtsausdruck bekam und sich seine Augenbrauen fast in der Mitte der Stirn trafen, hieß das nichts Gutes.

Manfred Speck, Vatis persönlicher Mitarbeiter, war dran. Speck war Vatis rechte Hand, und meine Mutter sagte immer: Speck macht alles.« Eigentlich hätte es aber heißen müssen: »Ohne Speck läuft nichts.« Herr Speck regelte nämlich quasi das gesamte berufliche Leben meines Vaters. Er war seit zwölf Jahren an Vatis Seite und so bei fast allen entscheidenden Verhandlungen anwesend. Soweit ich das verstand, war Speck ziemlich unbezahlbar. Wenn es eine Krisensituation gab und mein Vater unmöglich zu Hause anrufen konnte, war Speck plötzlich am Telefon und erkundigte sich, wie es uns ging. Ich persönlich mochte Herrn Speck sehr. Das einzige Problem mit Speck war: Ein Anruf von ihm bedeutete meistens Ärger. Ärger im Sinne von »Vati muss weg«. Ärger im Sinne von »Vati kommt doch nicht«.

Auch bei diesem Anruf also schwante mir Böses. Mein Vater schaute uns von der Hörmuschel her schuldbewusst an: »Herr Neubauer will mich dringend sprechen«, seufzte er resigniert. »Es ist wichtig.« Ich fühlte mich ganz schwach. Wichtig? War ich etwa nicht wichtig? Mir schossen die Tränen in die Augen. Das sollte es mit meinem tollen langen Wochenende schon gewesen sein? Zwei Minuten Vati? Jetzt guckte er nur traurig, nahm mich in den Arm und drückte mich an sich. »Ich mach es wieder gut, versprochen!« Ja, pah, ist klar. Hätte ich für diesen Satz jedes Mal eine Barbie bekommen, unser Haus hätte schon keine Zimmer mehr frei. Aber es half ja nix, auf mich hörte hier eh niemand. Außerdem schaute Vati selbst so unglücklich – da wurde ich gleich wieder weich. Ich schluckte dreimal energisch, ließ mir eine Barbie und ein Asterix-Heft versprechen und gab ihm schmollend meinen Segen für die Rückreise nach Bonn.

Am nächsten Morgen traf mein Vater sich mit Außenminister Hans-Dietrich Genscher und dem DDR-Vertreter Horst Neubauer in seinem Bonner Büro. Vati erzählte später immer, dass das Treffen recht unerfreulich startete. Neubauer überschüttete ihn und Genscher zunächst mit Vorwürfen. Unter anderem beschwerte er sich, dass die Bundesregierung den massiven Zustrom von DDR-Bürgern in die Botschaften geduldet habe. Doch die beiden blieben ruhig und ignorierten die Vorwürfe. Für meinen Vater war klar: Deutschland würde keine Mauern um seine Botschaften bauen und auch niemanden auf die Straße schicken. Offensichtlich war das Thema der DDR-Regierung so langsam ein echter Dorn im Auge. Bilder von Flüchtlingen, die lieber in Botschaftsgärten zelteten, als bei ihnen im Land zu leben, waren für das Image nicht sehr zuträglich. Neubauer erklärte am Ende also, die DDR habe sich für ein einmaliges Entgegenkommen entschieden. Sie würde den Flüchtlingen in der Prager und Warschauer Botschaft die Ausreise erlauben.

Wie bitte? Mein Vater traute seinen Ohren kaum. Konnte es sein, dass er endlich da war: der *große* Durchbruch, den er so lang erhofft hatte? Er versuchte, sich weder Euphorie noch Erleichterung anmerken zu lassen. Weil diese Entscheidung so wichtig für Tausende geflohene DDR-Bürger war. Schließlich hatte er die letzten Wochen in zähen Verhandlungen mit der DDR genau auf dieses Ergebnis hingearbeitet, und jetzt war die DDR-Regierung anscheinend endlich mürbe geworden.

Kohl, der sich zu dieser Zeit in Ludwigshafen von einer Operation erholte, wurde natürlich sofort angerufen und über die großartigen Neuigkeiten informiert. Er entschied, dass Genscher und Vati umgehend in die Tschechoslowakei reisen sollten, um den Flüchtlingen persönlich die frohe Botschaft zu überbringen. Beide wurden in einer hektischen Aktion mit der Luftwaffe nach Prag geflogen und zur Botschaft eskortiert. Als sie dort ankamen, hatten sich bereits unzählige Journalisten vor Ort versammelt. Mama und ich saßen währenddessen gebannt vor dem Fernseher. Schon als Genscher und mein Vater in der Abenddämmerung aus dem Wagen stiegen, brach der erste Jubel aus. Das waren die Flüchtlinge, die vor dem alten Barockgebäude kampierten. »Ich werde nie vergessen, wie hoffnungsvoll diese Leute uns angeschaut haben«, sagt Vati heute noch. »Obwohl sie gar nicht wussten, mit welchen Neuigkeiten wir kamen.«

Mein Vater und Genscher wurden anschließend auf den Balkon der Botschaft geführt. Dort hatte man schon ein Mikrofon aufgebaut. Genscher begann zu sprechen: »Wir sind zu Ihnen gekommen, um Ihnen mitzuteilen, dass heute Ihre Ausreise ...« Zu mehr kam er nicht. Der Rest ging in Jubel unter. Die Menschen fielen sich in die Arme, weinten und riefen immer wieder: »Freiheit, Freiheit!« Mein Vater bezeichnet diese Momente als die emotionalsten seiner politischen Laufbahn. Auch ich zu Hause vor dem Fernseher war völlig ergriffen, hatte Gänsehaut, und Tränchen kullerten mir übers Gesicht. Nicht dass ich auch nur ansatzweise die ganze weltpolitische Tragweite erfasst hätte. Aber das war mir auch egal. Ich wusste nur: Hier war was Entscheidendes passiert – das reichte mir als Grund. Übrigens war ich nicht die Einzige. Bei meinem Vater schimmerte es ebenfalls verdächtig feucht in den Augen, während er an diesem Abend seine Interviews gab.

Die Bilder aus der Botschaft liefen die ganzen nächsten Tage im Fernsehen rauf und runter. In Deutschland und der ganzen Welt. Und ich war doch ziemlich erleichtert, dass ich Vati erlaubt hatte, nach Bonn zu fahren. Schließlich markiert dieser 30. September 1989 den Beginn der Wiedervereinigung. Und der hätte ich nun wirklich nicht im Weg stehen wollen.

Das nächste einschneidende Ereignis stand dann schon ein paar Wochen später ins Haus. Es war der 9. November, und im Kanzleramt war nicht viel los. Mein Vater hatte seinen stellvertretenden Büroleiter bereits nach Hause geschickt mit den Worten (und in der festen Überzeugung): »Gehen Sie ruhig, heute passiert sowieso nichts mehr.«

Im Parlament wurde ein bisschen über die Altersversorgung der Parlamentarier debattiert und über die Rentenreform. Später am Abend hatte mein Vater noch eine kleine Konferenz mit Kollegen angesetzt. In diese friedliche Atmosphäre platzte plötzlich eine Eilmeldung der Agenturen: Genosse Günter Schabowski, Sekretär des SED-Zentralkomitees, hatte soeben in einer Pressekonferenz erklärt, private Reisen von DDR-Bürgern dürften ab jetzt ohne Vorbedingungen beantragt werden, und permanente Ausreisen an allen Grenzübergängen seien möglich. Im Kanzleramt herrschte kurz ratlose Stille. Keiner wusste so recht, was man von dieser Nachricht halten sollte. Die konnte doch gar nicht stimmen. Ausreise ohne Einschränkungen? Das würde die DDR doch nie einfach so erlauben – ohne Verhandlungen und ohne Gegenleistungen von Seiten der Bundesregierung. Eine Falschmeldung? Ein blöder Scherz? Mein Vater setzte sofort seine Mitarbeiter auf die Überprüfung der Nachricht an. So schnell wie möglich sollten sie herausfinden, was an dieser abenteuerlichen Meldung dran war. Außerdem musste der Kanzler, der sich auf Dienstreise in Warschau befand, informiert werden. Direkt danach kam Mama an die Reihe. »Brigitte, schalt schnell den Fernseher ein!«, rief mein Vater kurz angebunden ins Telefon. »Da ist was los!« Bereits jetzt liefen die ersten Bilder aus Berlin über die Sender. Aufnahmen von DDR-Bürgern, die einfach so in den westlichen Teil Berlins spazierten. Kurz darauf erreichte die offizielle Bestätigung das Kanzleramt: Ja, es stimmte, die Grenzen waren offen! Mein Vater war fassungslos und völlig überfahren. Mit dieser Entwicklung hatte so schnell keiner gerechnet. Er vermutet heute noch, dass selbst die Führung der DDR die Auswirkungen dieser lapidar beschlossenen Reiseregelung damals nicht bis zum Ende überblickt habe.

Die erste Aufgabe meines Vaters bestand darin, im Auftrag von Kohl und der Bundesregierung eine Erklärung im Bundestag abzugeben. Schließlich war der Kanzler nicht vor Ort. Nach einer kurzen Sitzungsunterbrechung im Parlament wurde meinem Vater von Bundestagspräsidentin Annemarie Renger das Wort erteilt. Es war genau 20.46 Uhr, daran erinnert sich mein Vater immer, wenn er erzählt, wie er zum Rednerpult ging. Außerdem, dass fast alle der 439 Parlamentarier anwesend waren und dass er in ihren Gesichtern selten so viele Fragezeichen gesehen habe. Als er dann über die Öffnung der Grenzen sprach und über den historischen Prozess, der hier im Gang war, brachen die anwesenden Abgeordneten begeistert in Applaus aus. Plötzlich standen die ersten sogar auf und stimmten ein Lied an. Die deutsche Nationalhymne. Ein Parlamentarier nach dem anderen erhob sich, bis fast alle mitsangen.

Auch die nächsten Wochen und Monate standen ganz im Zeichen der Wiedervereinigung Deutschlands. Schon am nächsten Tag traf sich mein Vater mit Kohl, Außenminister Genscher und Willy Brandt in Berlin, um die Bürger der DDR vom Balkon des Schöneberger Rathauses zu begrüßen.

Am 19. Dezember machte er an der Seite des Kanzlers den historischen Staatsbesuch in Dresden, den Kohl als Schlüsselerlebnis auf dem Weg zur Wiedervereinigung bezeichnete. Die Menschenmassen, die sie empfingen, und ihre Euphorie hätten dem Kanzler gezeigt, dass eine Wiedervereinigung unmittelbar bevorstehen könnte und nicht erst in ein paar Jahren möglich war. Ähnlich sah das mein Vater, der jetzt durchgängig in Verhandlungen mit der DDR-Führung stand. Als am 3. Oktober 1990 endlich die offizielle Wiedervereinigung der beiden deutschen Staaten besiegelt worden war, hatte Vati die wohl stressigste Zeit seines Lebens hinter sich gebracht.

## Vati kriegt den Bambi

Das Thema Wiedervereinigung interessierte mich natürlich brennend. Meine Mutter und die Nachrichten hielten mich immer auf dem neuesten Stand. Mein Vater wurde in den kommenden Monaten in eine Talkshow nach der nächsten geladen, um darüber zu sprechen. Mama hatte schon wunde Finger vom ständigen Videorekorder-Programmieren. Die Zeitungen bezeichneten Vati als »Architekt der Einheit«, »Manager der Allianz«, »Mann des Jahres« oder »Kleiner Kanzler hinter Kohl«. So viel zu »steif, unscheinbar und dröge«, pah! Endlich sahen meinen Vater alle so, wie ich es tat: als Supermann.

Mein Vater freute sich auch darüber, dass er für seine Verdienste bei der Wiedervereinigung mit einem Bambi geehrt werden sollte. Klar, so viele Preise kann man als Politiker ja schließlich nicht gewinnen. Die anderen Familienmitglieder fanden die Bambi-Sache ebenfalls toll. Mama, Silke und Kirstin waren ja auch zur großen Bambi-Verleihung in Leipzig im Dezember 1990 eingeladen. Nur ich war beleidigt: Zu jeder Popel-Veranstaltung wurde ich mitgeschleppt. Aber bei den wirklich spannenden Geschichten musste das Kind in Omas kleiner Wohnung bleiben. Silke und Kirstin sollten sich was schämen! Wo bitte waren sie gewesen, als ich die Papenburger Blütenschau eröffnet hatte? Oder die umgebaute B 70? Oder als ich bei den Radwandertagen die Tombola-Glücksfee spielte? Wo waren sie beim Barßeler Hafenfest, beim Bonner Bürgerfest oder beim Wahlkampf in Borkum? Und warum war nur ich mittlerweile Expertin für Volkstanzgruppen und Amateuraufführungen von »Ein Sommernachtstraum«? Das alles hatte ich alleine durchmachen müssen. Und die gesellschaftlichen Rosinen sollten sich jetzt mal wieder meine Schwestern herauspicken dürfen. Ich fühlte mich wie Aschenputtel, das die Linsen aus der Asche fischen musste, während die Schwestern sich auf dem Ball vergnügten.

Kurzum: Diese Bambi-Regelung passte mir gar nicht. Und dabei sollte die Krönung erst noch kommen. Ich erfuhr die News ein paar Tage vor der Verleihung beim Mittagessen von meiner Mutter. »Weißt du eigentlich, wer noch einen Bambi bekommt?«, fragte sie mit der Sensibilität eines Totengräbers und strahlte mich dabei begeistert an. Ich ahnte schon, dass ich es sicher gar nicht wissen *wollte*. Nach einer kurzen Spannungspause fuhr sie fort: »David Hasselhoff!« Ich starrte sie an. Das konnte doch nicht wahr sein. Mir wurde ganz schlecht. Ich hatte ja nun wirklich ein breites Kreuz, aber genug war genug. Ich ließ mein Besteck fallen, schmiss im Aufspringen den Küchenstuhl um und rannte türknallend in mein Zimmer. Heulend ließ ich mich vor meinem lebensgroßen David-Hasselhoff-Poster auf den Boden fallen und fragte das Universum unter Schluchzen, warum es sich gegen mich verschworen hatte.

Aber es half alles nichts. Trotz meines Gezeters machte sich die Familie ohne mich auf den Weg nach Leipzig. Mit einer kleinen, viermotorigen Cessna, die sie dorthin fliegen sollte. Schon der Flug gestaltete sich nicht ganz unproblematisch: Über Deutschland war eine massive Nebelfront aufgezogen, die eine echte Herausforderung für den Piloten und seine kleine Maschine darstellte. Richtig haarig wurde es dann aber bei der Landung. Ein paarmal musste der Pilot seinen Landeanflug wegen der katastrophalen Wetterbedingungen abbrechen. Er hielt es schließlich für unverantwortlich, überhaupt in Leipzig runterzugehen, und schlug vor, wieder zurückzufliegen. Silke, Kirstin, Mama und Vati sahen sich kurz an, wandten sich dann wieder dem Captain zu und entschieden im Chor: »Neeee, laaandeeen!«

Es kam dann zu einer abenteuerlichen Blindlandung, auf die meine Schwestern noch heute verweisen, wenn das Thema auf »Nahtod-Erfahrungen« kommt. Ich persönlich fand ja, der kleine Schock geschah ihnen ganz recht. Was hatten sie sich dabei bloß gedacht? Wenigstens sind wir zusammen, wenn wir abstürzen? Und: Das Kind kann sich schon selbst versorgen? Na, besten Dank!

Zum Glück ging ja alles gut. Mama, Silke und Kirstin hatten sogar noch genug Zeit, sich in ihre eleganten Abendroben zu schmeißen und sich die Haare zu toupieren. Perfekt aufgestylt machte sich die ganze Bagage dann auf zur Leipziger Oper, wo der Bambi vergeben werden sollte. Schon auf dem roten Teppich ging es hoch her. Die frierenden Massen jubelten den Stars zu, die unter dem Blitzlichtgewitter der Fotografen Richtung Eingang schritten. Silke erzählte später, dass ihr erst in dem Moment aufging, wie viel Prominenz eigentlich auf diesen roten Teppichen so unterwegs ist. »Hier kennt man ja jeden«, raunte sie Kirstin zu, als Pierre Brice, Senta Berger und Harald Juhnke an ihnen vorbeistolzierten. »Klar«, erwiderte Kristin ungerührt, »die einzigen No-names sind wir!«

Weder Silke noch Kirstin fühlten sich im Scheinwerferlicht wirklich zu Hause. Schließlich konnte hier so einiges schiefgehen: Man konnte stolpern und – wie peinlich – Hannelore Elsner mitreißen. Oder Iris Berben. Man konnte an der Bar Hollywood-Stars miteinander verwechseln, zum Beispiel Harrison Ford mit »Entschuldigen Sie, Herr Douglas« ansprechen. Oder mit Petersilie zwischen den Zähnen in jede Kamera strahlen. Der blanke Horror.

Kirstin stand das Ganze erwartungsgemäß viel gelassener durch als Silke. Aber auch um ihre Contenance war es geschehen, als sie am Ende des roten Teppichs einen Mann mit langen blonden Haaren entdeckte: Komiker Otto Waalkes. Kirstin kannte bestimmt die Hälfte seiner Witze auswendig, und wenn es darum ging, diese wiederzugeben, wurde sie plötzlich richtig redselig. Kirstin war ein echter Fan. Otto war ihre absolute Nummer zwei. Nur einer konnte ihn toppen: Schmuse-Barde Howard Carpendale. Der mit der Romantik-Mähne, der mit dem Akzent, der mit dem »R«, das eigentlich keins war. Ob »Ti Amo«, »Tür an Tür mit Alice« oder »Deine Spuren im Sand« – Kirstin dudelte seine Songs rauf und runter. Und das so penetrant, dass ich sie ebenfalls unfreiwillig auswendig kannte. Zum Glück trieb sich Howie heute nicht hier herum. Sonst hätte die sonst so besonnene Kirstin am Ende womöglich vor laufenden Kameras »Hello Again« losgeschmettert …

In Papenburg verfolgten derweil Oma und ich die Verleihung vor dem Fernseher. »James Bond«-Darsteller Roger Moore bekam einen Bambi, genauso wie Hollywood-Diva Gina Lollobrigida, Allround-Entertainer Peter Alexander, TV-Liebling Günther Jauch und Weltmeister-Trainer Franz Beckenbauer. Und, wie ja schon bekannt war, wurde auch David Hasselhoff geehrt. Natürlich gab er seinen Hit »Looking for Freedom« zum Besten – zu dem nicht nur die Prominenten vor Ort laut mitgrölten, sondern auch ich vor Omas Fernseher. Und als dann endlich meinem Vater das goldene Reh überreicht und er als »Makler der Wiedervereinigung« gefeiert wurde, musste ich schon wieder heulen.

Im Übrigen war ich immer noch voller Hoffnung, dass sich David und Vati irgendwann anfreunden würden. Dass die Hoffs und die Seiters am Ende doch noch ein Team würden. Und ich drückte vor dem Fernseher die Daumen. Schließlich kannte ich ja die Sitzordnung und wusste, wer beim exklusiven Dinner für die Bambi-Gewinner direkt neben David sitzen sollte: meine Schwester Silke! Nicht dass ich ihr dieses Privileg nicht gegönnt hätte. Aber darüber sah ich großzügig hinweg, denn immerhin hatte sie so die Möglichkeit, David ein bisschen in die Familie zu integrieren und damit wiedergutzumachen, dass *sie* ihn treffen durfte und nicht ich. So zumindest war die Abmachung.

Wie ich später erfuhr, hatte ich mich leider zu früh gefreut. Silke war nämlich völlig eingeschüchtert von dem 1,96 großen Mann rechts neben ihr und der festen Überzeugung, ihr Englisch würde nicht mal reichen, um den Weg zur Toilette zu erfragen. Daher drehte sie ihm nach der ersten kurzen Begrüßung konsequent den Rücken zu. Und das, wo der arme David doch spätestens nach der Wiedervereinigung und dem Bambi davon ausgehen durfte, dass alle Deutschen ihn liebten. Nur meine Schwester kümmerte das nicht. Sie widmete sich stattdessen lieber ihrem linken Tischnachbarn: einem Unternehmer, von dem ich noch nie etwas gehört hatte.

Zumindest eins war seit diesem Tag klar: Männermäßig würden Silke und ich uns sicher niemals in die Quere kommen.

### Ruhm, Risiken und Nebenwirkungen

Mein Vater war durch die Wiedervereinigung auf dem Zenit seiner Bekanntheit angelangt. Der Rest der Familie unglücklicherweise ebenfalls. Zumindest in Papenburg und Umgebung avancierten wir zu lokalen Berühmtheiten. Die Bodyguards nannten uns scherzhaft die »Kennedys des Emslands«. Gut, wir waren längst nicht so glamourös. Und Skandale gab es bei uns ebenfalls keine – zumindest seitdem Kirstin auch legal rauchen durfte. Aber wir waren nun mal die einzige Familie in Papenburg, die einen Bundesminister im Angebot hatte.

Auch im Urlaub waren wir kaum mehr inkognito unterwegs. Verreisten wir innerhalb Deutschlands – egal ob in den Harz oder ins Erzgebirge –, fühlte sich mein Vater verpflichtet, die Tour mit einem Besuch beim dortigen Bürgermeister oder dem CDU-Ortsverband zu verknüpfen. Selbst in unserem Spanienurlaub drehten sich immer einige Leute um, wenn er an ihnen vorüberging. Silke, Kirstin und ich hatten es uns schon zum Hobby gemacht, mindestens fünfzehn Meter hinter unseren Eltern herzulaufen, um die Konversation der deutschen Urlauber aufzuschnappen. Sobald Mama und Vati sie passiert hatten, blieben die Leute stehen, runzelten die Stirn, steckten verschwörerisch die Köpfe zusammen und waren dann ganz happy, wenn sie Vati endlich richtig zugeordnet hatten. Als den Herrn Seiters! Den Minister!! Oder auch den Metzger, Bäcker oder Pastor aus dem Nachbarort. In unserem Hotel auf Gran Canaria freute sich ein Mann ganz besonders, als er Vati identifiziert hatte, und rief: »Herr Schäuble, Sie auch hier?«

Kein Wunder, dass die Erwartung, überall erkannt zu werden, Politikern schnell in Fleisch und Blut übergeht. Sie differenzieren dann nicht mehr, ob sie gerade in Bonn um den Bundestag spazieren oder sich mitten in der Arabischen Wüste befinden. Überall vermuten sie potentielle Wähler. Dieses Phänomen haben wir Seiters-Frauen am eigenen Leib erfahren – und immer wieder mit Kopfschütteln quittiert. Im Sardinien-Urlaub war mein Vater ganz angetan von einem aufmerksamen Taxifahrer, der uns zu einem besonders günstigen Preis vom Hotel in den Ort gebracht hatte. Stolz geleitete er meine Mutter aus dem Wagen, strich ihr zufrieden über den Rücken und sagte: »Der Taxifahrer war aber gut informiert.« Mein Vater ging wirklich davon aus, dass sich die Nachricht seiner Ankunft wie ein Lauffeuer auf der Insel verbreitet hatte – und so der großzügige Rabatt des Taxifahrers zu erklären war. Wir Schwestern brachten es nicht übers Herz, ihn darüber aufzuklären, dass der heißblütige junge Mann keinen blassen Schimmer hatte, wer er war, sondern lediglich Silkes Telefonnummer abstauben wollte.

Mein Vater vermutete auch noch am anderen Ende der Welt an jeder Ecke Fans und potentielle Wähler. Ob wir nun durch irgendeine kalifornische Shoppingmall liefen oder am Grand Canyon herumkraxelten, Vati schien sich sicher: Auch hier kannte man ihn. Zumindest nickte er jedem freundlich zu, der auch nur in unsere Richtung sah. Nett, souverän, vielleicht ein bisschen gönnerhaft. Immer nach dem Motto: »Ja, Sie vermuten richtig, mein Freund – ich bin es wirklich!«

Wahrscheinlich verstörte er mit diesem Verhalten über Jahre hinweg Touristen aus aller Welt. Vielleicht grübelt der ein oder andere sogar heute noch darüber nach, wer bitte damals dieser Mann mit der großen Brille gewesen ist, der auf dem Urlaubsschnappschuss so auffällig breit in die Kamera grinst.

Apropos Brille: Die war eines von Vatis Markenzeichen und sicherlich auch *ein* Grund, warum er tatsächlich überraschend oft erkannt wurde. Es gab ja nur einen Menschen, der so ein Teil trug. Das konnte ja nur der Seiters sein. Es handelte sich dabei um ein überdimensionales Kunststoff-Monstrum. Massiv und geschmacklos. Eine Brille direkt aus der Modehölle. Wer will schon einen Politiker, der willenlos jedem Trend hinterherrennt?, muss Vati sich wohl gedacht haben und blieb jahrelang seinem Modell treu. Selbst nachdem alle um ihn herum randlose Gestelle oder gar Kontaktlinsen entdeckt hatten. Anscheinend hing Vati irgendwie an seinem Ruf, er würde modisch nicht viel hermachen ...

Auch Mama war kein besonders großer Fan dieser hässlichen Konstruktion auf Vatis Nase. »Tauch deinen Vater doch mal unter«, flüsterte sie mir während des bereits erwähnten Sardinien-Urlaubes zu, als Vati seine Runden im Meer drehte. Ausnahmsweise ein Wunsch, den ich Mama sofort erfüllte. Ich sprang in die Fluten, paddelte Vati hinterher und stemmte mich so lange auf seine Schultern, bis er aufgab. Als er prustend wieder auftauchte, war seine Brille verschwunden. Die nächste Stunde war mein Vater dann damit beschäftigt, das Wasser nach dem wertvollen Gut abzusuchen. Ohne Erfolg. Wir setzten unsere betroffensten Gesichter auf und taten, als würden wir mitsuchen. Unauffällig warfen mir meine Schwestern dankbare Blicke zu. Und auch Mama wirkte irgendwie beschwingt, während sie Vati über den Verlust hinwegzutrösten versuchte.

Leider währte unsere Euphorie nur bis zum nächsten Tag. Als mein Vater nämlich vom örtlichen Optiker (eine Empfehlung des Hoteldirektors) zurückkam, der angeblich nur die topaktuellsten Brillen führte, thronte auf seiner Nase fast ein identisches Modell von dem, das erst gestern auf den Grund des Mittelmeeres gesunken war. Offenbar hatten sie für ihn das letzte Vorkriegsmodell aus der Schublade gezogen. »Das konnte ja keiner ahnen«, stöhnte Mama leise. Vati war dafür umso glücklicher. Vielleicht hatte er gefürchtet, ohne die Brille würde sein Wiedererkennungswert flötengehen. Und damit auch seine zahlreichen treuen Wähler. Schließlich durfte er nicht riskieren, dass sie ihn ohne die Brille auf den Wahlplakaten nicht erkennen würden und aus Verzweiflung jemand anderen wählten.

Womöglich wollte es mein Vater aber auch den Karikaturenzeichnern der Zeitungen einfacher machen. Er war nämlich ein beliebter Protagonist in ihren Werken. Und egal, ob er jetzt zusammen mit Kohl auf einer riesigen Rakete herumflog oder mit dem politischen Gegner Armdrücken machte – sein Ungetüm von einer Brille war immer mit dabei. Ohne diese prägnante Sehhilfe gehörte mein Vater nämlich nicht gerade zu den markanten Erscheinungen auf der politischen Bühne. Keine Ernie-Augenbraue, keine Segelohren, kein Charaktergitter auf der Stirn … Und zugegeben: Nicht mal ich bin mir sicher, ob ich ihn ohne Brille erkannt hätte. Auf den Karikaturen, meine ich.

Zwei weitere Markenzeichen meines Vaters waren Pfeife und Krawatte. Seine Pfeifen waren aus Kirschbaum-, Rosenholz oder auch Meerschaum gefertigt und wurden fein säuberlich in seinem Arbeitszimmer aufbewahrt. Seine Krawatten waren aus Seide, Kaschmir oder Wolle und besaßen einen eigenen Schrank im Schlafzimmer, der ursprünglich mal Mamas Schuhschrank werden sollte. Sie waren gestreift, kariert oder mit mutigem Paisleymuster versehen, und es gab sie in jeder nur denkbaren Farbkombination. Mein Vater trug selbst zu Hause Krawatte. Nur beim Rasenmähen oder bei vierzig Grad im Schatten ließ er sie ausnahmsweise mal im Schrank.

Selbst für mich war er mit Anzug, Hemd und Krawatte am vertrautesten. Umso mehr faszinierte mich eine Artikelserie in der Zeitschrift *Bunte* zum Thema »Was ich als Kind mal werden wollte«. Dort berichteten bekannte Politiker über ihren früheren Berufswunsch und wurden dementsprechend umgestylt. Helmut Kohl wurde beispielsweise im Bauern-Outfit fotografiert – neben einer Kuh auf der Weide. Umweltminister Klaus Töpfer wollte Gastwirt werden und durfte hinter der Theke beim Zapfen posieren. Auch mein Vater hatte sich bereit erklärt, bei dieser Geschichte mitzumachen. Es gab ein Fotoshooting und ein Interview, so viel wusste ich, aber um welchen Berufswunsch es jetzt eigentlich ging, das wollte Vati im Vorfeld partout nicht verraten. Ich solle mich überraschen lassen. Also rechnete ich mit allem: Pilot würde passen, fand ich. Oder Astronaut. Auch Feuerwehrmann, Tennisprofi und Tiefseetaucher hätte ich ihm zugetraut, solange das mit seiner Brille kompatibel gewesen wäre. Dementsprechend gespannt war ich, als dann endlich der Artikel bei uns ins Haus flatterte. Ich schlug aufgeregt die Zeitschrift auf – und war verblüfft. Das konnte doch nicht sein Ernst sein. Vati als Bäcker? Nicht dass ich etwas gegen diesen Berufsstand habe, ganz im Gegenteil. Aber bei aller Heldenverehrung für meinen Vater war mir eins klar: Das wäre in die Hose gegangen. Für Vati bedeutete Kochen, Butter auf ein Schwarzbrot zu schmieren. Der Mann wusste nicht einmal, wie man einen Herd anschaltete. Geschweige denn, wie man Brötchen, Quarkteilchen oder einen Bienenstich hinkriegte. Ich meine mich sogar zu erinnern, dass der Backofen in seiner Bonner Wohnung immer noch mit Plastikfolie versiegelt war. Meinen Vater jetzt zu sehen, wie er tatsächlich in der *Bunten* mit einer riesigen Brotschaufel vor einem Backofen posierte, der fast doppelt so groß war wie er – das war wirklich mehr als komisch. Und etwas befremdlich. Mit der weißen Bäckerjacke, der Bundhose und der eigenartigen Gesellenmütze auf dem Kopf erkannte man ihn ja kaum. Ohne Anzug und Krawatte wirkte er leicht verloren, irgendwie nackt. Als ich Vati ratlos fragte, warum er denn ausgerechnet Bäcker habe werden wollen, erklärte er mir lächelnd, dass seine Familie während des Zweiten Weltkriegs zeitweise in einer Bäckerei unterkommen durfte. Und dort hätte es immer so gut gerochen. Die Geschichte mit der Notunterkunft in der Bäckerei kannte ich schon, und das mit dem leckeren Brötchenduft glaubte ich ihm auch sofort. Aber beim Rest hatte er geflunkert, da war ich mir sicher. Dass sein Traumberuf Bäcker gewesen war, konnte er vielleicht der *Bunten* weismachen. Aber ich kannte die Wahrheit. Er wollte schon als Kind nur eines werden: Und das war Politiker. Aber das wäre natürlich ein reichlich ödes Fotoshooting geworden.

Vatis Bekanntheitsgrad, seine Medienpräsenz und das Interesse in der Bevölkerung stiegen Anfang der neunziger

Jahre weiter an. Und öffentlicher Ruhm bringt leider manchmal nervige Nebenwirkungen mit sich: Groupies. Frauen, die scharf waren auf Macht und Autorität. Frauen, die auf Führungstypen standen. Frauen, die auch vor Ehefrauen nicht haltmachten. Und welche Ehefrau kann es schon leiden, wenn ihr Mann *zu* beliebt beim weiblichen Geschlecht ist? Was diesen Punkt angeht, war Mama aber die Ruhe selbst. Auf Bonn – ja, da war sie schon manchmal eifersüchtig. Oder auf den Kanzler. Aber was andere Frauen betraf, war sie ganz entspannt. Wahrscheinlich trug zu ihrer Haltung auch eine Umfrage bei, die wir irgendwann mal in der Zeitung aufgespürt hatten. Dort wurden Wählerinnen zu ihrer Meinung zu den momentan wichtigsten Politikern befragt. Auch mein Vater war darunter. Der Tenor fiel recht einheitlich aus: »Als Politiker ist der Seiters spitze!«, fasste eine Befragte das allgemeine Urteil zusammen, »aber als Mann, da reißt er keine vom Hocker.« Vati war ein bisschen beleidigt. Mama happy. Sollten das ruhig alle anderen Frauen denken. Das war ihr ganz recht. Vielleicht hatte dieses Fehlurteil ja auch mit Vatis Brille zu tun, vermutete sie, und entschied darum, dass er das Teil ruhig noch eine Weile behalten dürfe. Nur so zur Sicherheit …

## Gefahr im Verzug

Leider gab es noch wesentlich größere Gefahren als die Groupies. Schließlich wusste ich, dass die gepanzerten Autos nicht nur teure Dekoration waren und die Maschinenpistolen, die unter der Autodecke hingen, nicht nur Attrappen. Genauso wie mir klar war, dass die Bodyguards eigentlich nicht zu meiner persönlichen Bespaßung engagiert worden waren. Natürlich hatten die Sicherheitsmaßnahmen einen guten Grund: Mein Vater und die ganze Familie mussten geschützt werden. Unsere Post wurde jeden Tag, bevor sie zu uns gebracht wurde, von der Polizei durchleuchtet, um sicherzugehen, dass keine Briefbombe darin versteckt war. Unser Haus wurde mit Lichtmeldern und Alarmanlagen ausgestattet sowie mit einer Sprechanlage für die Tür. Ich fand es ziemlich beunruhigend, dass man so einen Aufwand betrieb. Schließlich konnte das nur bedeuten, dass es Leute gab, die es ernsthaft auf meinen Vater abgesehen hatten. Tatsächlich galt er zeitweise als einer der meistgefährdeten Menschen in der ganzen Bundesrepublik.

Vati und Mama hatten mir erklärt, dass die Leute, vor denen man uns schützen wollte, Fanatiker seien, zum Beispiel RAF-Terroristen, deren Bilder ich ja vom Postamt kannte. Unberechenbare Typen, die teilweise schon viele Menschen auf dem Gewissen hatten und die auf das System sauer waren. Und da Vati nun mal das System repräsentierte, leider auch auf ihn. Mein Vater war eine klassische Zielscheibe – na toll. Ich wusste schon, warum ich nicht gewollt hatte, dass er Minister wird. Sollte Vati wirklich irgendwann mal etwas passieren, wäre ich auch sauer auf das System, das schwor ich. Diese RAF war bei mir aber jetzt schon unten durch.

Im November 1989 war der Vorstandschef der Deutschen Bank, Alfred Herrhausen, durch einen Sprengsatz getötet worden. Man vermutete, dass der Anschlag auf das Konto der RAF ging. Daraufhin hatte das Bundeskriminalamt die Verschärfung unserer Sicherheitsmaßnahmen angeordnet und die Zahl der Bodyguards aufgestockt. Ein paar Monate später, im April 1990, wurde SPD-Kanzlerkandidat Oskar Lafontaine bei einer Wahlkampfveranstaltung von einer psychisch Kranken mit einem Messer lebensgefährlich verletzt. Ebenfalls etwas, das nicht gerade zu meinem Seelenfrieden beitrug. Gab es denn nur Irre da draußen? Meine Vermutung wurde bestätigt. Denn kurz darauf, am 12. Oktober, schoss jemand bei einer Veranstaltung auf Wolfgang Schäuble. Der

Attentäter hatte drei Kugeln auf ihn abgefeuert. Eine traf den Innenminister in den Kiefer, eine andere ins Rückenmark, und die dritte wurde von einem seiner Bodyguards abgefangen. Vati war fassungslos, als er die Nachricht erhielt, schließlich waren er und Wolfgang Schäuble schon lange gut befreundet. Mein Vater telefonierte sofort mit dem Kanzler und einer völlig aufgelösten Frau Schäuble. Keiner wusste Genaueres, fest stand nur, dass die Verletzungen extrem schwer waren. Es sah nicht gut aus. Auch Mama merkte man an, wie nah ihr die Sache ging. Sie saß stumm auf dem Sofa, streichelte meinen Kopf und starrte in den Fernseher. Nicht nur, dass Schäuble und seine Familie ihr furchtbar leidtaten, ihr wurde klar, wie real die Gefährdung auch für uns war.

Schon am Tag nach dem Attentat flogen mein Vater und Helmut Kohl zur Freiburger Universitätsklinik, um mit Schäubles Ärzten zu sprechen und seine Frau und seinen Bruder zu treffen. Es war immer noch nicht klar, ob Schäuble durchkommen würde. Die Stimmung war gedrückt, Kohl sprach nicht viel, und auch meinem Vater fehlten die Worte. Auf ihrem Weg zum Krankenhaus wurden sie von Kamerateams und Reportern mit Fragen belagert. Im Fernsehen konnte man später sehen, wie sie mit versteinerten Mienen in der Tür zur Klinik verschwanden.

Der immer wieder kritische Gesundheitszustand des Innenministers und die Hintergründe des Attentats waren auch die nächsten Wochen das Thema Nummer eins in den Nachrichten. Dem Täter wurde später paranoide Schizophrenie diagnostiziert, er kam in die Psychiatrie. Schäuble selbst erholte sich zwar langsam wieder, doch tragischer Fakt war: Vom dritten Brustwirbel an abwärts würde er dauerhaft gelähmt bleiben. Seither ist er auf den Rollstuhl angewiesen.

Die Nachrichten hörten irgendwann auf, über den Anschlag zu berichten – ich lag weiter nächtelang wach und grübelte, wie viele Verrückte da draußen wohl noch herumliefen. Ob irgendwer es auch auf Vati abgesehen hatte. Und ob der nächste Anschlag vielleicht schon geplant war. Am liebsten hätte ich ihn gar nicht mehr aus dem Haus gelassen. Ob Landesgeschäfte regeln, Flaschen wegbringen oder den Rasen mähen – alles zu gefährlich.

Wenn mein Vater in dieser Zeit selbst Angst gehabt haben sollte, so ließ er sich die nicht anmerken. Und das, obwohl es durchaus Anlass dazu gab. Wie zum Beispiel einen anonymen Anruf beim Bundeskriminalamt. Der Mann am Telefon gab nur eine kurze Erklärung ab: »Minister Seiters hat geplant, am Mittwoch nach Berlin zu fliegen. Er wird Berlin nicht erreichen.« Das ganze Ministerium war in heller Aufregung. Sicherheitsmaßnahmen wurden verschärft und die bevorstehende Reise noch einmal akribisch nach Schwachpunkten im Sicherheitskonzept überprüft. Geflogen ist Vati trotzdem.

Mama, Oma und mir hat er von der Sache erst mal nichts erzählt. Wahrscheinlich ahnte er, was ihm geblüht hätte. Ich hätte ihn vermutlich in mein Kinderzimmer eingesperrt – mit Mama als Komplizin. Erst ein paar Wochen später berichtete uns Vati von der Drohung. Ganz beiläufig beim Abendbrot. »Ach übrigens, vor ein paar Wochen habe ich meine Brille verlegt. Vor ein paar Wochen hatte ich Ischias. Vor ein paar Wochen habe ich eine Morddrohung bekommen. Reichst du mir mal die Kartoffeln?«

»Ähm, bitte was?« Ich guckte Vati baff an. Schließlich musste ich mich verhört haben. Auch Mama erstarrte mitten im Bratenschneiden. Wir erwarteten weitere Erläuterungen oder mindestens ein gutgelauntes »April, April!«. Aber Vati war bereits beim nächsten Thema angelangt: Er wollte doch tatsächlich über meine Mathearbeit sprechen. Meine Mutter fiel ihm ins Wort: »Und das erzählst du mir erst jetzt?« Vati räusperte sich, bevor er reuig auf seinen Teller schaute. Natürlich wusste er, was er da verbockt hatte. Als meine Mutter ihn weiter mit Blicken durchbohrte und dabei mit den Fingern auf den Tisch trommelte, strich er ihr beschwichtigend über den Arm und meinte: »Ach Püppi, ist doch nichts passiert.« Er konnte in diesem Moment froh sein, dass Mama nicht zu theatralischen Ausbrüchen neigt, sonst wäre ihm jetzt das halbe Familienporzellan um die Ohren geflogen. Doch Mama blieb ruhig, verzichtete weise darauf, Einrichtungsgegenstände durch die Gegend zu schmeißen, und redete stattdessen den ganzen Abend und den nächsten halben Tag kein Wort mehr mit ihm. Für meinen harmoniesüchtigen Vater war das fast schlimmer als jede Morddrohung.

### Vati schwänzt den Bundestag

Grundsätzlich war Mama aber ein sehr geduldiger Mensch, wenn es um Vatis Arbeit ging und um die Tatsache, dass sie ihn im Prinzip mit dem Kanzler, der Presse und der halben Nation teilen musste. Selbst wenn Vati sich mal wieder um drei Tage verspätete oder er es zwei Wochen am Stück gar nicht nach Hause schaffte, blieb sie gelassen. Keine Vorwürfe, kein zerbrochenes Geschirr, kein: »Da hättest du ja gleich den Bundestag heiraten können!«. Mama hatte einfach eingesehen, dass jede Verabredung mit Vati so lange als unsicher galt, bis er sie eine halbe Stunde vorher bestätigte.

Mein Vater wusste, dass er meiner Mutter damit ganz schön etwas zumutete, und hatte dementsprechend regelmäßig ein schlechtes Gewissen. Besonders schlimm war es, als Mama mal eine Woche lang mit einer leichten Lungenentzündung im Bett lag. Vati, der zu dieser Zeit in Bonn war, musste in seiner Funktion als Kanzleramtsminister die Kabinettssitzung vorbereiten, die für den nächsten Tag angesetzt war. So richtig konzentrieren konnte er sich aber nicht. Schließlich hatte Mama ihm schon am Telefon die Ohren vollgehustet und dabei ziemlich elend geklungen. Woraufhin er mir mehrfach durch den Hörer angeordnet hatte: »Sei jetzt ganz lieb zu Mama!« Ich gehorchte. Aber von meinem Ganz-lieb-Sein schien es Mama auch nicht wirklich besserzugehen. Also fasste er einen Entschluss. Er würde etwas tun, das er in seiner gesamten Politikerlaufbahn noch nicht getan hatte: Er würde das Kabinett schwänzen.

Aber so einfach ging das nicht. Das würde schließlich auffallen. Er kam wohl nicht drum herum, sich eine Entschuldigung vom Bundeskanzler zu holen. Der Gedanke bereitete ihm allerdings ebenfalls Bauchschmerzen. Sich kurz vor der Kabinettssitzung vom Acker zu machen, war so gar nicht seine Art. Vielleicht würde der Kanzler denken, er hätte keinen Bock mehr auf den Job, wäre unmotiviert oder schon amtsmüde? Egal, die Familie ging jetzt vor. Das würde er dem Kanzler schon begreiflich machen. Und dass er die Sitzung einwandfrei vorbereitet hätte, dass sie prima auch ohne ihn laufen würde und er nicht um Freistellung bitten würde, wenn es nicht wichtig wäre. Als er das Kanzlerbüro betrat, schaute Kohl überrascht hoch. »Ja, Rudi Seiters?« Mein Vater räusperte sich – das hier gefiel ihm wirklich gar nicht. »Herr Bundeskanzler ...«, setzte er todesmutig an. »Meine Frau hat Lungenentzündung und ...« Der Bundeskanzler ließ Vati gar nicht weiterreden. »Ach, so ist das«, unterbrach er Vatis Kurzrede. »Dann fährst du mal besser schnell nach Hause!«

Nach einer kurzen Irritation darüber, dass das so einfach gegangen war, bedankte sich Vati, übergab Kohl alle wichtigen Unterlagen für die Sitzung und machte sich auf den Weg nach Papenburg. Mama sagte er nichts, er wollte sie überraschen. An der Tanke wurden noch schnell ein paar Pralinen gekauft und ein Sträußchen Blumen, und während er hinten in seinem gepanzerten Auto über die Autobahn raste, lehnte er sich zufrieden zurück, stellte sich Mamas euphorische Reaktion vor und fühlte sich wahrhaft ritterlich. Zu Hause angekommen, schlich er sich langsam die Treppen hoch, öffnete vorsichtig die Schlafzimmertür und schritt, Blumen voraus, aufs Bett zu. Mama, die wirklich elend aussah, war völlig überrumpelt. Damit hatte sie nicht gerechnet: dass Vati tatsächlich für sie das Kabinett hatte sausenlassen, wie romantisch! Nur doof, dass sie nicht richtig reden konnte. Jedes Mal ging die Husterei wieder los. Und Spazierengehen war auch nicht drin, dafür hatte sie zu hohes Fieber. Und um ein nettes Restaurant zu besuchen, dafür fühlte sie sich zu schwach. Ehrlich gesagt wusste sie jetzt gar nicht richtig, was sie mit ihm anfangen sollte. Vati hingegen wollte Mama nicht weiter stören, verzog sich in sein Büro und fing an, die Akten zu studieren, die er sich mitgebracht hatte. Als ich von der Schule kam und ins Arbeitszimmer schaute, war ich verwirrt. War es schon Wochenende? Ach, wen interessierte das: Hauptsache, Vati war da. Nachdem ich ihn begeistert umarmt hatte, klärte er die Situation auf. »Ich pflege Mama.« Aha. Jetzt war ich doch etwas beleidigt. »Das tu *ich* doch schon!«, entgegnete ich empört. »Und in die Schule muss ich trotzdem!« Bevor wir das ausdiskutieren konnten, schaute mein Vater alarmiert hoch. »Sag mal, riechst du das auch?« Und in der Tat roch ich etwas. Vati stand auf, ging in den Flur und Richtung Küche, aus der der Geruch zu kommen schien. Dann öffnete er die Küchentür. Und … Dort stand Mama. Im Morgenmantel. Mit Fieberperlen auf der Stirn inmitten von frisch geschnippeltem Gemüse und ein paar Töpfen. Sie kochte tatsächlich. Mein Vater kratzte sich entgeistert am Kopf und wusste nicht so recht, was er davon halten sollte. Ich blickte vorwurfsvoll zu Vati hoch: »Und *du* pflegst Mama?« Er ignorierte mich. »Was machst du denn da, Brigitte?«, fragte er betreten. Mama hustete kurz, bevor sie antwortete: »Ich muss dir doch was machen, Rudolf. Du kannst doch sonst nur Butterbrot!«

## Für Volk und Vatiland –
## Repräsentieren für Profis

Die Aufgaben meines Vaters wurden im Zuge der Wiedervereinigung noch umfangreicher. Und ich besaß immer weniger Durchblick, wofür er eigentlich alles zuständig war. Wie auch? Ich kam ja schon mit seinen zahlreichen Titeln durcheinander. Politiker sind nämlich nicht einfach nur Politiker. Und Minister sind nicht nur Minister. Im Laufe seiner Karriere ist mein Vater so einiges mehr geworden. Er ist zum Beispiel Träger des Großen Bundesverdienstkreuzes mit Stern und des Großen Silbernen Ehrenzeichens für Verdienste um die Republik Österreich. Er ist Offizier der französischen Ehrenlegion und Ehrenbürger der Stadt Papenburg. Doch damit nicht genug. Hinzu kamen noch wirklich abenteuerliche Titel, wie Ehrengeist von Münster, Aalkönig von Bad Honnef oder Ehrensenator von Osnabrück. In Vechta kürte man ihn sogar zum Burgmann Rudolf von Papenburg. Alles echte Titel, die durch offizielle Urkunden bestätigt sind. Bis heute sind wir Schwestern aber nicht dahintergekommen, ob wir eigentlich auch etwas davon haben und uns jetzt vielleicht auch Burgfräulein nennen dürfen. Cool wäre es ja. Schließlich habe ich noch nie von einem Burgfräulein gehört, das fürs U-Bahn-Fahren zahlt oder Strafzettel für Falschparken bekommt. Und bei Facebook macht sich so was sicher auch ganz gut.

Jedenfalls ist es nicht weiter verwunderlich, dass mir schon als Kind bei diesem Wust von Titeln das Politikerdasein recht unübersichtlich erschien. Das Einzige, was ich definitiv kapiert hatte, war, dass eine von Vatis Hauptaufgaben das Repräsentieren war. Helmut Kohl schickte ihn als seinen offiziellen Vertreter quer durch die Lande. Und solange das in meine Ferien oder aufs Wochenende fiel, war ich weiterhin mit dabei.

Aber wenn mein Vater die Regierung vertrat, wen vertrat dann ich? Als ich das Bodyguard Ralf fragte, erklärte er mir liebevoll seine Theorie dazu: »Du bist die moralische Stütze. Das ist wichtig!« Die Erklärung leuchtete mir ein. Also taperte ich brav hinter meinen Eltern her und unterstützte und repräsentierte, so gut ich konnte. Manchmal war das ganz schön kräftezehrend. Oft mussten wir früh von zu Hause losfahren und hatten den ganzen Tag Programm. Einige Veranstaltungen dauerten sogar bis spät in die Nacht. Für meine Eltern offenbar kein Problem – aber die kippten ja auch den ganzen Tag über Kaffee in sich hinein. Mir erlaubte man maximal eine Cola. Konsequenterweise war ich erschöpfter als sie und durfte dann sehen, wo ich meinen Schlaf herbekam. Meine Methode: Wenn ich müde war, legte ich mich einfach hin. Egal wo. Meist auf den Boden, dort, wo wir gerade standen. Oder saßen. Und am liebsten unter die Stühle der Bodyguards – dort konnte mich wenigstens keiner klauen.

Allerdings wusste ich damals bereits, wann man sich ein Spontan-Nickerchen erlauben konnte und wann nicht. Bei einem unserer Termine im November 1990 wäre es beispielsweise definitiv *nicht* angebracht gewesen. Im Zuge der Golfkrise hatte Iraks Diktator Saddam Hussein das Emirat Kuwait überfallen. Es ging um Öl und viel Geld. Nach der Besetzung wurde allen Ausländern im Irak die Ausreise verboten. Darunter befanden sich auch ungefähr vierhundert Deutsche. Hussein behauptete zwar, sie seien Gäste, aber Vati erklärte mir, in diesem Fall sei das nur ein anderes Wort für »Geisel«. Altkanzler Willy Brandt flog daraufhin in den Irak, um den Diktator zur Freilassung der Geiseln zu überreden. Und tatsächlich, er hatte Erfolg, zumindest teilweise. Über 170 von Husseins »Gästen« wurde die Ausreise nach Deutschland gestattet. Sie sollten am 9. November am Frankfurter Flughafen landen. Und mein Vater wurde als Vertreter der Bundesregierung hingeschickt, um die Geiseln zu empfangen. Außer Vati gehörten zu diesem Begrüßungskommando noch Mama, meine Puppe Susi und ich. Auf dem Flughafen herrschte ein ziemliches Durcheinander. Hinter den Absperrungen warteten Schaulustige. Zahlreiche Pressevertreter waren ebenfalls vor Ort. Und ehe Susi und ich es uns versahen, fanden wir uns zwischen dem Bürgermeister von Frankfurt und Willy Brandt wieder. Ich frage mich heute noch, warum sich damals keiner gewundert hat, was das Kind mit der Puppe auf dem Rollfeld trieb. Das wusste ich nämlich selbst nicht so genau. Nachdem die Geiseln aus dem Flieger gestiegen waren, tat ich also einfach das, was der Bürgermeister, Vati und Willy Brandt taten – ich schaute staatsmännisch und erleichtert und schüttelte alle Hände, die ich zu fassen kriegen konnte. Die Zuschauer applaudierten. Husseins Ex-»Gäste« waren glücklich bis überfordert. Und ich bemühte mich, so lange wie möglich den Mund zu halten und bloß nicht einzuschlafen. Das schien mir in dieser Situation noch die beste moralische Unterstützung zu sein.

## Bibbern beim Papst

Etwas später, im Juni 1991, sollten wir schon wieder repräsentieren. Diesmal bei Papst Johannes Paul II., während einer Kardinalserhebung auf dem Petersplatz. Es war geplant, dass wir übers Wochenende nach Rom fliegen und ich für den Freitag ausnahmsweise von der Schule freigestellt werden würde. Dabei hätte Vati fairerweise eigentlich Oma zum Repräsentieren mitnehmen müssen. Schließlich war sie der große Papst-Fan von uns beiden. Aber auf persönliche Vorlieben nahm man in unserer Familie bekanntermaßen keine Rücksicht. Silke wurde zu David Hasselhoff geschickt, ich zum Papst, und Oma schaute in die Röhre. Sie musste sich damit begnügen, mir gute Ratschläge für meine bevorstehende Audienz zu geben. Schon Wochen vorher bleute sie mir ein, dass meine wichtigste Aufgabe die wäre, andächtig zu gucken – die ganze Zeit. Ich war beunruhigt: Das hörte sich nicht nach Spaß an.

Vor Ort in Rom wurden wir von einer großen Polizeieskorte am Flughafen empfangen. Drei gepanzerte Autos warteten auf uns, zusammen mit diversen Carabinieri von der italienischen Gendarmerie. Die Italiener schienen bei offiziellem Staatsbesuch ein ziemliches Tamtam zu veranstalten. Auf dem Weg zum Hotel umzingelten die Carabinieri mit ihren Motorrädern dann unsere Wagen und lotsten uns in einem Affenzahn quer durch die Stadt. Vati lief um die Nase schon leicht grün an, und auch mich erinnerte das Ganze stark an meine erste Fahrt auf der Monster-Krake des Papenburger Augustmarkts. Rasanter war nicht mal Colt Seavers unterwegs. Wir hielten uns verkrampft an den Türgriffen fest, während wir auf der Rückbank hin und her geschleudert wurden. Nicht mal eine Straßensperrung und ein kleiner Stau hielten unseren Konvoi auf. Mama fragte atemlos, ob man denn in Italien gar keinen Führerschein bräuchte. Es wurde gehupt wie bekloppt, die Sirenen angeschmissen und die Verkehrsteilnehmer, die nicht umgehend den Weg frei machten, einfach im Slalom umfahren. Selbst Andi und Ralf schienen beeindruckt und überlegten wohl, kurzfristig auf Carabinieri umzuschulen.

Endlich in unserem Hotel angekommen und nachdem wir uns von der rasanten Tour erholt hatten, fingen nun auch Mama und Vati damit an, mich auf das Treffen mit dem Papst einzuordnen. Schließlich sei es eine ganz besondere Auszeichnung, wenn der Papst einen nach der Messe persönlich empfange. Daher erschien es meinen Eltern ebenfalls enorm wichtig, dass ich mich anständig verhielte. »Du darfst bei der Messe nicht dazwischenquatschen«, stellte Vati mahnend fest. »Und schau ruhig ein bisschen andächtig«, forderte meine Mutter. Ich fragte mich ernsthaft, was die alle immer mit diesem frommen Gucken hatten. Und ob mir denn jetzt niemand mehr etwas zutraute. Ich war ein Kind, aber deshalb nicht bescheuert. Was dachten sie denn, was ich vorhätte? Die Kardinäle um Toilettengeld anhauen? In der Sixtinischen Kapelle randalieren? Nur weil ich hin und wieder bei ausgewählten Gelegenheiten mal aus der Reihe tanzte, hieß das nicht, dass ich auf dem Petersplatz gleich einen Squaredance hinlegen würde. Ich war gekränkt. Wenn sie jetzt auch noch anfingen, mit mir den ehrfürchtigen Gesichtsausdruck zu üben, schwor ich, dann könnten sie alleine gehen.

Zum Glück blieb keine Zeit mehr für Benimm-Kurse, wir mussten uns umziehen. Besser lief es für mich deshalb trotzdem nicht. Jetzt ging es nämlich an die Klamottenauswahl. Offenbar hatte der Vatikan sehr strenge Kleiderregeln, davon erzählte Mama schon seit Wochen. Die Männer sollten im schwarzen Anzug erscheinen, die Frauen im langärmligen Kleid mit schwarzem Schleiertuch. Nachdem meine Mutter halb Papenburg vergeblich nach einem schwarzen Schleiertuch abgesucht hatte, war sie schließlich in Bonn fündig geworden. Leider wurde das Protokoll bei uns Kindern wesentlich flexibler gehandhabt. Dem Papst war anscheinend egal, was wir hier anhatten. Dementsprechend hatten meine Eltern freie Hand. Damit ich nicht nur fromm guckte, sondern auch so aussah, steckten sie mich in mein weißes, kurzärmliges Kommunionkleid. Mit Spitze überall. Kitschig ohne Ende und unbequem. Erstens konnte ich das Ding schon bei meiner Kommunion nicht leiden, zweitens war es mittlerweile mindestens eine Nummer zu klein. Meine Mutter bestand trotzdem darauf. Die weiße Spitze – so fand sie – würde meine Andächtigkeit noch unterstreichen.

Als wir den Petersplatz erreichten, war er voller Menschen, die begeistert Seine Heiligkeit zujubelten. Alle wedelten mit ihren Papst-Bildchen vor sich hin. Oma, so entschied ich, hätte hier super reingepasst. Unsere Familie und die Bodyguards wurden auf die schwergesicherte Ehrentribüne vor dem Petersdom geführt, die den Kardinälen, Diplomaten und Ehrengästen vorbehalten war. Von hier aus sollten wir der großen Messe und der Kardinalserhebung beiwohnen. Als der Papst aus dem Petersdom trat, wurde sein Erscheinen von frenetischem Beifall begleitet. Zum Glück spielten sie nicht noch die *Fratelli d'Italia*, ich hätte sicher wieder zu heulen angefangen und damit wahrscheinlich gegen irgendein vatikanisches Gesetz verstoßen.

Der Papst trug ein rotes Messgewand, eine goldene Mitra und sah sehr heilig aus. Ich war zunächst eine ganze Weile nur darauf konzentriert, jede seiner Bewegungen genau zu beobachten. Meine Faszination hielt ungefähr eine Dreiviertelstunde. Dann fing ich langsam an, mir Sorgen zu machen. Bei dieser Messe schien sich kein Ende abzuzeichnen. An der einen Ecke wurde Weihrauch geschwungen, an der anderen ein Segen gesprochen und hier und dort ein paar Psalmen rezitiert. Grundsätzlich wäre das nicht weiter dramatisch gewesen, denn im Geduldigsein war ich erprobt. Das Problem war nur, dass es kurz nach Beginn der Messe einen spontanen Temperaturabfall von etwa zehn Grad gegeben hatte. Begleitet wurde diese Eiszeit von einem Sturm, der gefühlt Windstärke dreihundert hatte. Und das Epizentrum befand sich genau in der Mitte des Petersplatzes. Obwohl es mit meiner Bibelfestigkeit nicht so weit her war, erinnerte mich die Situation an eine der zehn Plagen des Alten Testaments. Den Kardinälen flogen die Hütchen vom Kopf, und mein blödes Kommunionkleid bot ungefähr so viel Schutz wie ein Regenschirm bei einem Tsunami. »Verfluchter Spitzen-Fummel«, schimpfte ich in Gedanken und kriegte direkt ein schlechtes Gewissen an diesem heiligen Ort. Mein Vater tätschelte mir mitfühlend die Hand. Die Bodyguards beäugten mich besorgt. Und meine Mutter schaute zermürbt auf mein dünnes Kleidchen. Ausrichten konnten sie allerdings alle nichts. Schließlich konnte man schlecht mitten bei der Rede des Gastgebers von der Ehrentribüne flüchten, um nach einem Heizstrahler zu fragen.

»Wie lange geht das denn noch?«, flüsterte ich meiner Mutter nach ungefähr anderthalb Stunden bibbernd zu. Sie guckte schuldbewusst zu mir herunter, legte ihren Arm um mich und sagte in ermutigendem Ton: »Keine Sorge. Die Hälfte haben wir schon.« Ähm, wie bitte? Ich musste das wegen des Windes falsch verstanden haben. Die Hälfte??? Für mich waren die einstündigen Messen in Papenburg schon eine Herausforderung. Dass diese Nummer über drei Stunden dauern sollte, überstieg meine Vorstellungskraft. Ich versuchte, mich in einen Trance-ähnlichen Zustand zu versetzen – so wie die Astro-Heinis im Fernsehen –, um meine innere Mitte zu finden. Das klappte natürlich nicht. Bei dem lauten Sturm konnte sich ja auch kein Mensch konzentrieren. Also begann ich, die noch verbliebenen Hütchen auf den Kardinalsköpfen zu zählen. Was die Zeremonie betraf, war die mir mittlerweile herzlich egal. Dasselbe galt für das Fromm-Gucken.

Nach einer weiteren halben Stunde drohte mein Zähneklappern langsam, aber sicher zum ernsthaften Störfaktor für die lateinischen Psalmen des Papstes zu werden. Zum Glück nahte Rettung. Plötzlich legte jemand etwas Warmes über meine Schultern. Bodyguard Andi hatte das Elend wohl nicht mehr mitansehen können. Er war entgegen dem ausdrücklichen Kleidungsprotokoll aus seinem Jackett geschlüpft, um es mir umzulegen. Damit hatte er zwar gegen die eindeutigen Vorschriften des Vatikans verstoßen, war dafür aber mein großer Held! Und ich hatte nicht mal auf einen Berg klettern müssen, um gerettet zu werden. Dankbar strahlte ich ihn an. Ich entschied: Andi stand bis auf weiteres ganz oben auf meiner Favoritenliste. Aus dem erleichterten

Gesichtsausdruck meiner Mutter konnte ich schließen, dass für sie dasselbe galt. Auch wenn sie bis dato noch gar keine Favoritenliste geführt hatte.

Nachdem der Papst die Messe irgendwann auch in der letzten ihm bekannten Sprache wiederholt hatte, durften wir endlich zum feierlichen Empfang in den Petersdom schreiten. Das Gebäude war so überdimensional riesig, dass ich kurzfristig meinen halbtauben Körper vergaß und einfach nur staunte, während uns der Prälat, der uns hineingeführt hatte, mit zahlreichen historischen Fakten über das Gebäude bombardierte: Da gab es das imposante Mittelschiff der Papstbasilika, die Hauptkuppel und die zahlreichen Nebenkuppeln mit ihren aufwendigen Mosaikverzierungen. Unterteilt wurden sie durch etwa achthundert Säulen, 390 Statuen und 45 Altare. Wow. Hier würde mal locker ganz Papenburg reinpassen. Mich hatte ja schon das Kanzleramt aus den Socken gehauen, aber das hier war eine ganz andere Kiste. Der Prälat zeigte uns dann noch ein paar besondere Kunstwerke und Reliquien, aber meine Aufnahmefähigkeit hatte mich schon wieder verlassen. Ich schonte meine Kräfte lieber für das eigentliche Highlight: unser Treffen mit dem Papst.

Wir warteten mitten unter der doppelschaligen Kuppel des Petersdoms auf die Ankunft des Heiligen Vaters. Ich merkte, wie Mama neben mir ganz nervös von einem Fuß auf den anderen trat und mein Vater rastlos seine Hände knetete. Und dann war es so weit: Der Papst erschien am anderen Ende des Doms und kam würdevollen Schrittes auf uns zu. Er wirkte mit seinem roten Umhang, der goldenen Kreuzkette und der verzierten, dreieckigen Spitzenhaube wirklich sehr erhaben. In der linken Hand hielt er den silbernen Hirtenstab, an der rechten trug er einen goldenen Ring. Aber was mich überraschte: Er sah tatsächlich nett und sehr freundlich aus. Der wusste, wie das mit dem Fromm-Gucken ging. Zunächst begrüßte er Mama, die ihm scheu entgegenlächelte. Danach reichte er Vati die Hand. Als Dritte war ich an der Reihe. Der Papst beugte sich zu mir herunter, strahlte mich an und zeichnete dann mit seinem Daumen ein Kreuzchen auf meine Stirn. Spätestens jetzt wäre Oma in Ohnmacht gefallen, da war ich mir sicher. Erleichtert atmete ich aus. Anscheinend hatte das mit dem Andächtig-Wirken bei mir doch irgendwie geklappt, sonst würde der Papst mir wohl kaum seinen Segen erteilen.

Hinterher ist mir allerdings aufgegangen, dass ich das Verhalten des Papstes auch falsch interpretiert haben könnte. Dass der Grund für seinen freundlichen Empfang nicht mein frommes Äußeres gewesen war, sondern meine durch die Wettergewalten entglittenen Gesichtszüge. Vielleicht dachte der Heilige Vater einfach nur, dass das Kind mit dem steifen Gesicht eine Portion Segen dringend nötig hätte. In jedem Fall war ich im Nachhinein doch froh, dass ich an Omas Stelle beim Papst gewesen war. Erstens freute sich meine Großmutter wie eine Schneekönigin über das Bild mit Johannes Paul und mir, das bei dem Empfang gemacht wurde – endlich mal etwas Persönliches für ihren Papstschrein. Zweitens war ich mir ziemlich sicher, dass ihr die Reise gar nicht gut bekommen wäre. Zunächst mal die vermutliche Ohnmacht bei der Papstaudienz. Dann noch diese ständigen Kamikaze-Fahrten quer durch Rom, schließlich war Omas Leitspruch: »Wer sich in Gefahr begibt, kommt darin um!« Und den Rest hätten Oma wohl die ganzen knackigen Carabinieri gegeben – schließlich waren das alles Männer, und damit gar nicht Omas Fall …

## III. ICH KOMME AUFS GYMNASIUM, VATI WIRD INNENMINISTER

### Wie gesagt: Vati wird Innenminister

Grundsätzlich kann ich zusammenfassen, dass ich momentan mit der Gesamtsituation ganz zufrieden war. Ich hatte mich an beide Ämter gewöhnt: an Vatis Ministeramt ebenso wie an das Kanzleramt. Leider sind die meisten Dinge nicht von Dauer. Gerade in der Politik. Und erst recht nicht, wenn es um Arbeitsposten geht. Da fluktuiert es, dass die Wände wackeln. In einem Moment ist man Umweltminister, im nächsten schon Minister für Frauen und Jugend, und im Jahr drauf betreut man prompt die Finanzen. Einem größeren Plan scheint diese Ämterumverteilung nicht zu folgen. Zumindest erschloss er sich mir nicht. In der Politik ist offenbar alles möglich. Fliegende Wechsel gehören hier zum guten Ton. Kernkompetenz: Alleskönner. Ich hätte mir eigentlich denken können, dass mir Vatis neues Amt nicht lange erhalten bleiben würde. Schon nach zweieinhalb Jahren, im November 1991, wurde er quasi befördert: zum Innenminister, zuständig für innere Sicherheit, Sport und Film. Was die Innere Sicherheit und den Sport betraf, so war ich mir sicher: Das macht Vati mit links. Innenpolitisch hatte er es ohnehin drauf. So viel Zeitung, wie der las. Und im Sport brachte er uns Deutschen offenbar sogar Glück. Schließlich war er sowohl in Wimbledon gewesen, als Boris und Steffi 1989 am gleichen Tag den Pokal holten, als auch ein Jahr später in Rom, als unsere deutsche Elf beim Finale der Fußballweltmeisterschaft gegen Argentinien siegte. Das war doch mal ein gutes Omen, fand ich. Was seine cineastischen Qualifikationen anging, so sah ich allerdings schwarz. Zugegeben, die Aufgaben im Bereich Film waren nicht gerade tagesfüllend, eher eine überschaubare Randbeschäftigung: ein bisschen repräsentieren hier, ein paar Filmfestspiele eröffnen da. Etwas mehr Ahnung hätte aber sicher nicht geschadet. Vatis filmisches Repertoire beschränkte sich auf »Derrick« und »Tatort«, John-Wayne-Western und Edgar-Wallace-Krimis. Und natürlich auf das jährlich wiederkehrende Weihnachtsprogramm der Öffentlich-Rechtlichen (»Der kleine Lord«, »Drei Nüsse für Aschenbrödel«, »Ben Hur«).

Entweder der Kanzler wusste nicht, wie schlecht es um die cineastische Bildung meines Vaters bestellt war, oder er hatte sich absichtlich blind gestellt. Schießlich musste er dringend den Posten des Innenministers neu besetzen. Bisher hatte Wolfgang Schäuble dieses Amt innegehabt. Da der nun aber Fraktionsvorsitzender geworden war, musste ein Nachfolger her. Und da lag es nahe, meinen Vater zu benennen. Dieses Prozedere hatte schon fast Tradition: Mein Vater war schließlich bereits als parlamentarischer Geschäftsführer, als Erster parlamentarischer Geschäftsführer und als Kanzleramtsminister Schäubles Nachfolger gewesen. Und da das immer prima funktioniert hatte, wollte der Kanzler wohl sicherheitshalber beim Altbewährten bleiben. Vati schien es auch nicht zu stören, dass alle seine Posten von Schäuble angewärmt waren. Im Gegenteil: Er freute sich, in der Ministerhierarchie weiter aufzusteigen – schließlich war das Amt des Innenministers eines der wichtigsten.

Mich persönlich nervte es ziemlich, dass mein Vater den neuen Job angenommen hatte, ohne mich zu fragen. Schließlich betraf mich die ganze Sache auch. Und ich war wirklich keine besonders flexible Zehnjährige. Gegenüber jeglicher Art von Veränderung besaß ich eine gesunde Skepsis. Als meine Eltern wegen massiven Lichtmangels im Haus ein paar Bäume im Garten fällen lassen wollten, beschimpfte ich sie als Umweltsünder. Als unsere bieder-braune Sofagarnitur gegen eine schicke weiße ausgetauscht werden sollte, startete ich einen Sitzstreik auf dem alten Modell. Und als meine Mutter vorschlug, mal etwas anderes als Fondue an Heiligabend auf den Tisch zu bringen, drohte ich mit Weihnachtsboykott. Die Bäume blieben, die Fondue-Tradition ebenfalls. Nur die weiße Couch wurde in einer Nacht-und-Nebel-Aktion heimlich ausgetauscht. Ich schmollte. Übrigens auch, als im »Hauptstadtbeschluss« entschieden wurde, dass der Bundestag in ein paar Jahren nach Berlin umsiedeln würde. Vati war dafür. Ich dagegen. Schließlich hatte ich mich doch gerade erst an Bonn gewöhnt. Wenn es nach mir ginge, würden die Menschen heute noch auf den Bäumen hocken ...

## Kritik und schusssichere Scheiben

Ich hatte aber konkrete Gründe, warum ich Vatis neuem Posten kritisch gegenüberstand. Zunächst einmal musste er umziehen. Ins Innenministerium. Und das gefiel mir gar nicht. Zugegeben, das Kanzleramt war mit seinem Sparkassenlook nicht gerade das Tadsch Mahal der Republik gewesen, aber das Innenministerium war wesentlich schlimmer: ein farbloses Hochhaus ohne Ausstrahlung und mit dem Charisma eines Toilettenhäuschens. Und einen Kanzler gab es dort ebenfalls nicht. Neben seinem neuen Arbeitsdomizil gab es aber noch einen weiteren Minuspunkt für Innenminister: Diese hatten nämlich einen wesentlich schlechteren Ruf als die Kanzleramtsminister. In seiner Zeit als Kanzleramtsminister war Vati der »Titan der Einheit« gewesen. Jetzt hingegen hagelte es ständig Kritik an ihm. Die Themen, mit denen er sich herumschlagen musste, waren aber auch einfach undankbar: Es ging um Ausländerpolitik, Einreise-gesetze und den Umgang mit Rassismus. Auch die Tarif-verhandlungen mit der ÖTV (Gewerkschaft Öffentliche Dienste, Transport und Verkehr) fielen in seine Zuständig-keit. Die ÖTV forderte bessere Gehälter. Der Staat (also Vati) fand die Forderungen zu hoch. Es kam zum Riesen-streik. Dem ersten flächendeckenden ÖTV-Streik der Nach-kriegsgeschichte, der zig Wochen alle Medien beschäftigte. Und die befanden, dass mein Vater an allem schuld war. An den Müllbergen, die auf der Straße wuchsen (die Müllmän-ner hatten ihre Arbeit niedergelegt). An den Straßenbahnen, die nicht mehr fuhren (ihre Fahrer streikten ebenfalls). Und an den verärgerten Protestlern mit ihren Parolen und Pla-katen. Selbst Oliver war irritiert von so viel Feindseligkeit. »Wie bitte kann man es sich mit so vielen Leuten gleichzeitig verscherzen?«, fragte er während der Nachrichten. »Und das als Harmoniesüchtiger ...«

Mein Vater nahm die Auseinandersetzungen, jedenfalls nach außen, mit Gelassenheit, denn die Ergebnisse der Um-fragen sahen ihn trotz allem auf der Popularitätsskala weit oben. Manche Kritik nahm er sogar mit Humor. Wenn mal wieder – wie damals fast jeden Tag – eine Karikatur von ihm in der Zeitung, im *Spiegel* oder im *Stern* auftauchte, lachte er darüber und schnitt sie sogar aus. Ob er darauf mit der ÖTV-Vorsitzenden Monika Wulf-Mathies Tauziehen machte oder Kaffee auf Müllsäcken trank, alle Karikaturen landeten fein säuberlich in einem eigens dafür angelegten Album. Solange Vati sich über Kritik und Presse nicht aufregte, tat ich es ebenfalls nicht.

Ich vermutete mittlerweile stark, dass es Politikern sogar ein bisschen gefällt, wenn sie auf die Schippe genommen wer-den. Besonders von den Medien oder den Jungs von der Op-position. Vielleicht fühlen sie sich dadurch erst richtig wert-geschätzt? Vielleicht ist Kritik ein Barometer für Erfolg?

Oder war das Gekabbel im Bundestag für meinen Vater ein gesunder Ausgleich zu seinem sonst so harmoniebestimmten Leben? Zumindest trank er abends mit den gleichen Leuten friedlich-vergnügt sein Bierchen in der parlamentarischen Gesellschaft, mit denen er sich tagsüber im Plenum gestritten hatte. Dazu gab es die parlamentarische Gesellschaft ja schließlich. Eine Art überparteiliche Abgeordneten-Vereinigung in der Villa Dahm, in der man gemütlich beisammensitzen oder mal ein paar Ründchen Skat zocken konnte. Hier zählte nicht, ob man schwarz, rot, grün oder gelb war. Sondern nur, ob man Kreuz, Pik, Herz oder Karo hatte.

Aber nicht alle Gegenspieler meines Vaters waren so umgänglich. Es gab durchaus auch andere Kaliber. Ein Innenminister muss schließlich gegen ausländerfeindliche Anschläge vorgehen, rechtsradikale Organisationen verbieten und sich mit Gegnern der Demokratie herumschlagen – klar, dass er in diesen Kreisen keine Sympathiepunkte sammelt. Außerdem zieht das Amt ganz automatisch auch die Wut internationaler Terroristen auf sich. Kurzum: Die Sicherheitsstufe unserer Familie wurde erneut erhöht.

Vor allem meiner Mutter ging das gewaltig gegen den Strich: »Das Haus ist eine einzige Baustelle«, schimpfte sie, als bei uns jede einzelne Fensterscheibe durch Panzerglas ersetzt wurde. Vom kleinen Toilettenfenster bis hin zu den bodentiefen Wintergarten- und Wohnzimmertüren. Alle Scheiben mussten raus, dafür neues, schusssicheres Glas rein. Kein Wunder, dass sie genervt war. Nicht nur, dass der ganze Umbau einen Heidenlärm machte, zusätzlich stapfte auch noch eine Armee von Handwerkern tagelang durch alle Zimmer. Dass das Dreck mit sich brachte, war nur das eine Problem. Es gab da noch ein zweites. Meine Mutter hat nämlich, neben ihrem Küchenputzfimmel, noch eine zweite, kleine Macke: den Verpflegungszwang. Der äußert sich dadurch, dass sie sich permanent berufen fühlt, alle Schornsteinfeger, Gärtner oder Monteure mit Häppchen, Snacks, Kaffee und Kuchen sowie ausreichend Kaltgetränken zu versorgen – am liebsten im Zweistundenturnus. Unterm Strich hätte Mama mit der eigenhändigen Umrüstung des Hauses vielleicht weniger Mühe gehabt als mit der Verköstigung der Handwerker.

Die neue Sicherheit unserer vier Wände brachte aber noch ein weiteres Problem mit sich. Nämlich, dass man die Glastüren, die vom Haus, dem Wohnzimmer, dem Wintergarten und Vatis Arbeitszimmer in den Garten führten, plötzlich nicht mehr per Hand aufschieben konnte. Dafür waren die gepanzerten Scheiben einfach zu schwer. Die Türen ließen sich jetzt nur noch mit Hilfe eines elektronischen Mechanismus öffnen, der einen solchen Krach verursachte, dass im Umkreis von drei Grundstücken an Ruhe nicht mehr zu denken war. Und nicht nur das: Sollte in Zukunft einmal der Strom ausfallen und ein Feuer gleichzeitig den Fluchtweg zur Haustür abschneiden, tja, dann säßen wir ordentlich in der Tinte. Ohne Strom kein Öffnungsmechanismus. Ohne Öffnungsmechanismus kein Entkommen. Das zumindest erklärten uns die freundlichen Mitarbeiter der Sicherheitsfirma ganz nebenbei der Vollständigkeit halber – und leider zu einem Zeitpunkt, als der Umbau bereits abgeschlossen war.

»Na toll«, motzte Silke empört, als sie auf Wochenendbesuch in Papenburg war. »Jetzt kann uns zwar keiner mehr erschießen, aber dafür sterben wir alle an einer Rauchvergiftung?!« Auch mir erschloss sich die Logik der Sicherheitsvorkehrungen nicht ganz. Das sollte nun das sicherste Haus im ganzen Emsland sein? Ich war skeptisch. Nur die Elektroniker gaben sich optimistisch. »Keine Sorge«, versuchten sie, uns mehrfach zu beruhigen. Für den Notfall gäbe es einen speziellen Akkubohrer, mit dem wir die Türen quasi von Hand aufschrauben könnten. Der müsse einfach immer gut sichtbar im Wohnzimmer deponiert werden. Für den Feuerfall. Das brachte wiederum meine Mutter auf die Barrikaden: »Gut sichtbar?« Mama stöhnte und verdrehte die Augen. Wie sollte sie einen grau-roten Riesenbohrer in ihre sorgfältig zusammengestellte Wohnungseinrichtung integrieren? Sollte sie ihn neben den Bambi stellen? Oder in die Vitrine mit dem Meißner Porzellan? »Gut sichtbar geht gar nicht«, entschied Mama mit energischem Kopfschütteln. Noch am selben Tag fuhr sie mit mir in die Stadt und kaufte ein paar bodenlange Vorhänge, unter denen sie das Monstrum versteckte. Das war zwar nicht ganz das, was die Sicherheitsjungs mit »gut sichtbar« gemeint hatten. Aber ein bisschen risikobereit musste man schon sein, fand Mama, wenn es um die Ästhetik der eigenen vier Wände ging. Außerdem wussten ja schließlich alle Familienmitglieder, wo das hässliche Teil lag. Selbst Onkel Heinz hatten wir für den Fall der Fälle informiert. Und sollte sich während eines Feuers zufällig mal ein Einbrecher in unser Haus verirren – na, dann hatte der halt Pech gehabt.

Leider war die Angelegenheit damit nicht vom Tisch. Wir hatten nämlich die Anweisung bekommen, alle paar Wochen den Akkubohrer an den Türen zu testen – um sicherzugehen, dass im Notfall alles einwandfrei funktionierte. Richtig Spaß machte das genau einmal. Dann war es immer das Gleiche: Bohrer raus, Strom aus, Tür aufbohren, Tür zubohren, Tinnitus. Eigentlich hatten die zwei Zuständigen – Mama und ich – Besseres zu tun. Deshalb und aus Motivationsmangel stellten wir die Bohrübungen nach ungefähr drei Monaten ein – und bis zum heutigen Tag hat keiner in der Familie je wieder ein Wort über den SOS-Bohrer verloren. Und dementsprechend auch keine Ahnung, ob das Teil – im Feuerfall – noch anspringen würde. Immerhin: Es liegt noch an seinem angestammten Platz unterm Vorhang – *fast* so, wie die Sicherheitsjungs es gewollt hatten.

# Der Container vor dem Haus

Zusätzlich zu unseren Bodys sollte jetzt auch die Polizei auf uns aufpassen. Damit es die bei Wind und Wetter gemütlich hatte, wurde extra ein großer grüner Polizeicontainer neben unserem Haus aufgestellt. Es war ein ziemlich hässliches Metallding, das in unsere idyllische Neubausiedlung noch weniger passte als der Bohrer in Mamas Wohnzimmer. Und in diesem Fall half auch ein neuer Vorhang nichts. Rund um die Uhr bewachten nun zwei bis drei Polizisten im Schichtdienst unser Haus, allesamt schmucke Kerle in grünen Uniformen, die – je nach Dienstgrad – ein bis drei Sterne auf ihren Schultern spazieren trugen. Ansonsten gehörten noch Handschellen, Walkie-Talkies und natürlich die Dienstwaffen zur Grundausstattung. Die Polizisten mussten regelmäßig ihre Runden drehen und alle Besucher, die sie nicht zuordnen konnten, kontrollieren. Logisch, dass meine Eltern nun auch das letzte Fünkchen Privatsphäre flötengehen sahen. Für meine Mutter kam erschwerend hinzu, dass das natürlich bedeutete: noch mehr Häppchen, noch mehr Kuchen, noch mehr Kaltgetränke …

Für mich wiederum waren die Männer in Grün durchaus eine Bereicherung. Natürlich ging nix über die Bodyguards, aber die waren ja schließlich nicht immer verfügbar. Nur an den Wochenenden (wenn Vati da war) oder in den Ferien (wenn Vati da war). Die Polizisten wiederum waren 24 Stunden am Start. Also sah ich das Ganze unter dem Aspekt »Herausforderung«. Wenn das mit den Bodyguards schon so gut geklappt hatte – was sollte mich bei den Polizisten aufhalten? Schließlich hatte ich bereits Erfahrung damit, wie man scheinbar unknackbare Kerle knackt. Ich setzte auf psychologische Kriegsführung. Meine Strategie: die permanente Belagerung. Viel reden, viel fragen, viel lächeln. Kurz gesagt: immer präsent sein. Das würde sie schon mürbe machen …

Ich stattete den Polizisten also regelmäßig meine Besuche ab. Oft auch mehrere Stunden lang. Am Anfang wunderten sie sich noch, warum ich andauernd in ihrem Container abhing und ununterbrochen Geschichten von der Wache hören wollte. Aber sie fügten sich relativ widerstandslos. Nach einem halben Jahr wusste ich um die Hierarchien im Dienst Bescheid, um den Unterschied zwischen Meister, Obermeister und Hauptmeister. Und ich war genauestens über Papenburgs Kleinkriminalität informiert. Die, wohlgemerkt, recht unspektakulär war. Keine Jugendmafia auf den Schulhöfen, keine leichten Mädchen am Hauptkanal und erst recht keine Schutzgelderpressung bei unserem Lieblingsitaliener. Fehlanzeige. In Papenburg hätte sich selbst der Dalai-Lama wohl gefühlt. Aus Mangel an spektakulären Insiderinfos spielten wir also die meiste Zeit »Risiko« und »Monopoly«. In der Zeit dazwischen begleitete ich die Polizisten auf ihren Kontrolltouren.

Von meinen ständigen Stippvisiten bei den Jungs sollten meine Eltern natürlich möglichst wenig mitbekommen. »Ich bin dann mal bei Oliver« war meine Standardausrede, wenn ich eigentlich im Container untertauchen wollte. Oliver störte es nicht, wenn ich ihn als Alibi missbrauchte. Das wiederum machte mich etwas betroffen. Er hätte zumindest ab und zu mal ein bisschen Eifersucht zeigen können. Auch Vati wäre es wahrscheinlich egal gewesen, dass ich so viel Zeit mit den Polizisten verbrachte. Nur mit Mama hätte ich wohl Probleme bekommen. Sie war grundsätzlich etwas skeptisch gegenüber der Wirkung meines Charmes. Aus unerfindlichen Gründen sorgte sie sich um das Seelenheil der Menschen, die meiner Gesellschaft zu lange ausgesetzt waren. Sie sah das so: »Bei Sarah ist das wie mit getrockneten Pflaumen. Die sind ja auch nur in Maßen zu genießen.« Offenbar vermutete sie, ich würde anderen Leuten permanent die Ohren abkauen. Und dass das denen gar nicht gut gefiel. Hätte sie also von mir und den Polizisten gewusst, hätte sie wahrscheinlich sofort befürchtet, dass ein Gesetzeshüter nach dem nächsten seinen Job hinschmeißen würde – vor latenter Genervtheit oder Ohrenweh –, und mir sicher ein prophylaktisches Containerverbot erteilt.

Insgesamt hatte ich den Eindruck, dass außer mir mal wieder niemand den Container vor dem Haus zu schätzen wusste. Nicht mal Oma – dabei konnte für sie doch nichts sicher genug sein. Sie traute den Polizisten wohl einfach nicht – schließlich handelte es sich dabei größtenteils um Angehörige der männlichen Spezies. Omas Achillesferse eben. Auch Silke und Kirstin waren eher kritisch. Sie nervte die 24-stündige Polizeiüberwachung. Männerfeindlichkeit war bei ihnen allerdings nicht der Grund, eher das Gegenteil: »Da wagt es doch kein Typ mehr, mich zur Tür zu bringen«, motzte Silke mal wieder bei einem weiteren Wochenendbesuch. »Und Knutschen ist erst recht nicht drin!«

Eine nicht ganz unbegründete Befürchtung. Denn welcher heißblütige Kavalier hat schon Lust, vor und nach jedem Date seine Personalien und sein Vorstrafenregister überprüfen zu lassen? Und eventuell auch noch den Promillepegel? Ganz abgesehen davon, dass Gutenachtküsse wirklich ihr romantisches Potential verlieren, wenn die gesamte Polizeielite Papenburgs dabei zuschaut. Verständlich also, dass Silke und Kirstin ihre Wochenenden in Papenburg den Bach runtergehen sahen … und ihr Liebesleben gleich mit.

Einer der ersten Männer, die unter diesen zusätzlichen Sicherheitsmaßnahmen zu leiden hatten, war Torsten. Kirstins nigelnagelneuer Flirt. Er war groß, dunkelhaarig, durchtrainiert, hatte Shampoo-Werbung-volles Haar und Kirstin in einer Papenburger Kneipe angesprochen. Ihm waren ihre strahlend blauen Augen aufgefallen und ihre unaufgeregte Art. Nachdem er Kirstin dann den ganzen Abend ausgequetscht hatte und sie dabei tatsächlich auf stolze und rekordverdächtige 35 Prozent Redeanteil kam (Torstens Muskeln und das volle Haar müssen es gewesen sein), wusste Torsten um Kirstins wichtigste Eckdaten: was für Musik sie hörte, welche Bars sie mochte und dass sie an den Wochenenden meist von Bremen nach Papenburg pendelte. Sie hatte allerdings versäumt, ihren Nachnamen zu erwähnen und dass ihr Vater Innenminister Deutschlands war. Offensichtlich erschien das Kirstin nicht so wichtig. Sie hielt ja ohnehin nichts von überflüssigem Informationsaustausch. Was zur Folge hatte, dass der ahnungslose Torsten am nächsten Tag ziemlich verblüfft war, als er Kirstin zu ihrem ersten offiziellen Date abholen wollte. Wieso stand da dieser riesige Container vor dem Haus? Weshalb kamen zwei Polizisten auf ihn zugestapft und verlangten seinen Ausweis? Und warum musterten die ihn so, als ob er hier Drogen verkaufen oder Sprengsätze deponieren wollte? Torsten war verunsichert. Wollte man ihn veräppeln? Das mit dem Polizeistaat hatte er doch eigentlich hinter sich gelassen.

Dazu muss man wissen, dass Torsten in der DDR aufgewachsen ist, bis zur Widervereinigung dort gelebt hat und, sobald die Mauer unten war, sein Zeug gepackt, als Techniker bei der Meyer Werft angefangen und sich in Papenburg niedergelassen hatte. Und jetzt stand er verdattert vor unserer Haustür: Ausgerechnet hier, in der Freiheit, wurde er von der Polizei in die Mangel genommen? Das konnte doch wohl nicht wahr sein!

»Was suchen Sie hier?«, fragte einer der Polizisten streng. »Haben Sie einen Termin?« Torsten verstand nicht. Einen Termin? Bei Kirstin? Was bitte sollte der Quatsch? War er überhaupt bei der richtigen Hausnummer gelandet? Er fuhr sich gestresst durch die Shampoo-Werbung-vollen Haare. »Ich soll hier Kirstin abholen«, erklärte er bemüht souverän, bereit, sich sofort wieder vom Acker zu machen, falls es sich um eine geographische Verwechslung handeln sollte und es hier gar keine Kirstin gab. »Hmmm, o. k.«, entschied der Polizist schmallippig, nachdem er Torstens Personalien geprüft hatte. »Sie dürfen klingeln.« Torsten, der noch immer keinen Plan hatte, in was genau er hier hineingeraten war, quetschte sich an den Polizisten vorbei, drückte den Klingelknopf, musterte irritiert die Überwachungskamera, die ihn im Visier hatte, und dann sicherheitshalber den Namen am Briefkasten. Da stand es: Seiters. In fetten Großbuchstaben. Nicht Seiler oder Seifert. Nein: Seiters. Oje. Er schluckte und starrte weiter sprachlos auf das Schild. Das war doch wohl nicht Kirstins Ernst. Die konnte ihn doch nicht einfach hier antraben lassen, ohne zu erwähnen, dass sie die Tochter des Innenministers war. Oh Mann. Bevor er sich anständig sammeln konnte, öffnete sich die Tür. Meine Mutter. »Ach. Wie schön. Sie wollen sicher zu Kirstin. Kommen Sie rein. Warten Sie, ich nehm Ihnen die Jacke ab. Die anderen sind im Wintergarten. Einfach durchgehen. Ich bring gleich den Kaffee! Kuchen steht schon da.« Torsten war baff. Kirstins Vater war offenbar ein berühmter Politiker. Gut. Das war schockierend genug. Aber dass Mutter Seiters in zehn Sekunden mehr sprach als Kirstin an einem Abend, das haute ihn echt um. Als er sich vorsichtig Richtung Wintergarten bewegte, wurde ihm allerdings klar, dass in dieser Familie offenbar nicht die Mutter diejenige war, die aus der Art schlug, sondern Kirstin. Der gesamte Verein hatte sich um einen Glastisch versammelt. Die jüngste und die älteste Schwester waren gerade dabei, gleichzeitig in drei Themen anderer Meinung zu sein. Der Vater versuchte diplomatisch zu vermitteln, machte es dadurch nur schlimmer, und dazwischen wuselte eine ältere Dame, die jedem ein Stück Apfelkuchen aufnötigen wollte. Wahrscheinlich die Oma. Inmitten dieses Durcheinanders: Kirstin, die schuldbewusst zu ihm hochschaute.

Jetzt verstand er auch, warum Kirstin so wenig redete. Sie

war es einfach nicht gewohnt. Sie kam ja nicht zu Wort. Er übrigens auch nicht. Egal. Torsten blieb. Bis heute. Denn irgendwie, so sagt er zumindest immer, war ihm diese Familie trotz Trubel und Lärmbelästigung von Anfang an sympathisch. Vielleicht lag es auch daran, dass er dem Vater der Truppe wenigstens zum Teil seine Ausreise aus der DDR zu verdanken hatte. Und den restlichen Familienmitgliedern, dass seine zukünftige Frau ein so angenehm ruhiges Kaliber geblieben ist.

## Fans und Fanatiker

Aber zurück zum Polizeicontainer: Es gab natürlich einen Grund, warum das Bundeskriminalamt sich für die zusätzlichen Sicherheitsmaßnahmen entschieden hatte. In der Tat nahmen die Gelegenheiten zu, bei denen wildfremde Menschen bei uns vor der Tür standen. Mit Anliegen, Bitten und teils sehr wirren Forderungen. Meine Eltern hatten mir eingeschärft, auf keinen Fall irgendjemandem die Tür zu öffnen, solange sie nicht zu Hause waren. Ich hielt mich daran ungefähr genauso akribisch wie an Mamas Regeln bezüglich »Rosenkohlaufessen« und »Zimmeraufräumen«. Ich öffnete weiterhin jedem, der einen Klingelknopf bedienen konnte – man wusste schließlich nie, wer da Spannendes vor der Tür stand. (Ich hatte die Hoffnung auf eine späte Freundschaft zwischen Vati und David Hasselhoff noch immer nicht ganz aufgegeben.)

Leider tat ich mir selbst damit keinen Gefallen. Erstens war selten einer dabei, der das Prädikat »spannend« wirklich verdient hätte. Die meisten verstand ich nicht einmal, weil sie entweder kein Deutsch sprachen oder – was für mich aufs Gleiche rauskam – plattdeutsch. Zweitens kehrten viele Besucher latent enttäuscht wieder um, wenn sie feststellen mussten, dass nur die Zehnjährige zu Hause war. Ein Mensch zweiter Klasse. Ohne Einfluss und Macht. Ärgerlich. Auch für mich. Denn hey, auch ein Kind hat Gefühle! Und drittens – das war eigentlich der Worst Case – gab es immer wieder einen, dessen Mitteilungsbedürfnis so ausgeprägt war, dass ihm jedweder Gesprächspartner recht war. Der im Zweifel lieber mich zusammenhangslos zutextete, als unverrichteter Dinge wieder nach Hause zu gehen. Oft genug hing ich also zwischen Tür und Angel fest und ärgerte mich über meine eigene Lernresistenz. Ich hatte nun mal auch keine Lösung dafür, wie man sich gegen die Hausdurchsuchung einer Zahnarztpraxis wehrt oder die Lärmbelästigung durch Hightechrasenmäher eindämmt. Und ob es eigentlich möglich wäre, die soziale Marktwirtschaft endlich abzuschaffen, konnte ich ebenfalls beim besten Willen nicht sagen.

Einmal, es war früher Abend, saß ich gemütlich vor dem Fernseher und schaute David Hasselhoff dabei zu, wie er gerade mit K. I. T. T. für Recht und Verfassung kämpfte – da klingelte es. Wer bitte war auf Papenburgs Straßen unterwegs, während »Knight Rider« im Fernsehen lief? Das hätte mir gleich komisch vorkommen müssen. Ich seufzte und lief trotzdem gewohnheitsgemäß Richtung Tür. Vor ihr und damit vor mir stand ein nichtssagender, abgerissener Kerl in abgewetzter Jeans, schwarzer Jacke und grauem Pulli. Na toll, stellte ich frustriert fest, wieder keiner in der Kategorie »spannend«. Und irgendwie auch nicht so recht in der Kategorie »vertrauenerweckend«. Ich lächelte gequält und quetschte ein freundliches »Ja, bitte?« heraus. Der düstere Typ musterte mich von oben bis unten und räusperte sich. »Hallo Kleine, ist dein Vater da?« Ich schüttelte den Kopf. »Deine Mutter vielleicht?« Ich schüttelte weiter. »Irgendein Erwachsener?« Mann, war der hartnäckig. »Neeee«, erwiderte ich, schon leicht genervt. Der Kerl runzelte die Stirn und fügte dann hinzu: »Kann ich vielleicht drinnen warten?« Ich war platt. Also nein. Mit dem wollte ich jetzt wirklich nicht meine David-Momente teilen. »Nein«, antwortete ich also energisch. »Das lohnt sich nicht. Die kommen noch laaaaaange nicht zurück.« Ich dachte, wenn ich Klartext spreche, würde uns beiden das Zeit ersparen. Der Typ war allerdings schwer von Kapee. Er bohrte, wie alt ich wäre, was für Hobbys ich hätte ... Und ich antwortete brav. Schließlich wollte ich keinen von Vatis potentiellen Wählern vergraulen. In diesem Moment kamen die Polizisten ums Eck, die gerade ihren Kontrollgang ums Haus beendet hatten und daher den Mann bei seiner Ankunft knapp verpasst hatten. Und denen gefiel es offensichtlich gar nicht, dass ich hier in der Dämmerung smalltalkte. Sie schirmten den neugierigen Fremden umgehend von mir ab und schickten mich schroff zurück ins Haus.

Eine halbe Stunde später hatten David Hasselhoff und K. I. T. T. Recht und Verfassung wiederhergestellt und ich die Nervensäge vor der Tür längst vergessen. Da hörte ich den Schlüssel meiner Eltern im Schloss – obwohl die eigentlich noch längst nicht zurück sein wollten. Bereits vom Flur aus sah ich Mama auf mich zustürmen. Völlig aufgelöst. Bei mir angekommen, packte sie mich an den Schultern und fing an, mich zu schütteln. »Was machst du denn?«, ihre Stimme klang leicht panisch. »Was machst du denn?« Ähm. Ich war verwirrt. Was genau machte ich denn? Auch ohne darauf eine Antwort zu haben, brachte mich der Anblick meiner aufgewühlten Mutter total aus dem Konzept – und ich fing erst mal an zu heulen.

Mittlerweile war auch mein Vater im Wohnzimmer aufgetaucht, ebenfalls ganz bleich, und legte meiner Mutter beruhigend die Hand auf die Schulter. Die war inzwischen von »Was machst du denn? Was machst du denn?« zu »Geht's dir gut? Geht's dir gut?« übergegangen. Wenigstens hatte sie mit dem irritierenden Schütteln aufgehört. Und ich mit dem Weinen.

Als sich dann alle etwas beruhigt hatten, erklärten meine Eltern mir endlich, was eigentlich los war: Offensichtlich wurden sie auf ihrer Abendveranstaltung von der Polizei darüber informiert, dass jemand versucht hatte, ins Haus zu gelangen, und ihr Kind eventuell leicht verstört worden wäre.

Ich lachte erleichtert los. Deshalb die ganze Aufregung? Wegen des nervigen Typen, der mit mir fernsehen wollte? Puh. Ich machte eine abwertende Handbewegung. »Ach, der ...«, erklärte ich lapidar, »der wollte doch nur quatschen. Da hatte ich schon viel Schlimmere vor der Tür.«

Das war ein Fehler – das merkte ich sofort. Mein Vater bekam seinen bedrohlich-verkniffenen Gesichtsausdruck, bei dem er die Lippen fest zu einer Linie zusammenpresste und rot anzulaufen begann. Eine Mutation, die ähnlich gruselig war wie die Verwandlung von Dr. Banner in den grünen Hulk. »Fräuleinchen, es reicht!«, polterte er los. »Auf dein Zimmer! Eine Woche! Ohne Fernsehen! Und die Haustür ist tabu – ein für alle Mal!«

Moment: Wie bitte?? Ich verstand gar nichts mehr. Was war denn nun kaputt? Was hatte ich denn verbrochen? Ich hätte natürlich nachfragen können, doch wenn mein Vater das Hulk-Stadium erreicht hatte, half nur eins: die Taktik der unzensierten Zustimmung. Das kannte ich aus »Aktenzeichen XY«. Da rieten die Kriminalisten auch immer: Widersprechen Sie nicht. Vermeiden Sie Sätze, die ein Nein beinhalten. Leisten Sie keine Gegenwehr. Ich hielt mich also an den Rat der Profis, nickte devot, schaute auf den Boden und verzog mich mit einem Sack mentaler Fragezeichen nach oben.

Etwas später kam mein Vater leicht reuig in mein Zimmer und brachte Licht ins Dunkel. Bei dem Mann hätte es sich um einen frisch entlassenen Exhäftling gehandelt. Ein Einbrecher mit einem Vorstrafenregister, dicker als das Papenburger Telefonbuch. Ach. Tja. Ich sah ein: Das war dumm gelaufen. Und Vati sah ein: Er hatte überreagiert und hob Hausarrest und Fernsehverbot wieder auf. Ich versprach, die Finger von der Tür zu lassen – und hielt mich wirklich dran.

Das blieb längst nicht die einzige brenzlige Situation, mit der unsere Familie konfrontiert wurde. Unser Telefon stand so gut wie gar nicht mehr still. Meine Mutter wurde zur Seelsorgerin der Nation und Anlaufstelle für alle, die etwas auf dem Herzen hatten. Grundsätzlich ist das zwar eine Rolle, die ihren natürlichen Charaktereigenschaften entgegenkommt. Allerdings war das Ganze extrem zeitintensiv. Zum Beispiel gab es da diesen Landwirt, der alle paar Tage anrief und nach meinem Vater verlangte. Da der aber in der Regel außer Haus war, hatte der Mann immer meine Mutter an der Strippe. Was für ihn kein Grund war, das Gespräch zu beenden. Ganz im Gegenteil: Er arrangierte sich jedes Mal überraschend schnell mit der Situation und fing an, sie vollzuquatschen. Über das Weltgeschehen, das Wetter, den vergangenen Gottesdienst. Er hatte nicht mal ein konkretes Anliegen. Mama vermutete, er wollte einfach reden. Und auch wenn es Mama schwerfiel, Menschen abzuwürgen, ging ihr nach einer halben Stunde Smalltalk-Geplänkel meist doch die Puste aus. Zum Glück gab es da Mamas Spezialtrick, der sie im Zweifel aus der Misere rettete. Seit Vati Minister war, hatte sie sich eine Taktik zurechtgelegt, mit der sie Telefonate beenden konnte, ohne als unfreundlich oder desinteressiert dazustehen. Leider brauchte sie dafür einen Komplizen. Mich.

Wenn ich vorbeilief, fuchtelte meine Mutter wie wild mit ihrem freien Arm und gestikulierte erst in Richtung Telefon, danach in Richtung Haustür. Ich wusste dann schon um meinen Auftrag: Ich rannte so schnell wie möglich vor die Tür und drückte mehrfach und anhaltend unsere Hausklingel. In jedem Fall so penetrant, dass man das Geläute bestimmt noch ohne Telefon bis zum Bauernhof des Anrufers hören musste. Meine Mutter hatte ihr Stichwort: »Herr Sowieso, es tut mir sehr leid, der Handwerker/Schornsteinfeger/Gaskontrolleur steht vor der Tür – aber ich gebe die Sache mit dem Weltgeschehen/Wetter/Gottesdienst gerne an meinen Mann weiter ...«

Meine Mutter wimmelte besagten mitteilungsbedürftigen Landwirt mit unserer Klingel-Masche regelmäßig ab, und dennoch schien der gute Mann recht zufrieden mit ihrer gemeinsamen Smalltalk-Tradition. Als nämlich einmal wirklich Vati an den Apparat ging, räusperte er sich kurz irritiert und erklärte dann freundlich, aber bestimmt: »Oh, moin Herr Seiters, könnte ich bitte Ihre Frau sprechen?«

Wir hatten aber auch Anrufer, die Mama gegenüber weniger charmant waren. Einer brüllte ihr in den Hörer und zählte dabei auf, was in den letzten zweitausend Jahren in der Politik alles so schiefgelaufen war. Ein anderer übermittelte ihr eine Liste für den Kanzler. Mit Ministern, die dringend entlassen werden müssten.

Manchmal bekam meine Mutter auch Geschlechtsgenossinnen an die Strippe, die (genau wie ich) glaubten, Vati könne alles regeln. So auch eine frisch verheiratete Papenburger Braut, die völlig aufgelöst bei uns anrief. Das Problem: Ihr Liebster sollte für zehn Monate in eine andere Abteilung seiner Firma versetzt werden. Diese befand sich allerdings irgendwo im bayerischen Hinterland. Nun fürchtete die Jungvermählte, dadurch würde die ganze Romantik flötengehen, vielleicht sogar die gesamte Ehe. Mama – immer bemüht, Menschen auf pragmatische Weise zu helfen, und in dem Wissen, dass Vati in dieser Sache nun wirklich beim besten Willen nix ausrichten konnte – versuchte, die Frau mit Bezug auf ihre eigenen Erfahrungen zu beruhigen. »Zehn Monate?«, erklärte Mama lachend. »Meine Ehe gibt's seit Jahren nur am Wochenende!«

Das Gute am Sorgentelefon war, dass uns beim Essen nie der Gesprächsstoff ausging. Das Problematische daran war, dass man nicht immer sofort den Unterschied zwischen Fan und Fanatiker erkannte. Die meisten gehörten zwar glücklicherweise der ersten und damit harmlosen Kategorie an – aber zu hundert Prozent sicher konnte man sich nie sein ...

Wie auf dieser einen Wahlkampfveranstaltung. Es war mal wieder im Emsland. Ich war mal wieder mit von der Partie. Vati war mal wieder am Redenschwingen. Als er gerade damit fertig war und genüsslich den Applaus des Publikums entgegennahm sowie den Blumenstrauß des Veranstalters, passierte es. Ein kleiner, untersetzter Mann stürmte auf die Bühne und steuerte direkt auf meinen Vater zu! Er hatte ein bisschen was von Danny DeVito und den irren Blick von Hannibal Lecter, entschied ich in einer Millisekunde. Mama schrie entsetzt auf. Ich quietschte vor Schreck. Die Bodyguards sprangen dem Typen hinterher, um ihn zu Boden zu werfen. Nur Vati strahlte immer noch in die Menge. Zumindest bis der Mann ihn erreicht hatte, ihn schwungvoll mit der Hand zu sich herumdrehte und meinen leicht überrumpelten Vater herzlich an seine Brust drückte. Er wollte Vati nur mal sagen, was für ein toller Kerl er sei. Was die nervigen Typen wollten, die ihn einen Moment später rigoros von der Bühne zerrten, verstand der Danny-DeVito-Verschnitt allerdings nicht. Und auch nicht, warum die ihm nicht mal Zeit gelassen hatten, ein Autogramm zu holen. Aber die Bodyguards waren stinksauer. Nicht nur auf den Typen, sondern auch aufeinander. Wie konnte das passieren? Warum konnte irgend so ein Heini unbefugterweise einfach so auf die Bühne spazieren? Wo war die Lücke im Sicherheitskonzept? Mark und Andi waren sich einig: Ralf hatte es verbockt. Ralf wiederum motzte: Mark und Andi hätten nicht aufgepasst. Ich war fasziniert. Hier ging's auch nicht anders zu als bei uns auf dem Schulhof. Witzigerweise war es Vati völlig egal, wer hier schuld war. Ihn interessierte eine andere Frage viel brennender: »Warum stürmen bei mir immer nur die Männer die Bühne?«, fragte er Mama auf der Rückfahrt leicht eingeschnappt. »Was stimmt nur mit den Frauen nicht?«

## Die Bombe

Wirklich heikel wurde es, als mein Vater ein paar Monate später nach einer Arbeitswoche im Parlament nach Papenburg zurückkehrte. Wie immer fuhren die beiden gepanzerten Autos samt Bodyguards, Fahrer und Vati vor unserem Haus vor, und wie immer sprangen zunächst zwei der Bodys heraus (in diesem Fall Ralf und Andi), um die Gegend zu sichern. Die Containerpolizisten standen Spalier. Sie wurden per Funk eine halbe Stunde vor Vatis Ankunft informiert und hatten bereits die Rückseite des Hauses kontrolliert. Ralf und Andi mussten nur noch prüfen, ob an Tür, Vorgarten oder Briefkasten verdächtige Spuren hinterlassen worden waren. Bisher war allerdings die maximale Gefahr, die dort auf sie lauerte, Oma Luzi gewesen. Oder ich. Daher waren sie auch nicht schlecht irritiert, als sie auf der Fußmatte ein etwa Schuhkarton-großes Paket gewahrten. Fest verschnürt mit braunem Klebeband – und ohne Absender. Ralf und Andi wechselten unruhige Blicke und zögerten. Dieses Päckchen hatte hier nichts zu suchen. Schließlich wurde unsere komplette Post über die örtliche Polizeidienststelle abgewickelt, dort durchleuchtet und danach von einem Beamten persönlich an meine Eltern übergeben. Woher kam das Teil also? Und was war um Himmels willen darin?

Mein Vater saß zur selben Zeit nichtsahnend im Wagen und wurde ungeduldig. Warum dauerte das so lange? Wann durfte er endlich zu seiner Familie? Warten war nämlich keine von Vatis Stärken. Aber bevor er sich aufregen konnte, hatte Andi dem beim Auto gebliebenen Bodyguard (Mark hatte dieses Mal frei) schon ein Handzeichen gegeben, was so viel hieß wie: Achtung: Gefahr. Die Schutzperson – also mein Vater – musste gesichert werden! Der Fahrer gab wieder Gas und bretterte mit Vati, dem anderen Bodyguard und quietschenden Reifen aus unserer Straße.

Auch Mama und ich hatten vom Küchenfenster aus inzwischen mitbekommen, dass Vati vorgefahren war. Als ich allerdings die Tür aufriss, um aufgeregt aus dem Haus zu stürzen, stellte sich mir Andi in den Weg. »Ihr bleibt im Haus!«, fuhr er mich an und knallte mir die Tür wieder vor der Nase zu. Mama und ich standen völlig verdattert im Flur und konnten nichts anfangen mit dieser ruppigen Ansage. Vielleicht ein Quarantänefall beim Nachbarn? Oder eine Überraschung von Vati, die er erst in der Garage verstauen wollte? Verstört kehrten wir in die Küche zurück und beobachteten von dort, was draußen vor sich ging.

Bei Ralf und Andi stieg die Anspannung wegen des Prozederes, das nun folgen würde. »Du oder ich?«, fragte Andi gequält. Für ihn war klar: Einer von ihnen musste jetzt verdammt noch mal das Scheißpäckchen untersuchen. Und wenn es ganz dumm lief, auch mit ihm in die Luft fliegen. Dazu sollte ich ergänzen, dass die beiden natürlich auch auf das Bombenentschärfungskommando – die Delaborierer – hätten warten können. Da in Papenburg jedoch traditionell chronischer Bombenmangel herrschte, war das Kommando natürlich nicht prompt zur Hand. Es hätte an die zwei Stunden gedauert, bis die Spezialisten hier gewesen wären, und weder Andi noch Ralf hatten Lust, so lange auszuharren. Außerdem wollten sie unbedingt vermeiden, die nächsten drei bis fünf Jahre von ihren Kollegen aufgezogen zu werden, weil sie einen Großeinsatz mit Sonderkommando auf den Plan gerufen hatten – womöglich wegen einer überdimensionalen Pralinenschachtel.

Aber zurück zum eigentlichen Geschehen: Die Frage war jetzt also nur noch, wer der arme Kerl sein würde, der die vermeintliche Bombe inspizieren musste. Der smarte Ralf oder der schöne Andi? Einen Freiwilligen gab es nicht, zumindest wenn ich die Zeichen von meinem Platz am Küchenfenster, hinter den schuss- und damit vermutlich auch bombensicheren Scheiben, aus richtig gedeutet hatte. Also machten sich beide für das bereit, was knifflige Entscheidungen im Leben nun mal erfordern: Stöckchenziehen.

Ralf schaute resigniert auf seinen schrumpeligen Holzzweig, der mindestens zwei Zentimeter kürzer war als der von Andi. Andi zuckte entschuldigend mit den Schultern und zog sich in sichere Entfernung zurück. Jetzt gab es nur noch Ralf und die Bombe. Vorsichtig machte er sich daran, das Päckchen zu untersuchen. Und – Mannomann! – da schaute tatsächlich so etwas wie ein Kabelende an der Seite hervor. Ralf wischte sich die ersten Schweißperlen von der Stirn, griff sein Taschenmesser und begann ganz behutsam, das Päckchen an der Seite aufzuschlitzen. Es kostete ihn drei gezielte Schnitte und mindestens fünf Jahre seines Lebens – so behauptete er zumindest später –, bis er es endlich öffnen konnte. Zum Vorschein kamen – zwei Flaschen Wein und eine Weihnachtskarte. Oberkreisdirektor Bröring war dieses Jahr recht früh dran mit seinen Weihnachtsgeschenken und hatte sie auch noch persönlich verteilt, statt sich auf das Papenburger Postamt zu verlassen ... Und den kontrollierte auch kein Polizist. Schließlich kannte man den ja!

## Terroristenalarm

In eine ähnliche Bredouille gerieten etwas später auch die Mitarbeiter des griechischen Hotels, in dem Mama, Vati und ich im Frühling 1992 zwei Wochen Urlaub machen wollten.

Schon vor unserer Ankunft hatte man dort akribische Sicherheitsmaßnahmen ergriffen. Schließlich wollte man nicht in die Annalen eingehen als Politiker-untaugliches Hotel. Unser Zimmer wurde auf Sprengsätze untersucht, die Zahl der Sicherheitsbeamten erhöht und das Personal gebrieft, doch besonders aufmerksam zu sein. Alle Mann sollten unbedingt ein Auge auf eventuell verdächtige Gäste haben – Terrorist konnte schließlich jeder sein.

Wir bekamen auch nach unserer Ankunft von den Schutzvorkehrungen kaum etwas mit, ich am wenigsten. Ich war elf Jahre alt und jeden Tag völlig damit ausgelastet, den dreizehnjährigen Matthias auf der Nebenliege anzuschmachten. Wie sollte ich da auch mitbekommen, dass wir allein durch unsere Anwesenheit schon das halbe Hotel auf Trab hielten oder irgendwie in Gefahr schweben könnten.

Für Mama, Vati und mich war also alles prima in Ordnung. Das arme Hotelpersonal hingegen schwitzte Blut und Wasser. Den Höhepunkt erreichte die Aufregung an Tag Nummer fünf. Da betrat plötzlich eine zierliche Brünette mit Sonnenbrille und Köfferchen die Lobby. Der junge Portier hatte sie schon von weitem erspäht, weil sie sich so auffällig unauffällig durch den Eingang geschlichen hatte und anschließend extrem nervös den Raum mit Blicken absuchte. Nach ein paar Minuten kam sie betont lässig auf die Rezeption zugesteuert. »Entschuldigen Sie«, flüsterte sie verschwörerisch, »welche Zimmernummer hat denn wohl Familie Seiters?« Auch das noch. Dem Portier wurde ganz anders. Ausgerechnet heute musste er Schicht haben, wo eine mutmaßliche Attentäterin nach diesem deutschen Minister fragte. Er wusste: Jetzt hing alles an ihm. Allerdings fiel ihm vor Schreck nichts Besseres ein, als drauflos zu lügen: Er sei neu hier. Leider. Nur Aushilfe. Zimmernummern? Er würde noch gar keine kennen. Er könne sich aber erkundigen. Selbstverständlich. Wen er denn melden dürfe? Da schüttelte die Brünette hektisch den Kopf. »Nein, nein«, erwiderte sie leicht hysterisch, »sagen Sie nichts! Nur die Zimmernummer bitte.«

Oh Gott, er hatte also recht: Die führte was im Schilde. »Wollen Sie nicht solange an der Bar warten?«, fragte er sie mit zittriger Stimme. »Ich kümmere mich um die Zimmernummer.« Die Frau schaute ihn enttäuscht an, nickte dann aber und machte sich auf an die Hotelbar.

Zutiefst erleichtert, dass ihm die Terroristentante nicht direkt ihre Bazooka an den Kopf gehalten hatte, erstattete der Portier den Sicherheitsleuten und dem Hoteldirektor Bericht. Hinter den Kulissen geriet das Hotel in helle Aufregung. Das weitere Vorgehen wurde in allen Einzelheiten ausdiskutiert. Um keine Gäste zu beunruhigen, entschied der Hoteldirektor (griechisch, gutaussehend, Mitte dreißig – nur so am Rande), inkognito herauszufinden, wer diese mysteriöse Dame war und was sie hier wollte. Gut getarnt als Urlauber, in weißem, kurzärmligem Hemd und beigefarbener Leinenhose, ließ er sich also diskret zur weiteren Observation an der Bar nieder.

Die Frau verhielt sich weitgehend normal, entschied er nach kurzer Beobachtung. Außer dass sie sich regelmäßig mit leicht gehetztem Blick umsah und immer öfter auch in seine Richtung guckte. Hatte sie ihn etwa schon enttarnt? Und warum warf sie jetzt ihr Haar immer wieder mit eleganten Bewegungen über ihre Schulter? Eine Übersprunghandlung vor lauter Nervosität? Eine Störung ihres Hightech-Ohr-Mikros? Und … Hatte sie ihn eben gerade etwa angelächelt? Das kam ihm nun schon sehr verdächtig vor. Vielleicht sollte er der Dame noch etwas genauer auf den Zahn fühlen … Er schritt direkt auf sie zu, streckte ihr die Hand entgegen und stellte sich todesmutig als der Direktor des Hotels vor.

Ungefähr zu diesem Zeitpunkt erreichten auch Mama,

Vati, die Bodys und ich das Hotel von der Strandseite aus. Und wurden sofort von einem Sicherheitsmenschen zur Seite genommen. Wir dürften da jetzt nicht reingehen, »we have a situation«. Ich fragte mich noch, was ich mir bitte unter »einer Situation« vorzustellen hatte und was überhaupt eine normale Situation von »*einer* Situation« unterschied, aber bevor ich den Gedanken weiterverfolgen konnte, sprang jemand in der angrenzenden Bar vom Hocker auf, riss Arme und Köfferchen in die Luft und stürmte auf uns zu. Der junge Portier hinter der Rezeption wurde kreidebleich, der Sicherheitsmann zog scharf die Luft ein. Meine Mutter stieß einen Schrei aus, mein Vater guckte verblüfft, die Bodyguards verzogen keine Miene. »Mamaaaaaaa!«, tönte es fröhlich vom anderen Ende der Lobby, »Vatiiiii!«

Silke hatte sich offensichtlich für einen spontanen Besuch entschieden. Sie arbeitete immer noch in Frankfurt bei ihrem touristischen IT-Unternehmen, und ihr war kurzfristig Urlaub genehmigt worden. Sie wollte uns – damit der Überraschungseffekt noch größer war – ganz unangekündigt überfallen. Eigentlich eine tolle Idee, fand ich. Wäre die nicht auf Kosten des jetzt völlig verstört wirkenden Portiers gegangen. Auch Silke war über der Wartezeit der Spaß an ihrer eigenen Überraschung vergangen. Irgendwie hatte es ihr ernsthaft die Laune verhagelt, dass der knackige Kerl an der Bar sie weder anflirten noch auf einen Drink einladen wollte, sondern sie lediglich für eine internationale Attentäterin gehalten hatte.

## Fishing for friends

Nun, da mein Vater mit dem Innenministeramt die nächste Entwicklungsstufe erreicht hatte, war es auch für mich an der Zeit, mich neu zu orientieren. Der Wechsel von der

Grundschule aufs Gymnasium stand an. Aber so richtig wohl war mir bei der Sache nicht. Meine Eltern hatten sich nämlich in den Kopf gesetzt, mich anstatt auf das staatliche Gymnasium lieber auf die örtliche Nonnenschule zu schicken. Eine Katastrophe. Erstens hörte sich das nicht nach wilder Party an. Zweitens gab es da nur Mädchen. Eigentlich hatte ich gegen die ja nichts. Nur standen die Chancen dadurch schlecht, dass Oliver ebenfalls aufgenommen wurde. Und nachdem er sich seit geraumer Weile dem Barbiespielen verweigerte, befürchtete ich, dass ihn der Gedanke, sich als Mädchen zu verkleiden, nicht begeistern würde.

Dabei war Oliver paradoxerweise überhaupt schuld daran, dass man mich am Mariengymnasium angenommen hatte. Nur seinetwegen waren meine Noten nämlich gut genug für diese Schule. Schließlich hatte er mich immer selbstlos bei jedem Diktat abschreiben lassen. Hätten die Nonnen von meiner latenten Kommaschwäche gewusst, sie hätten mich vielleicht wirklich lieber gegen Oliver eingetauscht. Und hätte mein Vater, der Kommapedant, davon gewusst, er vielleicht auch …

Abgesehen von der traurigen Tatsache, dass Oliver und ich nun getrennt wurden, gab es noch ein zweites Problem: den Schulwechsel an sich. Der bereitete mir etwas Bauchschmerzen. Denn jedes Mal, wenn ich in eine neue Klasse kam, in eine neue Tennisgruppe oder auf eine neue Kinderfreizeit ging, wurde ich rauf und runter abgescannt. Ich kannte niemanden – aber jeder kannte mich.

Am Anfang beobachteten mich die anderen Kinder immer akribisch genau. Ob ich mit elf Jahren schon irgendwelche Starallüren hätte. Ob ich mich in der Schule als Superbrain oder Vollniete entpuppen würde. Ob ich auch mal mit dem Hubschrauber eingeflogen käme. Irgendetwas müsste bei einer Ministertochter doch anders sein als bei ihnen. Zum Glück stellten die meisten relativ schnell fest, dass ich in der Tat nicht sonderlich spektakulär war, mein Fahrrad weder fliegen noch sprechen konnte und ich auch anatomisch korrekt gebaut schien. Trotzdem nervte mich jegliche Sonderbehandlung von Lehrern, Trainern oder Gruppenleitern. Ich war nun wirklich nicht aus Zucker. Und Extrawürste bekam ich auf Vatis Wahlkampftouren schon genug. Das Schlimmste, was mir passieren konnte, war, dass andere Menschen von vornherein davon ausgingen, ich wäre eine arrogante Kuh. Das Schulleben war hart genug – da konnte ich echt keine Feinde gebrauchen.

Dementsprechend nervös war ich an meinem ersten Schultag in den heiligen Hallen des Mariengymnasiums. Ich kannte hier tatsächlich so gut wie niemanden. Fast alle meine Freundinnen, die sich für diese Schule beworben hatten, waren abgelehnt worden – schließlich hatten sie nicht neben Oliver gesessen.

Damit ich auch ja anständig aussah, hatte meine Mutter mir einen furchtbar strengen Zopf gemacht und mich in einen biederen, blauweißen Streifenpulli gesteckt. In meinem neuen Klassenzimmer standen überall verstörte Mädels herum, die entweder aufgeregt in Gruppen vor sich hin plapperten oder sich scheu alleine in den Ecken herumdrückten. Und obwohl das eine verlockende Option war, wusste ich: Jetzt war der falsche Zeitpunkt für Schüchternheit. Schließlich wurden an diesem Tag die Grundlagen für die nächsten neun Jahre geschaffen. Wer sitzt neben wem? Wer wird wessen beste Freundin? Wer ist top, wer ist flop? Kaum etwas ist monumentaler als der erste Tag an einer neuen Schule. Meine Devise also: nichts dem Zufall überlassen. Ich schaute mich um und begann, die anderen Mädchen abzuchecken. Welche hatte Potential zur besten Freundin? Eine stach mir sofort ins Auge. Sie hatte kurze, dunkle Locken, ein ansteckendes Lachen und plauderte munter mit den anderen Mädchen, die um sie herumstanden. Die war auf jeden Fall top.

Außerdem trug sie eine Jeans und einen lila Pulli mit einem riesigen, weißen Kragen, den ihr sicher auch ihre Mutter aufgeschwatzt hatte. Das fand ich sympathisch. Ich gab mir einen Ruck, gesellte mich zu der Gruppe, stupste das Kragenmädchen an und stellte die Frage aller Fragen: »Hey, weißt du schon, neben wem du sitzt?« Sie überlegte kurz, grinste dann und antwortete: »Klar, neben dir!« So lernte ich meine beste Freundin Biggi kennen. Und sie blieb tatsächlich die nächsten neun Jahre neben mir sitzen, auch wenn ich nie mit einem Hubschrauber eingeflogen wurde.

## Erste Bewunderer

»Krass! Wie geil ist das denn?!«, flüsterte Biggi mir begeistert zu, nachdem ich ihr während der Erdkundestunde den Brief zugeschoben hatte. »Du hast einen Fan!« »Geil«, »krass« und »cool« machten momentan fünfzig Prozent unseres vorpubertären Wortschatzes aus und passten selten besser als in dieser Situation. Ich hatte nämlich einen Brief bekommen – von einem mir unbekannten Jungen. Sebastian. Fünf ganze Seiten hatte er geschrieben – für jemanden in meinem Alter fast eine Doktorarbeit. »Er hat ein Foto von dir in der Zeitung gesehen«, fasste Biggi ungläubig zusammen, »als du irgendwas eröffnet hast. Wie krass!!!«

Und es stimmte: Ich hatte letztens mal wieder mit Vati durch die Gegend repräsentiert. Den Artikel am nächsten Tag hatte ich mir nicht mal richtig angeschaut. Sebastian anscheinend schon. Und der sparte nicht mit Komplimenten: Er fand mich »süß« und »sympathisch« und hatte angeblich auf dem Foto erkannt, dass ich auch Köpfchen hätte. Daraufhin – so erklärte er sich – musste er mir einfach schreiben.

Ich fühlte mich geschmeichelt. Das war ja wie im Film. Biggi und ich malten uns bereits einen jungen Adonis aus, mit niedlichen Grübchen und Wuschelhaaren. »Genauso wie der Typ aus ›La Boum‹«, schwärmte Biggi. Zugegeben, das war jetzt ein bisschen albern. Aber hey, wir waren zwei verwirrte Fastpubertierende. Und unser Leben außerdem krass männerdefizitär: Weit und breit nur Mädchen – und Nonnen. Selbst Oliver sah ich ja nur noch nach der Schule. Und Vati war mit den Bodyguards ständig auf Dienstreisen. Klar, dass Biggi und ich empfänglich waren für jede Prise Testosteron, die wir kriegen konnten. Aber was genau machten wir jetzt mit meinem Fanbrief?

»Du musst zurückschreiben!«, entschied Biggi energisch. »Ist doch logisch!« Ich überlegte nur kurz und stimmte ihr zu. Vielleicht war Sebastian ja mein Traummann? Und den zu ignorieren wäre echt fahrlässig. Ich konnte ja nicht ewig auf die Bodyguards warten. Schließlich war ich schon elf. Meine Uhr tickte.

Also verbrachten Biggi und ich einen kompletten Nachmittag damit, einen möglichst eloquenten Antwortbrief zu entwerfen. So wie Frau von Welt ihn eben schreiben würde. Einen Brief, der Reife und Lässigkeit demonstrierte. Wir erzählten Sebastian unter reichlicher Verwendung von »cool«, »krass« und »geil«, was ich so in meiner Freizeit trieb, wie anstrengend das Leben in der fünften Klasse war und dass ich – puh – ganz schön unter Sozialstress litt.

Eine Woche später kam die Antwort: Da wäre ja gut was los in meinem Leben, die fünfte Klasse hätte es echt in sich, und er fände mich nicht nur süß und klug, sondern – das hatte er aus meinem Brief herausgelesen – auch noch COOL. Der Mann hatte Geschmack. Das Einzige, was mich etwas irritierte, war, dass er so gar nichts über sich schrieb. Auch in den folgenden Briefen quetschte Sebastian mich zwar konsequent aus, ignorierte aber sowohl die Frage nach seinem Alter als auch meine Aufforderung, mir ein Foto von ihm zu schicken. Auch Biggi kam das spanisch vor. Unsere Theorie:

Entweder der Typ war alt und Fan von meinem Vater. Oder er war alt und ein bisschen pervers. Oder – die schlimmste Option von allen – er war jünger als ich! Was für eine Blamage. Da hatte ich mich wochenlang über die Briefe eines heißen Verehrers gefreut. Und dann war der erst acht!

Ich setzte Mister Jahrgangslos die Pistole auf die Brust. Entweder er würde mir sein Alter verraten, oder er könnte sich eine neue Brieffreundin suchen. Er gehorchte. Und gestand: Er war achtzehn. Biggi und ich waren schockiert. Achtzehn? Ach herrje! Zwar immerhin älter als acht. Aber achtzehn ging dann doch zielstrebig in Richtung alt.

»Was, wenn er wirklich wie der Typ aus ›La Boum‹ aussieht?«, meinte Biggi gedankenverloren und kräuselte die Nase. »Vielleicht solltest du ihn zumindest einmal treffen?« Ich schnaufte. »Und was bitte schön, wenn nicht?«, warf ich ein. »Wenn er einfach ein achtzehnjähriger Langweiler ist, der in seiner eigenen Altersklasse nicht punkten kann?« Ich war sehr skeptisch. Bodyguard Mark und Bodyguard Andi auch. Die saßen nämlich gerade im selben Auto wie wir und hatten unsere Unterhaltung mitangehört. Wir waren auf dem Weg zu einer Kirmes-Eröffnung, und da Biggi nun meine beste Freundin war, musste sie halt hin und wieder mal mitrepräsentieren. Trotzdem nicht sehr clever von uns, unsere Männerprobleme hier zu erörtern. Andi drehte sich um und starrte uns ungläubig an. Mark, der hinterm Steuer saß, schaute entsetzt durch den Rückspiegel. Die Adern an seinem baumstammbreiten Hals waren angeschwollen und pochten vor sich hin. »Spinnt ihr jetzt total?«, polterte er uns an. »Was habt ihr da schon wieder angestellt?« Die Bodyguards hatten mit uns in der Tat schon einiges mitgemacht. Einmal haben sie uns erwischt, wie wir bei einer von Vatis Veranstaltungen die Deko mitgehen ließen – große Retro-Coca-Cola-Schilder, die prima in unsere Zimmer gepasst haben, fanden wir. Ein anderes Mal haben sie uns beim Matheschwänzen aufgegriffen – ihr Hotel lag direkt neben unserer Schule. Und dass ich mich jetzt von einem achtzehnjährigen Fremden anbaggern ließ, gefiel ihnen noch weniger.

Ich schluckte ertappt, während Biggi sich hinter der Rückenlehne zu verkriechen versuchte. Normalerweise hörten die Bodyguards nie zu, wenn Biggi und ich hinten quatschten. Ausgerechnet heute mussten sie plötzlich große Ohren kriegen. Mist. Jetzt hatten wir ihren Beschützerkomplex wachgerüttelt. Das konnte heiter werden. »Och ... ähm ... nichts weiter«, stotterte ich und schaute unschuldig auf meine Hände. Marks wütendes Schnaufen verriet: Er würde keine Ausflüchte gelten lassen. Da ich nicht miterleben wollte, wie seine Halsschlagader endgültig explodierte, gestand ich. Die ganze Geschichte. Andi verdrehte die Augen, und Mark tippte sich empört an die Stirn: »Ihr habt sie ja wohl nicht mehr alle!«

Es folgte eine theatralische Rede über die Gefährdungslage von Politikerkindern. Über perverse Irre, die schließlich überall unterwegs wären, über Terroristen mit Lösegeldforderungen. Über junge Mädchen, die verschleppt, verkauft oder verscharrt wurden, weil sie nicht hören wollten und zufällig – genau wie wir – auf Testosteronjagd gewesen waren. Am Ende drohte Mark noch damit, meinen Eltern alles zu erzählen, wenn ich von der ganzen Fanbrief-Sache nicht sofort die Finger ließe. Und damit, mich in Zukunft persönlich bis in mein Klassenzimmer zu begleiten. Ich fügte mich besser. Sebastian hörte nie wieder etwas von mir. Und ich habe bis heute nicht erfahren, ob er denn nun mein Traumtyp gewesen wäre oder mich lediglich verschleppen wollte.

# Im Agentenfieber

Dass ich Gefahren gegenüber nicht sensibilisiert war, lag aber auch ein bisschen an Papenburg. Ich konnte mich nicht daran erinnern, hier jemals von einem Banküberfall gehört zu haben oder einer Demo – abgesehen von der kleinen vor unserem Haus. Und mit Ausnahme des Schulbusses gab es nicht mal öffentliche Verkehrsmittel, in denen randaliert werden konnte. Jeden Morgen fuhr ich mit meinem Fahrrad dieselben drei Kilometer zur Schule, und das Wildeste, was ich auf meinem Weg je beobachtet hatte, war, wie ein Autofahrer einen anderen an der Ampel anpöbelte. Durch das geschlossene Fenster.

Bis zu diesem einen Montag. Ich radelte arglos am Hauptkanal entlang, da kam mir dieser schlaksige Mann auf einmal komisch vor, der seit geraumer Zeit hinter mir herfuhr. Egal, um welche Ecke ich bog, der große Kerl blieb dran. In meinem Hirn fing es an zu rumoren: Bildete ich mir das ein? Oder wurde ich wirklich verfolgt?

Na super – jetzt war es so weit. Durch Marks Panikmache war ich schon ganz paranoid. Ich versuchte, mich zur Ruhe zu rufen. Aber ständig ploppten verstörende Gedanken in meinem Kopf auf. Was, wenn der Typ hinter mir der ominöse Sebastian war? Was, wenn er mich jetzt nachträglich verschleppen wollte? Was, wenn er Rache für seine verschmähte Liebe suchte? Ich legte einen Gang zu und schwor, dass ich Mark meine Psychiaterrechnung vorlegen würde.

An der Schule angekommen, sprang ich vom Rad, hechtete ins Schulgebäude, ohne mich noch einmal nach meinem Verfolger umzusehen – und kam mir ganz schön albern vor. Sofort erzählte ich die Geschichte Biggi, die heute Nachmittag zum Glück mit zu mir kommen wollte. »Das ist aber wirklich gruselig«, resümierte sie stirnrunzelnd. »Glaubst du, der wartet auf dich?« Ich hoffte inständig, nicht. Aber wir brauchten auf jeden Fall einen Escape-Plan, entschieden wir. Für den Notfall.

Als wir ein paar Stunden später das Schulgelände verließen, scannten wir unauffällig die Umgebung. Und tatsächlich: Mein Verfolger hockte etwas entfernt auf einem Parkplatz und untersuchte seinen Fahrradreifen. »Wie unverdächtig«, kicherte Biggi nervös, nachdem ich mit dem Kopf in seine Richtung gedeutet hatte. Er war wirklich kaum zu übersehen. Der bräuchte mal einen Kurs in Tarnungsoptimierung. Andererseits war sein offensichtliches Verhalten irgendwie beruhigend: Bei so viel unmotivierter Beschattung konnte es sich kaum um einen Profi handeln.

Trotzdem liefen in meinem Kopf die wildesten Agententhriller ab. »Duell auf dem Asphalt«, »Endstation: Schule«, »Der Spion, der mit dem Fahrrad kam«. Aber immerhin hatten Biggi und ich ja einen Plan. Unser Beschatter wirkte fast erschrocken, als wir im Affenzahn in die Pedale traten und losdüsten. Er wuchtete sich ebenfalls aufs Rad und folgte uns. Aber im Gegensatz zu ihm wussten wir, wo wir hinwollten. Wir hatten diese Manöver flucht schließlich bis ins Detail in der Mathestunde durchdacht. Unser Ziel: das Krankenhauswäldchen. Der kleine Park hinter unserem Krankenhaus. Dort gab es viele verschachtelte Wege, dichte Büsche und genug Möglichkeiten, sich zu verstecken. Da angekommen, warfen wir die Räder hinter einen großen Buchsbaum und duckten uns. Puh. Von unserem Häscher keine Spur. Wir hatten ihn abgehängt!

Als Biggi und ich etwas später daheim ankamen, immer noch begeistert von unserer Genialität, riss meine Mutter schon die Tür auf. »Wo wart ihr denn so lange?«, schimpfte sie besorgt. »Das Essen ist kalt!« Ich grinste Mama siegessicher an und erklärte ihr, dass ein Mann hinter uns her gewesen sei. Aber kein Grund zur Sorge, ergänzte ich schnell, wir hätten ihn ganz locker abgehängt. Mama strich sich gestresst die Haare aus der Stirn, schaute flehend gen Zimmerdecke und seufze. »Also dir entgeht aber auch wirklich nichts!«

Wie? Das verwunderte mich jetzt. Was genau entging mir nicht? Ich musterte Mama skeptisch, verschränkte die Arme vor der Brust und tippte ungeduldig mit dem Fuß auf unsere Fliesen. Sie packte aus. Unser Verfolger war offenbar weder ein Stalker noch anderweitig psychopathisch veranlagt. Ganz im Gegenteil: Es handelte sich um einen Polizisten, der mich schützen und observieren sollte. »Ihr lasst mich beschatten?«, fragte ich entsetzt. »Und haltet mich für doof genug, dass ich das nicht merke?« Ich war empört. Was waren denn das für Methoden? Und überhaupt: Sehr schmeichelhaft ist es nicht, wenn die eigenen Eltern einen für wahrnehmungsschwach und infantil halten. »Du bist doch erst elf«, versuchte Mama sich zu erklären. »Dein Vater wollte dich nicht beunruhigen.« Na, das hatte ja super geklappt. »Und warum gerade jetzt?«, fragte ich meine Mutter irritiert. »Werden wir etwa bedroht?« Darauf wusste Mama dann auch keine genaue Antwort. Offensichtlich hatte das BKA entschieden, dass bei mir die Gefahr einer Entführung bestünde, und wollte deshalb lieber auf Nummer sicher gehen. Zu allen regelmäßig stattfindenden Terminen (Schule, Flötenunterricht, Tennis) sollte ich daher jetzt von einem Polizisten begleitet werden. Spontane Verabredungen, Treffen mit Freundinnen, Kinobesuche durfte ich weiterhin alleine machen.

Na großartig. Das hatten wir jetzt von Vatis Karriere. Hatte die *Bunte* nicht mal geschrieben, er kontrolliere den Geheimdienst? Das erklärte für mich alles. Geheimdienstler haben immer Feinde. Zum Beispiel die anderen Geheimdienste: KGB, MI6, CIA … Oder auch irgendwelche Terroristen. Mann, wo war ich hier nur reingeraten? Verständlicherweise war ich jetzt doch nachhaltig beunruhigt. Was wollten die überhaupt mit mir anfangen? Meinen Vater erpressen? Na, viel Spaß. Geld war bei uns nicht zu holen, vermutete ich zumindest. Sonst würde meine Mutter nicht so leidenschaftlich gerne alle Sonderangebote aus dem Supermarkt mit nach Hause schleppen. Und leere Senfgläser wiederverwenden. Und Vati hätte sich vielleicht wirklich schon mal beim Friseur blicken lassen und würde nicht immer den Wein vom Aldi süffeln. Nee, die mussten auf etwas anderes aus sein. Vielleicht, dass mein Vater politische Gefangene freiließ oder Staatsgeheimnisse verriet? Egal, um was es hier ging, mich sollten die da mal schön rauslassen.

Die Anteilnahme meiner Schwestern hielt sich in Grenzen. Silke behauptete, meine Überwachung sei reine Zeitverschwendung. »Keine Sorge, kein Krimineller hält es lange mit dir aus«, erklärte sie nüchtern am Telefon, »für eine Langzeitentführung redest du viel zu viel!« Kirstin war auch nicht besser: »Passiert schon nix!«, war ihr unbeteiligter Kommentar. Sie sah das ganz pragmatisch. Bevor ich nicht verschwunden war und bevor nicht eine Lösegeldforderung mit einer meiner Locken ins Haus flatterte, würde sie sich nicht beunruhigen lassen. Die beiden hatten gut reden, die wollte ja offenbar auch keiner entführen. Hätte sie jetzt jeden Morgen ein Polizist bis ins Büro begleitet, na, dann wäre das Geschrei groß gewesen.

Ich hingegen hatte ja eigentlich nichts gegen Gesellschaft. Und bewaffnete Männer mochte ich eh seit jeher. Viel mehr tat mir aber der arme Polizist leid, der mich beschatten sollte. Der war nämlich das eigentliche Opfer. Schließlich war er wahrscheinlich stundenlang durch die hintersten Winkel Papenburgs geirrt und hatte sich gefragt, wie um Himmels willen er schon am ersten Tag das Ministerkind verlieren konnte! Und vor allem, wie er das den schadenfrohen Kollegen – und noch schlimmer: meinen Eltern – beibringen sollte.

Am Tag darauf wartete er dann gut sichtbar samt Rad vor dem Haus. Anscheinend hatte meine Mutter ihn darüber informiert, dass »Mission 00Sarah« aufgeflogen war. Ich radelte leicht reumütig auf ihn zu und entschuldigte mich. Zum Glück nahm er es mit Humor. Seitdem fuhren wir jeden Morgen gemeinsam zur Schule. Ein guter Deal. Für uns beide: Ich durfte schon morgens aus meinem Leben erzählen. Und er hatte die Garantie, dass ich ihm nicht abhandenkam.

### Vati, der Filmminister

Wie schon erwähnt, war Vati als Innenminister ja nun auch für die Bereiche Film und Fernsehen zuständig. Und damit quasi der »Filmminister«. Mich persönlich freute das. Schließlich konnte das meine Eintrittskarte in die Welt der Stars und Sternchen werden, so hoffte ich zumindest. Es gab da nämlich jemanden, den ich unbedingt treffen wollte.

»Ich kann es nicht mehr hören!«, stöhnte meine Mutter, als ich ihr von meiner Hoffnung erzählte. »Lass mich doch endlich mal mit dem Hasselhoff in Ruhe!« Ich verzog empört den Mund. Auf welchem Planeten lebte Mama denn? Da war wohl einiges an ihr vorbeigegangen. »David Hasselhoff ist so was von out!«, erklärte ich pikiert und unterstrich das mit einem abfälligen Naserümpfen. »Du kriegst ja gar nichts mit!« Seitdem ich zwölf war, hatten sich meine Gefühle für David radikal abgekühlt. Spätestens seit er sein sprechendes Auto gegen die rote Baywatch-Shorts eingetauscht hatte, war seine Anziehungskraft verflogen. Ich vermute ja ohnehin, dass dieser Hasselhoff-Fanatismus ein kurioses Phänomen darstellte, das nur den 1981er-Jahrgang betraf. Wahrscheinlich ein genetischer Defekt aller Babys, die in diesem Jahr geboren worden waren. Ich jedenfalls hatte ihn eiskalt fallen gelassen – und nicht mal ein schlechtes Gewissen dabei. Jetzt gab es halt einen neuen Mann in meinem Leben. Und der war einfach perfekt: diese markante Kinnpartie, dieser intensive Blick und dazu dieses verschmitzte Grinsen. Kurz gesagt: Es hatte mich voll erwischt. Bei meinem Neuen handelte es sich um keinen Geringeren als den, der mit dem Wolf tanzte. Den, der die Unschuld von Maid Marian hütete. Den König der Diebe, den Beschützer der Armen: Kevin Costner.

Was meinen frühen Männergeschmack anbelangt, kann man konstatieren: Ich war da recht flexibel. Es gab kein klares Muster, kein eindeutiges Beuteschema. »Mit der Kleinen kriegst du noch Probleme«, hörte ich Onkel Heinz mal zu meinem Vater sagen. »Die ist so willkürlich wie die Ramschecke im Supermarkt.« Und zugegeben, ganz unbegründet war Heinz' Sorge nicht. Neben David Hasselhoff, Jürgen Klinsmann und dem Typen aus »La Boum« stand ich eine Zeitlang auf Peter Alexander, Joachim Fuchsberger und MacGyver. Außerdem auf: meinen Gruppenleiter aus dem Zeltlager, meinen kroatischen Tennistrainer, alle Jungs von »Take That« und natürlich Mark, Andi und Ralf.

Momentan jedoch stand Kevin Costner ganz weit oben auf meiner Favoritenliste. Kein Wunder, dass ich es kaum erwarten konnte, als 1993 sein neuer Film »Bodyguard« in die Kinos kam. Dass ausgerechnet er einen Bodyguard spielte, konnte kein Zufall sein. Das war exakt meine Geschichte. Gut, abgesehen davon, dass Sängerin Rachel, gespielt von Whitney Houston, nur einen einzigen Leibwächter hatte, bei mir waren es eben mehrere. Und dass sie während der Oscarverleihung erschossen werden sollte. Mich wollte man höchstens auf dem Schulweg verschleppen. Und dass man Whitney »The Voice« nannte, während man mich im Kirchenchor zur Triangelbeauftragten degradiert hatte. Aber das waren Nuancen, entschied ich.

Und überhaupt: Wie romantisch!!! Kevin Costner, der jederzeit bereit war, sein Leben für Whitney zu opfern ... Ganze viermal schaute ich mir den Film im Kino an und schluchzte immer wieder hemmungslos beim finalen Showdown. Wie sich Whitney auf den angeschossenen Kevin wirft und ruft: »Ich blute nicht ... Ich blute nicht ... Er ist es, mein Bodyguard!« Ein Meisterwerk. Vielleicht, so hoffte ich, könnten sich meine Bodys davon mal einen Scheibe Romantik abschneiden. Vielleicht brauchten sie nur einen kleinen Schubs. Etwas Inspiration. Eine Lektion in Sachen Ergebenheit.

Ich hatte einen Plan, mal wieder: Wenn ich am nächsten Wochenende einfach meine Eltern mit ins Kino schleppte, blieb den Bodys gar nichts anderes übrig, als uns zu begleiten. Der Synergieeffekt würde dann den Rest erledigen. Perfekt. Ich musste nur noch Mama und Vati von der Notwendigkeit dieses Kinobesuchs überzeugen. Aber das war dann überraschend einfach. Ich erklärte Vati, dass er als »Filmminister« eine gewisse Verantwortung trüge. Dass er auf dem Laufenden sein müsse. Und dass es schon etwas peinlich wäre, wenn herauskäme, dass sein letzter Film »Ben Hur« gewesen war ...

Die Bodyguards, meine Eltern und ich fanden uns Samstagabend also im rappelvollen Papenburger Kino ein. Natürlich waren wir Mittelpunkt. Immer wenn mein Vater und die Bodys irgendwo auftauchten, erregte das Aufmerksamkeit. Dass der Seiters mit seinen Leibwächtern ausgerechnet gemeinsam »Bodyguard« anschauen wollte, sorgte für zusätzliche Erheiterung bei Besuchern und Kinopersonal. »Ich hole die Karten nicht«, raunte Ralf Mark zu. »Ich musste schon die Pseudobombe entschärfen.« Mark stöhnte und ergab sich. Missmutig stapfte er Richtung Kasse. »Sechsmal Kino 5 bitte«, flüsterte er, um möglichst wenig aufzufallen. Der Kassenjunge grinste schief und begann, die Karten abzuzählen. »Also sechsmal ›Bodyguard‹«, sagte er beim Übergeben der Tickets übertrieben laut. »Sie brauchen wohl Tipps, was?« Mark verdrehte die Augen, schenkte sich einen Kommentar, nahm die Karten und drängte uns zügig in

Richtung Kinosaaldunkelheit. Zum Glück begann der Film bereits. Trotzdem schienen sich die Jungs nicht besonders wohl zu fühlen. Sie hatten sich tief in ihre Sitze vergraben und schauten jedes Mal besorgt in meine Richtung, wenn Whitney Kevin durch die Gegend scheuchte oder zum Schwofen auf die Tanzfläche zerrte. Nachdem wir das Kino verlassen hatten, fasste Mark mich sanft am Arm, zog mich zur Seite und flüsterte freundlich, aber bestimmt: »Das kannst du voll vergessen, Herzchen!«

Schade aber auch. Meine Romantiklektion hatte offenbar nicht gefruchtet. Ich war frustriert. Ganz im Gegensatz zu meinem Vater. Der wirkte richtig beschwingt nach unserem Kinobesuch. Anscheinend hatte er das Gefühl, nun endlich mitreden zu können. Und endlich zu wissen, was im Kino los war. Jetzt konnte ihm kompetenzmäßig gar nichts mehr passieren.

Mit seinem neuen Wissen ausgestattet, machte er sich etwas später auf zur Verleihung des Deutschen Filmpreises in Berlin. Mama begleitete ihn. Auf dem roten Teppich trieben sich wie immer Reporter herum, um ein paar Interviews und O-Töne zu ergattern. Ein Journalist hatte sich Vati ausgeguckt und wollte mit ihm über künstlerisch besonders wertvolle Filme reden und über die deutsche Filmindustrie. Die Einstiegsfrage an meinen Vater lautete, welches Werk ihn in letzter Zeit am meisten beeindruckt habe. Mein Vater räusperte sich kurz, strahlte den Journalisten dann breit an und sagte stolz: »Ich würde sagen: Bodyguard.«

Der Journalist blickte verdutzt drein, meine Mutter senkte entsetzt den Kopf, Moderator Ilja Richter, der gerade zwei Meter weiter ein Interview gab, brach in schallendes Gelächter aus, und auch die restlichen Zuhörer konnten sich ein Grinsen nicht verkneifen. Wie erfrischend. Ein Minister, der gar nicht erst so tat, als hätte er Ahnung – irgendwie sympathisch. Mein Vater wiederum war völlig zufrieden mit sich und seiner Antwort. Er war nur ein wenig darüber verwundert, dass der Journalist gar keine weiteren Fragen zum Thema »Kunst und Kino« an ihn hatte.


## Auftritt: Cinderella

Als Nächstes wurden meine Eltern zum Münchner Filmball eingeladen. Ich musste trotz meines Engagements, Vatis Filmwissen aufzupolieren, mal wieder daheimbleiben. Es ging einfach nicht fair zu auf dieser Welt, entschied ich. Stattdessen durfte Silke, die damals vierundzwanzig war, mit. Die hatte ja mittlerweile schon Erfahrung auf dem roten Teppich gesammelt, meinte Mama, und sich bei der Bambi-Verleihung so weit ganz gut gemacht. Auch Silke freute sich. Vielleicht lernte sie an diesem Abend endlich mal einen prickelnden Promi kennen? Einmal einen echten Star zu daten, das wäre doch was. Bisher war Silke in diesem Bereich noch nicht so erfolgreich gewesen. Gut, sie hatte im Gran-Canaria-Urlaub zufällig den Postboten aus der »Schwarzwaldklinik« kennengelernt. Und als sie mal neben Jürgen Marcus an der Bar stand, hatte dieser ihr einen Drink ausgegeben. Und Bernhard Brink hatte ihr mehrfach am Pool im Mallorca-Urlaub zugezwinkert. Ansonsten hielten sich ihre Erfolge in der Welt der Promis aber in Grenzen. Doch das sollte sich ändern. Heute Abend. Dies würde ihre Nacht werden. Das hatte Silke im Gefühl.

Schon als sie mit Mama, Vati und den Bodys in ihrem Nobelhotel in München eintrudelte, war klar: Promis gab es hier zur Genüge. Und anscheinend waren alle im gleichen Hotel untergebracht. In ihrem. Bereits in der Lobby kamen Silke zahlreiche bekannte Gesichter entgegen. Und den Aufzug teilten sie sich mit »Wetten dass …?«-Erfinder Frank Elstner und einem Assistenten, den sie gar nicht übel fand.

Der Abend verhieß Erfolg. »Alles lief prima!«, erzählte mir Silke am nächsten Tag ihre Version der Geschichte. »Und da waren nur spannende Leute!«

Man muss wissen, dass meine Schwester seit jeher leicht zu beeindrucken ist. Sie hat die seltene Gabe, sich auch für minimale Talente wahrhaft zu begeistern. Einem Leuchtturmwärter hätte sie vermitteln können, er habe den abwechslungsreichsten Job der Welt. Oder dem größten Langweiler, er wäre Gottes Geschenk an die Frauen. Oder Boris Becker, dass er im Urlaub gut Farbe bekommen hätte. Unsere Familie war sich nicht ganz sicher, ob es sich hierbei um eine angeborene Wahrnehmungsschwäche handelte oder den unterschwelligen Wunsch, unsere Erde ein Stück besser zu machen. In jedem Fall erfreute sich Silke dank ihrer Art schon immer großer Beliebtheit bei ihren Mitmenschen. Sie war nicht nur grundsätzlich gut drauf, sondern verteilte auch Komplimente am laufenden Band.

Silkes Begeisterungsfähigkeit erklärt auch, warum sie auf dem roten Teppich nicht nur von den großen Stars fasziniert war, sondern ebenfalls von den Promis, die auf der Relevanzskala nicht *ganz* oben standen. Leider nahmen aber weder Zorro aus der »Lindenstraße« noch Moderator Tommi Ohrner (die beide während des Essens an ihrem Tisch saßen) weiter Notiz von ihr. Kein noch so kleiner Flirt, kein schelmisches Geplänkel und schon gar kein Austausch von Telefonnummern. Irgendetwas musste mit ihrer Aura heute nicht stimmen, entschied Silke. Noch mehr verwunderte sie allerdings, dass sich die meisten Film- und Fernsehsternchen schon nach kurzer Zeit wieder aus dem Staub machten und die übrig gebliebenen Reststars nur gelangweilt in ihre Wassergläser starrten. Von Promis war man doch wilde Partyexzesse gewohnt. Sex, Drugs und Rock 'n' Roll. Oben-ohne-Orgien im Rausch des Moments. Und zertrümmerte Hotelzimmer. War das etwa alles nur PR? Feierten die alle in

Wirklichkeit gar nicht richtig? Wie lahm. Das hatte Silke sich anders vorgestellt. Aber immerhin waren die Getränke umsonst. Wenn die verkrampften Stars nichts anrührten, dann blieb eben mehr für sie! Der Barkeeper war zwar keiner von der »Lindenstraße«, aber dafür grinste er durchgängig und machte großherzige Mischungen …

Als mein Vater am nächsten Morgen um sechs Uhr früh an Silkes Hotelzimmertür klopfte, um sie abzuholen, war er bereits in Hektik. Schließlich ging der Flieger schon in drei Stunden, und auf den letzten Drücker irgendwo anzukommen, nein, das war nun gar nicht Vatis Ding. Hätte Mama nicht regelmäßig regulierend auf ihn eingewirkt, mein Vater hätte sonntags in der Kirche gesessen, bevor Pastor Trimpe überhaupt wusste, worüber er predigen würde. Woher dieser Pünktlichkeitswahn kam? Keinen Schimmer. Vielleicht befürchtete er permanent, etwas zu verpassen oder dass Pastor Trimpe die Messe spontan vorverlegen könne. Die restliche Familie trieb er mit diesem Tick jedenfalls in den Wahnsinn. Auch jetzt verdrehte Mama schon wieder die Augen, als er mit wildem Geklopfe an Silkes Tür den verfrühten Aufbruch signalisierte. Die Bodys mussten grinsen, die Pünktlichkeitsmacke ihres Chefs kannten sie ja bereits. Von der anderen Seite der Tür: keine Reaktion. Keine Antwort, kein Rascheln, nicht mal ein müdes Schimpfen. Auch nach mehrfachem energischem Pochen rührte sich nichts. Mein Vater wurde unruhig. Sie mussten schließlich los. »Brigitte, hol das Zimmermädchen!«, forderte er panisch. »Der Flieger, herrje! Der Flieger …«

Bitte nicht falsch verstehen: Mein Vater war, wenn es um essentielle Dinge ging, wirklich die Ruhe selbst. Bei der Wiedervereinigung zum Beispiel, bei wichtigen Bundestagsbeschlüssen oder entscheidenden Haushaltsfragen: alles kein Problem für ihn. In solchen Situationen hätte er weder Gorbatschow noch der Opposition auch nur ein einziges nervö-

183

ses Zucken der Kinnpartie gegönnt. Aber die Aussicht, ein Flugzeug zu verpassen, puh, die ließ ihn regelmäßig zum irrationalen Wrack mutieren. Als die Dame von der Zimmerreinigung etwas später endlich die Tür öffnete, stürmte er entsprechend aufgelöst an ihr vorbei in den Raum, riss die Decke vom Bett zurück, die Badezimmertür auf und schaute sogar im Schrank nach.

»Wo kann die denn bitte sein?«, rief Vati aufgebracht. »Um diese Uhrzeit?« Mama zuckte ratlos die Schultern. Mark und Andi hatten das Grinsen eingestellt und schauten ebenfalls betreten auf den Boden. Keiner wusste eine Antwort. Schließlich hatte Silke am Abend zuvor darauf bestanden, noch auf der After-Show-Party zu bleiben, als die anderen sich auf den Weg ins Hotel machen wollten. »Da komm ich einmal unters Volk, und dann soll ich schon wieder gehen?«, waren ihre letzten Worte, bevor sie sich entschlossen der Bar zugewendet hatte.

»Da stand doch dieser Mitarbeiter von Frank Elstner neben ihr an der Bar!«, warf Andi unbedacht ein. »Der, mit dem wir im Aufzug gefahren sind.« Mein Vater schaute kurz überrascht von Andi zu meiner Mutter und dann so, als wäre ihm plötzlich alles klar. »Frank Elstner?«, fragte er hitzig. »Der wohnt doch auch hier im Hotel …« Nach diesem Geistesblitz stürmte er mit grimmigem Gesichtsausdruck zurück in sein Zimmer. »Brigitte, den rufen wir jetzt an!« Andi verzog schmerzverzerrt das Gesicht und stöhnte: »Das kann er doch nicht wirklich bringen?!« Mark schüttelte kapitulierend den Kopf: »Doch, er kann!«

Auch meine Mutter reagierte entsetzt. »Rudolf, spinnst du?« Schließlich war es unchristlich früh, zumindest, wenn man den Abend auf einer After-Show-Party verbracht hatte. Da rief man nicht bei einem wildfremden Menschen an, fand Mama. Auch nicht, wenn es Frank Elstner war. Und auch nicht, wenn man vermutete, dass ein Mitarbeiter eventuell etwas über den Aufenthaltsort der eigenen Tochter wissen könnte. *Eventuell* wohlgemerkt. *Das* machte man nicht mal um zwölf Uhr mittags. Vati war das egal. Es gab eine Spur. Und die würde er verfolgen. Er hatte schließlich ein Ziel: den Flieger zu kriegen.

Mein Vater hackte auf die Tastatur des Telefons, bis sich die Dame von der Rezeption meldete. »Rudolf Seiters hier. Verbinden Sie mich mit Frank Elstner!«, forderte er in einem Ton, der keinen Widerspruch duldete. Die geschulte Rezeptionistin ahnte, dass mit dem Innenminister nicht gut Kirschen essen war, und tat, wie ihr geheißen. Auf der anderen Seite tutete es. Einmal. Zweimal. Dreimal. Viermal. Dann die Stimme eines sehr verschlafenen Frank Elstner. »Ja?«, brummte dieser ins Telefon. »Wer ist denn da?« »Herr Elstner«, begann mein Vater etwas gezügelter, »hier spricht Bundesinnenminister Seiters. Wissen Sie, wo meine Tochter Silke ist?« Stille am anderen Ende. Dann ein Räuspern. Ein verwirrtes: »Wer ist da?« Der arme Frank Elstner war offensichtlich überfordert. »Tochter Silke« sagte ihm überhaupt nichts. Und wieso bitte riss ihn der Innenminister um sechs Uhr morgens aus dem Schlaf? »Ich weiß gar nicht, wovon Sie sprechen«, erklärte er leicht pampig. »Worum geht es denn überhaupt?«

Erfahren sollte es der arme Herr Elstner nie. Er hörte nur noch, wie der Minister am anderen Ende die Luft scharf einzog und ein »'tschuldigung, hat sich erledigt ...« in den Hörer brummelte. Dann nur noch Tuten.

Der Grund für das abrupte Gesprächsende war Silke, die in diesem Moment ins Zimmer geschlendert kam. Quietschvergnügt, noch leicht angeschickert und ohne den Hauch eines schlechten Gewissens. »Also, von mir aus können wir jetzt«, flötete sie happy. Sie kam geradewegs aus dem P1. Nachdem die After-Show-Party des Filmballs ihr dann doch zu langweilig geworden war, hatte sie sich dem freundlichen

Barkeeper mit den gelungenen Mischungen angeschlossen und mit ihm ein bisschen Clubhopping betrieben. Nun kannte Silke das Nachtleben Münchens und hatte den netten, aber unscheinbaren Barkeeper nebenbei davon überzeugt, eine Karriere als Model zu starten – »Bei diesem Körper!«. Meine Schwester wurde für die nächsten Events von meinen Eltern ausgeladen. Erst einmal zugunsten von Kirstin. Mich freute das trotzdem, denn damit war ich auf der Warteliste für den roten Teppich einen Platz weiter nach oben gerutscht. Und Vati? Der erreichte den Flieger immerxnoch als einer der Ersten. Außerdem gilt seit diesem Abend: Jedes Mal wenn er auf einer Veranstaltung Frank Elstner erblickt, fällt ihm auch heute noch spontan jemand auf, dem er unbedingt auf der anderen Seite des Raums hallo sagen muss.

## Mama, der Star

Auch wenn mein Vater in seiner Funktion als »Filmminister« nicht unbedingt in die Annalen eingegangen ist, so gelangte zumindest ein anderes Familienmitglied zu temporärem Ruhm auf diesem Gebiet. Im Februar 1993 standen nämlich die 43. Berliner Filmfestspiele, die »Berlinale«, auf dem Programm. Vati hatte die ehrenvolle Aufgabe, ebendiese zu eröffnen. Ganz besonders Mama freute sich auf den Abend, schließlich waren echte Kinogrößen wie Johnny Depp, Faye Dunaway und Danny DeVito als Ehrengäste angekündigt. Und dieses Mal war auch keines der Chaoskinder dabei, um irgendeinen Unsinn anzustellen.

Leider kann es offenbar auch ganz ohne unser Zutun zum Drama kommen: Irgendein Spinner meinte nämlich, genau am Tag der Berlinale-Eröffnung eine innerdeutsche Lufthansa-Maschine entführen zu müssen. Nicht dass ein anderer Tag viel besser gewesen wäre – aber für Vati stand fest, dass die Filmfestspiele ins Wasser fielen. Zumindest für ihn. Er wurde im Innenministerium gebraucht, um die Maßnahmen zum Schutz der Geiseln zu koordinieren. Das Problem war nur: Wer sollte an seiner statt die Festspiele eröffnen? Die konnten schließlich nicht einfach uneröffnet bleiben. Wie stünde Deutschland dann da? Aber wo sollte man bitte auf die Schnelle einen kompetenten Ersatz herorganisieren, der auch noch mal eben eine Eröffnungsrede aus dem Ärmel zauberte? Es gab nur eine Lösung: »Püppi, *du* musst das machen!«, verkündete Vati meiner Mutter am Telefon. »Es geht nicht anders!« Meine Mutter hätte vor Schreck fast den Hörer fallen lassen. »Das kann doch nicht dein Ernst sein, Rudolf«, stöhnte sie entsetzt. »Ich kann keine Rede vor der gesamten Nation halten!« Ausgerechnet sie! Wo sie doch nicht einmal den kürzesten Witz zu Ende bekam und immer die Pointe versaute.

Während Mama nervös durch die Wohnung rannte, beobachtete ich sie zugegebenermaßen ein bisschen schadenfroh. Ich fand, das geschah ihr ganz recht. Schließlich würde sie so endlich mal merken, wie nervig solche Auftritte sein können. Vielleicht würde sie mich dann redetechnisch für die nächsten Geburtstage freistellen. Oder zumindest anständig dafür bezahlen.

Nach einem weiteren Telefonat mit Vati musste sie aber zugeben, dass es für den heutigen Abend kaum eine Alternative gab. Schließlich wollte sie nicht dafür verantwortlich sein, dass die Filmfestspiele eine Pleite wurden wegen Nichteröffnung. Es musste wohl sein: Mein Vater blieb in Bonn bei seiner Flugzeugentführung. Meine Mutter – mit Rede und Abendgarderobe im Gepäck – flog nach Berlin.

Dort schnell ins Hotel, zweimal laut die Ansprache geprobt, rein ins schwarze Samtkleid und ab zum Zoo Palast. Warum hatte sie noch mal Politikerfrau werden müssen?

Warum hatte ihr Mann keinen normalen Beruf wählen können? Jetzt durfte sie vor 2500 Menschen sprechen, die eigentlich den Innenminister erwarteten. Das ist, als würde man auf ein Konzert von Robbie Williams gehen, und dann gibt's nur Justin Bieber. Sie stellte sich schon die entgeisterten Gesichter von Faye Dunaway und Johnny Depp vor, die sich wunderten, wer die unbekannte, flattrige Frau war, die da gerade die Berlinale eröffnete. Oh Gott, wie peinlich!

Im Zoo Palast wurde Mama dann von Ralf und Mark in Empfang genommen, die schon einmal die Lage sondiert sowie Fluchtwege und Sicherheitsvorkehrungen überprüft hatten. Schließlich waren unsere Bodys bis vor wenigen Stunden davon ausgegangen, der Chef persönlich würde die Veranstaltung eröffnen. Daraus war jetzt zwar nichts geworden, aber dann passten sie eben auf die Chefin auf. Die konnte ohnehin besser feiern, fanden sie.

Als Mamas große Stunde gekommen war und sie auf die Bühne geführt wurde, war sie erleichtert. Die Scheinwerfer blendeten nämlich so sehr, dass sie die Prominenz im Publikum gar nicht richtig erkennen konnte. Und somit auch nicht, ob irgendwer bei ihrem Anblick enttäuscht die Mundwinkel nach unten zog oder schon mal die Tomaten hervorkramte. Auch sonst lief alles reibungslos. Sie schaffte es, Vatis Rede vorzulesen, ohne peinliche Versprecher oder Rumgestotter. Als sie fertig war, hörte sie auch keine Buh- oder Empörungsrufe – lediglich Applaus. Mama fiel ein Stein vom Herzen. Sie hatte planmäßig die Filmfestspiele eröffnet, und der Ruf Deutschlands war noch intakt.

Und wie das so ist, wenn man einigermaßen elegant eine von diesen Horror-Aufgaben (Prüfung, Marathon, Zahnarztbesuch, Geburtstagsrede) hinter sich gebracht hat, folgt die Euphorie. Mamas ursprünglicher Plan war gewesen, sich nach dem Auftritt so schnell wie möglich wieder ins Hotel zu verkrümeln. Das hatte sie auch den Bodyguards mitgeteilt.

Umso überraschter waren Ralf und Mark, als meine Mutter es plötzlich gar nicht mehr eilig hatte. Stattdessen schlenderte sie vergnügt über die After-Show-Party, ließ sich zu ihrem Auftritt gratulieren (schließlich kannte sie jetzt jeder) und gab ein Interview nach dem nächsten. Sogar einen kurzen Smalltalk mit Faye Dunaway und Johnny Depp ließ sie sich nicht nehmen. Auch wenn Mama, wie sie hinterher berichtete, mit deren aktuellem Film »Arizona Dream« gar nix anfangen konnte. Deshalb erklärte sie den beiden, dass sie »Arizona Dream« an ihre drei Töchter (also uns) weiterempfehlen würde – *denen* würde er sicher gefallen. Depp und Dunaway schauten kurz irritiert, schoben den Anflug von Taktlosigkeit dann aber wohl einfach Mamas Englisch in die Schuhe.

Ein paar Gläschen Champagner und zahlreiche geschüttelte Hände später hatten Ralf und Mark den Eindruck, der ganze Trubel könne meiner Mutter langsam zu bunt werden, und boten ihr an, das Auto zu holen. Mama schüttelte nur den Kopf und stellte erstaunt fest: »Wir sind doch gerade erst gekommen.«

Insgesamt war der Abend für alle also ein Riesenerfolg gewesen, und Mama war in ihrem Element. Die *Bild* titelte hinterher: »Wie Frau Seiters zum Star wurde.« Die Bodyguards waren ebenfalls auf ihre Kosten gekommen – hätte Vati sein Standardding hier durchgezogen, wären sie nämlich schon vier Stunden eher im Bett gewesen. Auch mein Vater war zufrieden. Erstens war die Flugzeugentführung gut ausgegangen. Zweitens freute er sich über Mamas kurzzeitigen Ruhm. Und vielleicht war er sogar froh, dass er selbst um die ganze Sache herumgekommen war. Wer weiß, ob er sonst nicht wieder unangenehm aufgefallen wäre. Ob ein Reporter sein Interview mit ihm abgebrochen hätte. Oder ob er im schlimmsten Fall Johnny Depp zu seiner Hauptrolle in »Bodyguard« gratuliert hätte.

# Die Jurassic-Park-Affäre

Dass Vatis Filmministeramt nicht nur Vorteile mit sich brachte, musste auch ich am eigenen Leib erfahren. Etwas später kam nämlich der Dinosaurierklassiker »Jurassic Park« in die Kinos. Mit einer Jugendfreigabe von zwölf Jahren. Eine Entscheidung, die nicht ganz unumstritten war, bei all den blutrünstigen Raptoren. Da flogen schon mal ein paar Gliedmaßen durchs Bild. Von links ein Arm, von rechts ein Bein, und im Hintergrund wurden ein paar Wissenschaftler zerfleischt. Genau das Richtige für Oliver und mich.

Da ich bereits zwölf Jahre alt war, hätte ich mir den Film sogar ganz legal ansehen dürfen. Wäre mein Vater nicht während einer Wahlkampfveranstaltung ausgerechnet auf das Thema »Altersfreigabe« angesprochen worden. »Herr Seiters, was halten Sie davon?«, fragte ein Journalist und hielt ihm herausfordernd das Mikro unter die Nase. »Lassen Sie Ihre Tochter diesen Film sehen?« Mein Vater schluckte. Er hatte keinen blassen Schimmer, worum es in dem Dino-streifen überhaupt ging und welche Position er dazu beziehen sollte. Jedenfalls konnte er nicht einfach blöd mit den Schultern zucken. So etwas hatte manchen Kollegen schon den Kopf gekostet. Also wählte er den diplomatischen Mittelweg: »Ich schaue mir den Film erst selbst an«, erklärte er und versuchte dabei, so besorgt zu gucken, als hätte er die letzten zwei Wochen nicht mehr ruhig schlafen können, weil ihn ebendiese Frage umtrieb. »Dann entscheide ich, ob Sarah ihn sehen darf.«

Nach der Veranstaltung kam Vati mit sich zufrieden nach Hause und informierte mich beim Abendessen ganz beiläufig über die neue Lage. »In diesen Dinosaurierfilm gehst du übrigens nicht«, verkündete er lässig über den Kartoffelbrei hinweg. »Erst schau ich den an.« Ich traute meinen Ohren nicht. Seit wann zensierte man meine Filme? »Natürlich guck ich den!«, motzte ich empört und ungläubig. »Das entscheide immer noch ich!« Offenbar sah mein Vater das anders und mutierte mal wieder: Er lief rot an, plusterte sich vor mir auf und verhängte ein offizielles Jurassic-Park-Verbot. Ich pampte zurück, wir wären schließlich nicht im Mittelalter. Und ich keine fünf mehr. Er hätte mir gar nichts zu sagen. Und ich würde mich nicht wehrlos auf dem Altar der Politik schlachten lassen, nur weil er der Presse Quatsch erzählen musste.

Vati, der auf so massiven Widerstand gar nicht vorbereitet gewesen war, fand sich in einer Riesen-Grundsatzdiskussion wieder. Und die Rollen waren klar verteilt: Er der Despot. Ich die Freiheitskämpferin. Mir ging es ums Prinzip. Ihm um seinen Ruf. Doch nach fünfzehn Minuten Rumgeblaffe hatte mein Vater die Nase voll. »Jetzt reicht es, Fräuleinchen! Keine Dinos für dich! Punkt!«

Ich verschränkte die Arme vor der Brust, lehnte mich zurück und blickte ihm triumphierend ins Gesicht. »Zu spät«, erklärte ich und holte mein Ass aus dem Ärmel. »Ich war schon drin – letzte Woche!«

Vati war sprachlos. Aber es stimmte. Ich hatte den Film wirklich ein paar Tage zuvor mit Oliver gesehen. Zu dem Zeitpunkt wusste ich ja noch nichts von einem Jurassic-Park-Verbot. Jetzt tat mir mein Vater sogar ein bisschen leid. Er war ganz grün um die Nase und wirkte so, als könnte er gleich ein paar Aquavit hintereinander vertragen. Wahrscheinlich sah er schon die *Bild*-Schlagzeile vor sich: »Familienfehde im Hause Seiters«, »Innenminister lügt« oder: »Jurassic-Affäre bricht Seiters das Genick!«

Jedenfalls habe ich meinen Vater noch nie so schnell Kinoplätze für sich und Mama reservieren sehen – um danach vehement zu behaupten, die paar abgerissenen Gliedmaßen würden doch nun wirklich keinem Zwölfjährigen schaden.

# Vati, der Sportminister

Neben seinen Verpflichtungen im Bereich Film war Vati als Innenminister auch für den Sport zuständig. Zugegeben, ich gehörte nicht zu den Olympioniken meines Jahrgangs. Im Ballett teilte man mich nach drei Jahren immer noch der Anfängergruppe zu, die jährlichen Bundesjugendspiele verschafften mir Alpträume, und im Tennisverein hatte ich es überhaupt nur deshalb so lange ausgehalten, weil ich ja ein bisschen in meinen Trainer verschossen gewesen war. Nur Fußball lag mir halbwegs. Und als bekennender Klinsmann-Fan spielte ich natürlich immer als die Nummer 18. Ich hoffte, dass es dank Vatis Sportministerfunktion bis zu meiner ersten persönlichen Begegnung mit Klinsi nur noch eine Frage der Zeit war. Schließlich war Fußball ein Sport, Klinsmann ein Fußballer und Vati sein Minister. Die Chancen standen also gut, befand ich und ignorierte, dass Vatis Filmministeramt uns bisher auch nicht besonders weit gebracht hatte.

Während es im Filmbereich noch etwas haperte, lief die ganze Sportsache aber relativ gut an. Schließlich wurden wir nun andauernd zu großen Fußballturnieren eingeladen. Natürlich immer auf die Ehrentribüne. Mal begleitete Mama meinen Vater. Mal tat ich es. Offenbar eine repräsentative Tätigkeit, die man mir zutraute, während ich für den roten Teppich anscheinend untauglich war. Aber immerhin waren auf der Ehrentribüne auch so einige Namen unterwegs. Da saßen wir neben den Beckenbauers, Seelers und Rummenigges der Nation und hatten gute Sicht auf die anwesenden Stars, die europäischen Royals und die internationalen Staatsoberhäupter. Auch Klinsi sah ich jedes Mal. Allerdings nur auf dem Platz. Meine Hoffnung, dass sich die Nationalmannschaft mal bei uns auf der Tribüne blicken lassen würde, schien sich nicht zu erfüllen. Weder vor dem Spiel auf ein Ründchen Sekt noch nachher auf eine Ehrenrunde. Und damals war es leider auch noch nicht üblich, dass ranghohe Politiker kurz auf ein Pläuschchen in der Kabine vorbeischauten. Schon gar nicht mit ihren halbwüchsigen Töchtern. Doch als meine Eltern 1992 zum Finale der Fußball-EM nach Göteborg eingeladen wurden, war ich davon überzeugt: Jetzt ist es so weit. Endlich würde ich Klinsi kennenlernen. Ich bearbeitete Mama so lange, bis sie mir ihren Platz abtrat.

Etwas später fand ich mich also beim Endspiel Deutschland gegen Dänemark wieder. Neben mir der schwedische Ministerpräsident Carl Bildt, vor mir ein paar skandinavische Royals und um mich herum zahlreiche andere bekannte Gesichter, die mich alle nicht interessierten. Ich war damit beschäftigt, Klinsi ganz genau zu beobachten und ihn sowie den Rest von Bertis Jungs ordentlich anzufeuern. Eigentlich war klar: Wir holen den Pokal. Schließlich war es das erste Turnier nach dem Fall der Mauer, bei dem eine gesamtdeutsche Elf antrat. Und Beckenbauer hatte behauptet: Vereint sind wir unschlagbar. Dem Kaiser glaubte ich das natürlich …

Aber dann lief alles schief. In der 19. Minute gab's das erste Gegentor, in der 78. das zweite. Auch Klinsi konnte nichts mehr retten – und hatte dann natürlich keine Lust mehr auf einen Abstecher zur Ehrentribüne. Es war das totale Debakel. Vor allem für mich. Ich saß mit Tränen in den Augen neben meinem Vater und gab mir selbst die Schuld. Vati hatte den Deutschen im Sport doch bisher immer Glück gebracht. Also musste es an mir liegen. Ich war ein Unheilsbringer. Beim nächsten Mal – so schwor ich – würde ich zu Hause bleiben. Zum Wohle der Nation.

# Die Sache mit den Pfeifkonzerten

Ich erwähnte es bereits, ich war kein besonders konsequentes Kind. Ähnlich wie bei Langzeitrauchern, bei denen jede Kippe angeblich die letzte ist, hielten auch meine Vorsätze nur kurz. Bald trabte ich wieder an der Seite meines Vaters die Ehrentribünen des Landes rauf und runter. Klinsi begegnete ich jedoch nie. Anscheinend interessierte ihn sein Minister nicht die Bohne. Manchmal fragte ich mich, ob die Nationalmannschaft überhaupt wusste, dass sie einen eigenen Minister hatte. Vielleicht wurde da einfach eine ganz schlechte Informationspolitik betrieben beim DFB. Ich war enttäuscht. Dieses VIP-Dasein hatte ich mir irgendwie anders vorgestellt. Ich war fast so weit zu sagen: Es wurde überschätzt. Na gut, auf der Ehrentribüne blieb es trocken, wenn es eigentlich regnete. Man saß auf bequemen Bänken, während die anderen unbequem standen. Und das Buffet war megalecker und noch dazu umsonst. Aber die Stimmung ... An der krankte es, ganz klar. Die schäumte nämlich trotz des freien Alkohols nicht gerade über. Die VIPs saßen sich nur gediegen den Hintern platt und schüttelten im 360-Grad-Radius Hände. Vielleicht ließen sich Klinsi und Co. auch deshalb bei dieser Spaßbremsen-Veranstaltung hier oben nicht blicken.

Andererseits – möglicherweise war die Stimmung auf der Ehrentribüne nur deshalb so schlecht, weil die Gäste dort oben immer gemobbt wurden. Ja, ich meine das so: GEMOBBT. Von den Fans. Besonders Politiker schienen es schwer zu haben. Zumindest ertönte regelmäßig ein energetisches Pfeifkonzert, wenn der Stadionsprecher einen von ihnen begrüßte. Egal, ob es sich um meinen Vater oder einen anderen Ehrengast handelte – Parteizugehörigkeit wurscht. Es wurde gepfiffen, dass einem die Ohren dröhnten. Ich war jedes Mal ein bisschen getroffen. Logisch, es ist halt einfach kein schönes Gefühl, von einem ganzen Stadion nicht gemocht zu werden. Wer sich davon nicht herunterziehen lässt, muss den Sensibilitätsfaktor einer Amöbe haben. Außerdem machte mich diese unqualifizierte Pfeiferei auch echt wütend. Die kannten Vati doch gar nicht. Und mich erst recht nicht!

Komischerweise störte meinen Vater diese negative Energie nie. Er nahm es locker, lachte und erklärte mir, das läge nur an der La-Ola-Welle. Die würde an der Ehrentribüne nämlich immer einen abrupten Tod sterben. Jetzt, wo er es sagte, fiel es mir auch auf. Während alle anderen im Stadion bei dieser Massenperformance die Arme nach vorne streckten, mit den Händen wedelten und – wenn sie an der Reihe waren – unter Johlen in die Höhe schossen, tat sich bei uns auf der Ehrentribüne: nichts. Tote Hose. Ein paar vereinzelte Händchen vielleicht, die alibimäßig vor sich hin wedelten. Aber die Einzige, die wirklich aufsprang, war ich. Etwas peinlich, aber ich konnte den Springreflex einfach nicht unterdrücken. Genauso wenig wie meine Heulerei bei den Nationalhymnen dieser Welt. Leider. Denn ich fühlte mich durchaus persönlich angegriffen, wenn genau in dem Moment, wo ich loshüpfte, das gesamte Stadion mit seinem Pfeifkonzert loslegte.

Nur warum saßen hier alle anderen wie festgetackert auf ihren Plätzen? Meine einzige Erklärung: Die waren alle nicht mehr so taufrisch. Nur Anzüge, Schals und weißmeliertes Haar. Rheuma, vermutete ich, oder Ischias. Darüber klagte Oma ja auch. Vor allem, wenn das Wetter schlechter wurde. Aber mal unter uns: Auch im Hochsommer bei dreißig Grad hüpfte die nicht einfach mal so in die Luft.

Allerdings war Bewegungsunmut nun wirklich kein Verbrechen und die Pfeiferei darum echt übertrieben. Doch wahrscheinlich hatte Oma recht: Es gab keinen Respekt mehr vor dem Alter. Deshalb sprang ich auch weiterhin unbeirrt bei allen Fan-Wellen mit. Irgendwer musste schließlich die Brücke zwischen den Generationen schlagen ...

Bei uns zu Hause gab es übrigens nie diese Art von Pfeif-konzerten. Unser Verein war der SV Meppen. Meppen spielte zwar nur in der Zweiten Bundesliga, aber mein Vater und ich waren trotzdem Fans. Dementsprechend oft verfolgten wir die Spiele auch im heimischen Stadion. An Pfiffe gegen Vati kann ich mich hier allerdings nicht erinnern. Ganz im Gegenteil, hier schien man sich über Vatis Anwesenheit eher zu freuen.

Andere Politiker hatte es da offenbar nicht so gut getroffen. Zumindest erzählte Vati einmal davon, wie Postminister Wolfgang Bötsch vor ihm und dem Kanzler über Pfeifkonzerte geklagt hätte. Ausgerechnet bei den Spielen *seines* Vereins! Und dass Bötsch jetzt dazu übergegangen wäre, sich vom Stadionsprecher einfach nicht mehr begrüßen zu lassen. Der Kanzler hatte daraufhin verständnisvoll genickt. Anscheinend hatte Kohl auch so seine Erfahrung mit dem Ausgepfiffenwerden. Umso ungläubiger schauten Kanzler und Postminister, als mein Vater erklärte, er würde in der heimischen Arena nie ausgepfiffen werden. Ganz im Gegenteil: Man würde ihn sogar frenetisch beklatschen. Sprachlosigkeit von Seiten des Kanzlers und des Postministers. So etwas hatten sie ja noch nie gehört. Ein beliebter Politiker? Bei Fußballfans? Das musste ein Missverständnis sein. Vati strahlte noch ein bisschen vor sich hin und klärte die beiden dann auf. Es gab da nämlich einen Trick. Die wichtigste Voraussetzung dafür war das Wohlwollen des Stadionsprechers. Den hatte mein Vater im Laufe seiner SV-Meppen-Fan-Karriere besser kennengelernt und mit ihm schon vor längerer Zeit eine Absprache getroffen. Der Sprecher sollte die offizielle Begrüßung des Innenministers immer genau dann durchgeben, wenn die Mannschaften auf dem Platz einliefen ...

# Dein Freund, die Presse

Regelmäßig hatten wir bei uns zu Hause Reporter zu Gast oder ganze Fernsehteams, die ein Interview wollten, eine Homestory oder an einem Porträt über meinen Vater arbeiteten. Hin und wieder hatte man auch ein paar Fragen an mich. Was ich davon hielt, dass mein Vater so oft weg wäre. Was mein schönstes Urlaubserlebnis mit ihm gewesen sei oder ob er denn auch streng sein könne. Kinder-O-Töne machten den Artikel angeblich lebendig. Und den Protagonisten (also Vati) menschlich. Mir sollte es recht sein. Eigentlich. Hätten sie nicht ständig meinen Namen falsch geschrieben (»Sara«, »Sahra« oder einfach »die Tochter«) und wäre ich in den Artikeln nicht immer ein bisschen behämmert rübergekommen. Entweder war ich »die Kleine« oder – würg! – »das aufgeweckte Nesthäkchen«. Kapierten die denn nicht, dass sie mit solch unbedachten Beschreibungen meinen Ruf aufs Spiel setzten? Meine Klassenkameraden konnten schließlich auch lesen. War der Presse nicht klar, dass einen so etwas in die soziale Isolation treiben konnte? Scheinbar nicht. Noch schlimmer war, dass ich grundsätzlich falsch zitiert wurde. Einmal soll ich gesagt haben: »Manchmal hilft Vati mir bei den Schulaufgaben, da hat er echt Ahnung!« Nach einem Urlaub habe ich angeblich geschwärmt: »Das war ein ganz tolles Abenteuer!« Und vor einem sturmfreien Abend soll ich behauptet haben: »Heute haue ich auf den Putz!« Also bitte. So redet doch keiner! Und ich schon gar nicht. Meine Freunde mussten denken, dass ich in Gegenwart von Journalisten regelmäßig zu einer Vollidiotin mutierte. Na, herzlichen Dank!

Die Krönung war allerdings ein großer Artikel in einer Illustrierten. Dort stand doch tatsächlich in fettgedruckt: »Mein Papi hat zu wenig Zeit!« Ich traute meinen Augen nicht. Papi? Nicht in tausend Jahren. Auf keinen Fall habe ich zu dem Reporter irgendeinen Satz mit dem Wort »Papi« gesagt. Vati würde doch nicht mal reagieren, wenn ich ihn plötzlich »Papi« rufen würde. Oder womöglich annehmen, ich wäre sauer auf ihn.

Doch zumindest wusste ich dank dieses Artikels eine Sache mit absoluter Sicherheit: Die Presse machte mit meinen Zitaten, was sie wollte. Und das, wo ich mein Leben lang so bereitwillig kooperiert hatte. Für jedes Interview hatte ich ohne Murren zur Verfügung gestanden. Bei der Eröffnung jeder Papenburger Blumenschau, jeder Wandertombola und jeder Rad-Rallye mit einem werbewirksamen Zahnpastalächeln in alle Kameras gegrinst. Das war jetzt der Dank? Man ließ mich »Papi« sagen?

Immerhin war ich nicht die Einzige, die in den Zeitungen fragwürdig wegkam. Meine Mutter hatte mit einem ähnlichen Schicksal zu kämpfen. Glaubte man den Medien, sagte sie Dinge wie: »Ich bin an deiner Seite, Rudolf!«, »Gemeinsam schaffen wir das, Rudolf!« oder: »Du kannst auf mich zählen, Rudolf!« Natürlich stand Mama hinter Vati. Aber sie zitierte doch nicht aus Rosamunde-Pilcher-Romanen! So geschwollen redete sie nun wirklich nicht daher. Schon gar nicht in Gegenwart der Presse.

Sobald Medienvertreter vor Ort waren, konnten auch Empfänge und Abendveranstaltungen ganz schön tricky werden. Einmal stattete Michail Gorbatschow Deutschland einen Staatsbesuch ab. Auch meine Eltern wurden zum offiziellen Empfang des damals noch sowjetischen Staatspräsidenten in Bonn geladen. Eine Tatsache, die meine Mutter leicht aus der Fassung brachte. Was bitte sollte sie dazu anziehen? Was um Himmels willen war in der Sowjetunion gerade Trend? Sie entschied sich dafür, extra für diesen besonderen Anlass ein Kleid entwerfen zu lassen. Von ihrer Nachbarin, einer begabten Hobbyschneiderin. »Die kennt wenigstens meinen Geschmack«, hatte Mama erklärt. Und wirklich: Das Kleid wurde pünktlich fertig und war genau so, wie sie es sich vorgestellt hatte. Ein schulterfreies Satinkleid. In Lila. Mit schwarzen Punkten. Und als Sahnehäubchen: ein neckischer Tüllrock, der unten nur ein wenig herausschaute. Sehr elegant, befand Mama.

Tatsächlich war sie anscheinend nicht die Einzige, die das so sah. Denn am Tag des Gorbatschow-Empfangs zeigte auch die anwesende Presse ein sehr reges Interesse an ihrem Outfit. Ständig musste sie in irgendeine Kamera lächeln, und überall wurde sie nach dem Designer ihres Kleides gefragt. Mama war überrascht und fühlte sich ein wenig geschmeichelt. So viel Bohei hatte man selten um ihr Outfit gemacht. Dementsprechend stolz lobte sie die Schneiderkünste ihrer Nachbarin und deren Kreativität.

Einen Tag später fand Mama sich samt Pünktchenkleid in der Zeitung wieder. Landesweit. Die Überschrift: »Schöngemacht für Gorbatschow – Wettstreit der Bonner Damen«. Neben meiner Mutter waren die Politikerfrauen Kohl, Genscher und Scheel abgebildet. Und unter den Fotos prangten die Namen der jeweiligen Designer. Namen wie »Chanel«, »Escada«, »Dior« und – unter meiner Mutter – »Die Dorfschneiderin«.

Meine Mutter schlug entsetzt die Hände vor den Mund. Das konnten die doch nicht wirklich schreiben. Das hatte sie doch ganz anders gesagt. Mama hatte allerdings kein Problem damit, dass sie neben den anderen Politikerdamen mit ihrem No-Name-Kleid schlechter wegkam. Nein, sie hatte lediglich Angst, alle Papenburger könnten jetzt sauer auf sie sein, weil sie angeblich ihre geliebte 35 000-Einwohner-Stadt als Dorf bezeichnet hatte. Und dass ihre Nachbarin glauben könnte, sie hätte sie vor der Presse ernsthaft »die Dorfschneiderin« genannt. Mama war verzweifelt. »Rudolf!«, rief sie aufgebracht, »wie macht man eine Gegendarstellung?«

Zu einer Gegendarstellung kam es natürlich nie. Vati erklärte Mama ruhig, sie dürfe da jetzt nicht überreagieren. Dass man es ihr garantiert nicht übelnähme und sie sich keinen Kopf machen solle. Und falls sich doch ganz Papenburg mit faulen Eiern vor dem Haus versammeln sollte, egal, sie hätten ja Panzerscheiben.

Mein Vater hatte leicht reden. Solange es nur um Kleider und Mode ging und nicht um seinen guten Ruf, war er tiefenentspannt. Außerdem lief es für ihn mit den Medien in letzter Zeit wieder bestens. Nachdem die Presse aufgehört hatte, ihn als »bieder und ernst« abzustempeln, kam er ziemlich gut weg. Teilweise zu gut, wie Mama und ich ab und zu empört anmerkten. Einmal hatten Reporter ihn vor meinen neuen Computer (einen »Amiga 500«!) drapiert. Ich sollte mich danebenhocken und auf den Bildschirm zeigen. Die Bildunterschrift lautete später: »Rudolf Seiters lernt Computer«. Ich schüttelte nur den Kopf. So ein Unsinn. Schließlich hatte Vati das mit dem Videorekorderprogrammieren immer noch nicht gelernt und nannte meinen Gameboy unbeirrbar Walkman.

Ähnlich abstrus war das Foto von Vati in unserem Garten, das im Zuge einer großen Homestory aufgenommen worden war. Mein Vater stand zufrieden lächelnd mit einem Korb auf einer Leiter und ... pflückte Äpfel. Also wirklich. Seitdem wir diesen Garten haben, habe ich meinen Vater noch nie auch nur in Apfelnähe gesehen. Außer wenn ihm vielleicht mal einer vor die Füße geplumpst war. Rasen mähen ... ja, o. k. Gartenstühle durch die Gegend schleppen – auch schon vorgekommen. Aber Äpfel pflücken? Verrückt. Die Jungs von der Presse meinten, ein Apfelbaum wäre gut für die Bildsprache. Warum wiederum Rasenmäher und Gartenstühle der Bildsprache schadeten, erklärten sie uns nicht.

# Die Seiters und die Kunst

Auch von Vatis anderen Hobbys und Vorlieben konnte man regelmäßig in den einschlägigen Blättern lesen. Dass er Dürrenmatt und Eichendorff mochte, Mozart und Verdi, Biographien und die griechische Mythologie. Das stimmte auch. Und zumindest in meinen Augen wirkte Vati ziemlich allwissend. Außer zu Computern, Videorekordern und dem aktuellen Kinoprogramm konnte er zu fast jedem Thema etwas sagen. Er rezitierte manchmal aus dem Nichts unverständliche griechische Prosa oder ganze Strophen aus Balladen. Davon profitierte auch ich: Schon mit neun Jahren konnte ich den ersten Teil von Schillers »Bürgschaft« auswendig und war Expertin darin, was Zeus, Dionysos und Ares auf dem Olymp so trieben. Außerdem lotsten uns unsere Eltern jedes Jahr an den Weihnachtstagen entweder in die Oper oder ins Ballett. Mein Vater verschwieg den Reportern allerdings, wie vielseitig er in Wirklichkeit war. Er erzählte zum Beispiel nie, dass er auch alle aktuellen Schlager kannte und dass er früher im Auto immer gern bei Rudi Schurickes »Capri-Fischern« mitgesungen hatte oder den Songs von Vico Torriani. Dass diese Privatkonzerte erst mit der Bodyguard-Ära beendet wurden. Und dass selbst Mama sich daher manchmal wünschte, die Bodys würden für immer bleiben.

Genauso unterschlug er die Tatsache, dass in seiner Bibliothek neben den gesammelten Werken der deutschen Dichter und Denker auch Unmengen Krimis und Karl-May-Romane standen, die vom mehrfachen Lesen schon ganz zerfleddert waren.

Nun, es ist ja kein Verbrechen, Schlager und Krimis zu mögen. Das war auch meinem Vater klar. Und meine Mutter, die mich regelmäßig dazu nötigte, mit ihr Heimatfilme zu schauen, wusste ebenfalls, dass das völlig in Ordnung ist. Aber irgendwie hatten beide diesen Kulturtick. Ich glaube ja, sie wären selbst gern Künstler gewesen. Leider reichte Vatis Talent in diesem Bereich zu seinen Büttenreden und nicht weiter. Mamas künstlerische Ader erschöpfte sich bei der Gestaltung ihrer Tischdekoration. Aber es gab ja noch uns Töchter. Vor allem Mama war davon überzeugt, dass mindestens in einer von uns eine kleine Clara Schumann, eine Jane Austen oder eine Frida Kahlo schlummerte. Wir Mädchen haben nie so recht kapiert, woran genau sie diese Annahme festmachte. Denn es gab keinen unbegabteren Haufen als unsere Familie. Wir zeichneten nicht, wir musizierten nicht, wir dichteten nicht. Das Balletttanzen hatte ich mittlerweile aus Mangel an Begabung eingestellt. Bildhauen konnte auch keiner von uns. Nicht mal das Singen funktionierte. Vati und ich trafen keinen Ton. Mama und Silke trällerten irgendwo in mezzosopranischen Gefilden herum, ohne auf die anderen zu achten. Und Kirstin hatte schon vor meiner Geburt die Singerei komplett eingestellt. In der Kirche oder bei Geburtstagsständchen bewegte sie lediglich alibimäßig die Lippen mit. Da ich sie bis heute – ungelogen! – nie habe singen hören, weiß ich nicht einmal, wie schlecht sie wirklich ist.

Um es klar zu sagen: Wir waren vollkommen talentfrei. Trotzdem hatte es sich meine Mutter nicht nehmen lassen, zuerst Silke, 14 Jahre später auch mich zum Blockflötenunterricht anzumelden. Ja, da kann man jetzt vielleicht lachen. Oder sagen: Blockflöte kann doch wirklich jeder. Doch das stimmt nicht. Selbst nach jahrelangem Unterricht waren Silke und ich immer noch einfach mies. Alle wussten das. Nur Mama schien es nicht zu hören. Oder nicht wahrhaben zu wollen. Denn jedes Jahr aufs Neue bestand sie darauf, dass wir an Weihnachten unterm Tannenbaum die Stimmung versauten. Nicht einmal Silkes verzweifelten Einwand, mit sechsundzwanzig vielleicht doch ein bisschen zu alt für so etwas zu sein, ließ Mama gelten.

Wenn wir dann loslegten mit »O Tannenbaum« und

»Schneeflöckchen, Weißröckchen«, wippte meine Mutter
ganz beseelt zu unseren schiefen Tönen mit. Vati versuchte
zumindest, ermunternd zu lächeln. Kirstin und Oma schauten unverhohlen gequält und zuckten jedes Mal zusammen,
wenn Silke oder ich uns mal wieder vergriffen. Das einzig
Faszinierende an unseren Flötkünsten war, dass sie, anstatt
sich zu verbessern, mit den Jahren immer schlechter zu werden schienen. Am Anfang begleitete der Rest der Familie unser Flötenspiel sogar noch mit Gesang. Nachdem uns das
aber zunehmend aus dem Takt brachte, gingen wir – das
muss irgendwann Mitte der Neunziger gewesen sein – dazu
über, alle Lieder erst einmal vorzuflöten, eine Pause einzule-
gen (auch für die Ohren), um anschließend gemeinsam alles
noch mal nachzusingen. Und in den 2000ern wurde es dann
so schlimm, dass Silke und ich nicht einmal mehr zusammen
spielen konnten, sondern abwechselnd ranmussten, schön
eine nach der anderen.

Jedenfalls ließen wir Mama gewähren. Zumindest solange
sie unser Pseudotalent nur in den eigenen vier Wänden an-
pries. Leider blieb es nicht immer dabei. Einmal gingen
meine Eltern mit Silke in Berlin zu einem exklusiven Konzert, auf dem internationale Koryphäen der Musik bekannte
Opernarien und Symphonien vortrugen. Neben meinen
Eltern saß zufällig die Mutter einer der Violinistinnen des
Orchesters. Diese erzählte Mama von dem harten Musikstu-
dium ihrer Tochter, wie schwer es für das Mädchen gewesen
sei, sich in der Branche durchzusetzen, und wie viele Stunden sie am Tag üben musste. Während der ganzen Zeit
nickte meine Mutter verständnisvoll und lächelte milde.
Legte dann der Dame mitfühlend die Hand auf den Arm und
sagte: »Ich kenne das. Meine Töchter spielen auch.«

Als drei Sekunden später die interessierte und erwartbare
Rückfrage der Violinistin-Mutter folgte, hatte Silke sich bereits hochrot in Richtung Toilette verkrümelt, mein Vater

seinen Kopf ins Programmheft vergraben, während Mama sich in ihrem Sitz aufrichtete und mit dem ganzen Stolz einer Mutter verkündete: »Sie spielen Blockflöte!«

Im Endeffekt muss man sagen: Der Flötenfanatismus meiner Mutter war einfach nicht zu kurieren. Das Ergebnis: Noch heute (Silke ist siebenundvierzig, ich mittlerweile dreiunddreißig!) stehen wir jedes Weihnachten unter dem Baum und pfeifen krumm und schief »Oh du fröhliche« und »Jingle Bells« vor uns hin. Und alle Nachbarn im Umkreis von vierhundert Metern, die von diesem Ritual wissen, schlagen drei Kreuze, dass die Seiters immer noch gepanzerte und schalldichte Scheiben haben.

## Erste Rebellion

Je mehr ich mich der Pubertät näherte, desto mehr ging mir das ganze Brimborium um meinen Vater auf den Keks. Die ständige öffentliche Aufmerksamkeit, die dauernden Interviewfragen, der ewige Polittalk ... Alles irgendwie peinlich, dabei will man als Zwölfjährige ja eigentlich nur eins sein: cool. Das Problem dabei: Als Politikertochter hat man diesbezüglich schlechte Karten. Wäre mein Vater Jon Bon Jovi gewesen – o. k. Oder Sean Connery – ginge klar. Oder einer von den Stones – meinetwegen. War er leider nicht. Berühmte Eltern tun dem eigenen Image halt nur dann gut, wenn es sich bei ihrem Job um ein einigermaßen lässiges Berufsbild handelt. Aber einem CDU-Minister haftet nun mal keine Sex-Drugs-and-Rock'-n'-Roll-Aura an. Er kann dir auch keine Backstagepässe für krasse Konzerte besorgen. Oder eine Einladung zu den MTV-Movie-Awards. Stattdessen kriegt man Papstaudienzen, Operninszenierungen und Wahlkampfveranstaltungen um die Ohren geknallt. Und hier und da mal ein Fußballspiel ohne La-Ola-Welle.

Ich befürchtete ernsthaft, dass die ganze Sache für mich noch schlecht ausgehen könnte. Wer nämlich ab einem gewissen Alter immer noch brav überall mit hintrappelt und Vatis Maskottchen spielt, der rutscht auf der Coolheitsskala seiner Altersgenossen ganz schnell in die Unterwelt ab. Ich entschied: Das durfte nicht passieren. Und der erste Schritt musste der sein, mich von meinen Eltern zu emanzipieren. Mir war ohnehin aufgefallen, dass uns nach zwölf gemeinsamen Jahren so langsam die Themen ausgingen. Ich hörte »Die Ärzte«, »Green Day« und »The Offspring«. Meine Eltern hielten Punk für einen Jungen von Olivers Schule. Ich spielte »Super Mario World« auf dem Gameboy und »Giana Sisters« auf dem Computer. Meine Eltern überlegten, ob sie unser neues schnurloses Telefon zurückgeben sollten, weil es ihnen nicht geheuer war. Und auch beim Smalltalk haperte es. Ich konnte schließlich nicht mit ihnen darüber diskutieren, ob ich jetzt mit Cathrins Bruder gehen sollte oder nicht. Ob unser Tanzkurslehrer tatsächlich ein bisschen in Biggi verknallt war und wie groß die Löcher in der Levi's sein mussten, damit einen die älteren Jungs ernst nahmen. Es gab irgendwie nur noch eine Gruppe von Menschen, die mich wirklich verstand: meine Clique. Natürlich hatten Biggi und ich, wie alle Mädchen auf dem Gymnasium, die etwas auf sich hielten, eine Clique. Wir waren zu fünft (Ingrid, Judith, Magreth, Biggi und ich). Und fünf war eine gute Zahl. Irgendwie bestanden alle Cliquen, die wir kannten, aus fünf Leuten. In jedem Fall wurde meine Clique zum Mittelpunkt meines vorpubertären Universums. Biggi vorneweg. Darum fühlte ich mich auf unserer kleinen Mädchenschule mittlerweile auch pudelwohl: Alle meine Freundinnen waren immerhin hier versammelt. Wer wollte da nach Hause? Jeden Tag wenn ich aus der Schule kam, griff ich sofort zum Telefon. Schließlich hatte ich Biggi seit einer halben Stunde nicht mehr gesehen, und wir mussten ja noch all die Themen durchexerzieren, die wir in den letzten sechs Stunden Unterricht nicht geschafft hatten. Ich begleitete Mama und Vati immer öfter nur unter Protest. Und wenn sie mich doch mal wieder rumgekriegt hatten, maulte ich entweder die ganze Zeit herum oder guckte konsequent genervt und gelangweilt durch die Gegend. Familienfotos, auf denen ich lächele im Alter zwischen zwölf und sechzehn, haben großen Seltenheitswert. Im Beisein der Eltern war Lächeln einfach zu uncool.

Mama und Vati gefiel das natürlich gar nicht. Was war denn nur mit ihrem Vorzeigekind geschehen? Mussten sie sich Sorgen machen? War ihr Nesthäkchen auf dem besten Weg, in die Gosse abzurutschen? Je weniger Zeit ich mit ihnen verbrachte, desto mehr klammerten sie. »Die können einfach nicht loslassen«, beschwerte ich mich bei Biggi. »Total unreif!«

## »Wetten, dass ..?« – der Trauma-Auftritt

In dieser meiner frührebellischen Zeit 1993 trudelte eine Einladung zu »Wetten, dass ..?« in Emden bei uns ein. Vati sollte als Gast neben Thomas Gottschalk auf dem Sofa sitzen. Zusammen mit Linda Evans vom »Denver Clan«, Mario Adorf und Götz George. Mama und ich hatten Plätze im Publikum. Und ich wirklich null Bock. Das maulte ich natürlich auch meinen Eltern entgegen. »Wetten, dass ..?« wäre die uncoolste Erfindung seit der »Karottenhose«, motzte ich genervt. Nur interessierte es sie nicht. Nach drei Tagen hatten sie mich mürbegequatscht. Ihre Gehirnwäsche war sogar so effektiv gewesen, dass ich mich nicht nur hatte überreden lassen, sie zu begleiten, sondern auch zuließ, dass Mama mich in ein dunkelblaues Matrosenkleid mit weißem Riesenkragen steckte. Sie fand es unglaublich süß, ich fand es unfassbar spießig. Ich verstand einfach nicht, was meine Mutter an diesem Monsterkragen fand. Oder an Blumenmustern. Sie rannte schließlich auch nicht wie ein wandelnder Lustgarten durch die Gegend – oder wie einer von den Fischer-Chören. Ich hoffte inständig, dass weder meine Freundinnen noch die coolen Jungs der Oberstufe an diesem Abend vor dem Fernseher säßen. Oder, alternativ, dass ich zumindest von einem Zwei-mal-zwei-Meter-Mann, der vor mir platziert war, verdeckt würde.

Das Universum erhörte mich *nicht*. Wir – Mama, ich und mein Gruselkleid – fanden uns am Tag der Show in der ersten Reihe, Mitte, wieder. Mit freier Sicht auf die Bühne, die Sofagäste und vor allem die Publikumskameras, die im Laufe der Veranstaltung verdächtig oft in unsere Richtung zeigten. Ich sah vor meinem inneren Auge, wie sich eine dunkle Wolke mit der Aufschrift »Sozialruin« zusammenbraute. Es war meinem neuen, coolen Image sicher nicht zuträglich, landesweit im Kleinkind-Outfit über die Kanäle zu flimmern. Mist. Ich fluchte stumm vor mich hin und versuchte, möglichst weit den Stuhl hinabzurutschen, damit mich die Kameras nicht erwischten. Meine Stimmung war im Keller – mein Gemützustand kritisch. Und das zeigte ich auch. Meine Mutter stieß mir mehrfach in die Rippen und murmelte, ich solle nicht so grimmig gucken und doch bitte gerade sitzen.

Der Selbstschutzmechanismus in meinem Hirn gab sein Bestes, um mich optimistisch zu stimmen. Es war schließlich durchaus denkbar, dass die Kamera, die ständig auf mich zeigte, nur Attrappe war oder lediglich der empirischen Auswertung von Publikumsreaktionen diente. Konnte doch sein, oder? Anscheinend war ich ein Paradebeispiel für Resilienz. Ich hoffte tatsächlich, den Abend ohne gesellschaftlichen Schaden zu überstehen. Bis zu dem Zeitpunkt, als Thomas Gottschalk einen seiner Ausflüge ins Publikum unternahm, auf meiner Höhe stoppte und irgendetwas vor sich hin erzählte. »Oh nein!«, hämmerte es in meinem Kopf. »Warum bleibt der denn hier stehen?« Ich warf einen eindringlichen Blick in Gottschalks Richtung und versuchte es mit Telepathie: »Biiitteee, biiitteee … Geh weiter!!!«, flehte ich ihn wortlos an. Leider schien Gottschalk des Gedankenlesens nicht mächtig zu sein. Er missinterpretierte meine stumme Botschaft. Statt sich vom Acker zu machen, musterte er mich einmal von oben bis unten, lächelte mich breit an und – ich konnte es kaum fassen – tätschelte mir tatsächlich den Kopf. Dann sagte er gönnerhaft: »Na, das ist aber ein hübsches Kleid.«

Ich fühlte mich schwach. Obwohl. Nicht mal das. Ich fühlte gar nichts. Es breitete sich eine gnädige Taubheit in meinem Körper aus. Wahrscheinlich der Schock. Das hier konnte doch nicht wirklich passieren. Vielleicht ein böser Traum? Oder ein mieser Scherz? Moderierte Gottschalk nicht auch »Verstehen Sie Spaß?«. Ne, das war ja der andere. Leider. Ich war fassungslos. Erst nachdem ich gefühlte fünf Minuten wie paralysiert geradeaus gestarrt hatte, spürte ich langsam wieder Gefühl in meinen Gliedmaßen. Thomas Gottschalk hatte sich mittlerweile ans andere Ende des Saals verkrümelt und, fast auf dem Schoß eines Gastes sitzend, die nächste beknackte Wette angekündigt. Wahrscheinlich hatte ihm das Kind mit dem irren Blick, erste Reihe, Mitte, etwas Angst eingejagt. Hübsches Kleid hin oder her.

Ich fühlte mich verraten. Von Vati, von Mama, von Gottschalk – und vom Kameramann. Und wenn wir schon dabei sind: sogar vom Publikum. Das roch doch nach Verschwörung! Wer aber profitierte von meiner sozialen Isolation?

Meine Eltern jedenfalls schienen den Ernst der Lage nicht zu erfassen. Als die Show endlich zu Ende war, strahlte mich Mama sogar höchst glücklich an. »Siehst du«, flüsterte sie mir stolz zu. »Wie gut, dass wir gerade das Kleid ausgesucht haben!« Oh Mann, Mama. Ich blickte nur stumm an ihr vorbei und fragte mich: Wie um alles in der Welt konnte man sich über ein Lob von Thomas Gottschalk in modetechnischen Dingen freuen? Ausgerechnet Gottschalk?!

Am Montagmorgen kam dann der Showdown auf dem Pausenhof: Meine gesamte Klasse hatte mich gesehen. Logisch. Dabei schauten die ja sonst angeblich nie »Wetten, dass ..?«, höchstens manchmal, und dann nur, wenn sie auf dem Weg zur Küche zufällig am Wohnzimmer vorbeikamen, wo Oma und Opa saßen. Ist klar. Aber ich wäre ja nicht zu übersehen gewesen. Groß und prominent in der ersten Reihe Mitte. Selbst Biggi konnte sich ein Grinsen nicht verkneifen. Ihr war offensichtlich nicht klar, dass auch ihrem Image die ganze Sache hier nicht zuträglich sein konnte. Als meine beste Freundin war ihr Schicksal schließlich untrennbar mit dem meinen verbunden. Aber wir hatten Glück. Es flogen keine Buhrufe über den Schulhof und auch keine faulen Eier. Der erwartete Shitstorm blieb aus. Vielleicht lag es daran, dass ich auf einer Mädchenschule mit Nonnen war. Hier war es anscheinend akzeptabel, auch mal uncool zu sein.

Im Nachhinein muss ich sagen: Eigentlich hat Thomas Gottschalk mir sogar einen Gefallen getan. Denn endlich war ich bereit, gegen die Mode-Diktatur meiner Mutter zu rebellieren! Ich schwor, ihre Fashion-Tyrannei nicht mehr länger zu erdulden! In den nächsten Wochen verschwanden nach und nach zahlreiche Klamotten aus meinem Schrank: Alle Kleider mit Grünzeug oder floralen Mustern darauf versteckte ich in der Karnevalstruhe im Keller. Hinzu gesellten sich alle Teile mit Kragen und Rüschen. Und die dicken Samthaarbänder landeten, zusammen mit den bunten Haarreifen, direkt im Hausmüll. Endlich war ich frei. Endlich war ich modemäßig da angekommen, wo man als Zwölfjährige in den Neunzigern hingehörte: bei Kapuzenpullis und Doc Martens auch im Hochsommer. Es brach eine neue Ära an. Und eine schwere Zeit für meine Mutter. Manchmal glaube ich, insgeheim hofft sie immer noch, dass ich irgendwann wieder in die Blümchenphase komme.


## Berliner Nächte

Biggi und ich waren von unserer neuen modischen Linie begeistert. Unser Alltagslook bestand aus weiten T-Shirts, Hoodies, karierten Holzfällerhemden, Levi's 501, Lederarmbändern und natürlich den »Docs«. Biggis Kultboots waren weinrot, meine dunkelblau. Ich hatte sie zusätzlich mit gelbem Neonedding bearbeitet. Die Haare trugen wir lang und offen. Ganz lässig. Ganz unverkrampft. Ganz grunge. Für besondere Anlässe hatten wir uns ein paar Komplementär-Klamotten zugelegt, um unseren Style kreativ zu ergänzen. Diese Sachen sollten uns richtig erwachsen wirken lassen. Schwarz. Kurz. Sexy. Zumindest schwarz und kurz. Natürlich zogen wir das nicht in Papenburg an, nee, nur da, wo uns niemand kannte …

Eine perfekte Gelegenheit zum Vorführen unserer Komplementär-Klamotten sollte eine Reise nach Berlin werden. Mit meinen Eltern – und natürlich den Bodys. Mein Vater fand, dass ich endlich mal die neue Hauptstadt kennenlernen sollte. Ein kleiner Geschichts-Exkurs könne schließlich nie schaden. Selbstverständlich hatten Biggi und ich unsere eigenen Pläne. Schließlich war es unser erster Trip nach Berlin. Und wir hatten gehört, dass es hier richtig rundging. In Berlin pulsierte das Leben, hier wurden die Trends gemacht, hier war man mutig, hier wusste man, was die Uhr gerade schlug.

Schon unser Hotel am Kurfürstendamm haute uns komplett um. Erstens hatten Biggi und ich – wie richtige Erwachsene! – unser eigenes Zimmer. Bisher hatte es immer nur das unwürdige Zustellbett bei den Eltern gegeben. Zweitens gab es für uns flauschige Bademäntel, schneeweiße Hausschuhe, ein riesiges Bad mit Unmengen an Pflegeprodukten. Jedes einzelne Pröbchen sah aus wie ein winziges Hochhaus. Nebeneinandergestellt ergaben sie die Skyline von New York. Ooobercool!

Nachdem wir am ersten Abend mit meinen Eltern in einem schicken Lokal essen gewesen waren, war Mamas und Vatis Plan, gemeinsam mit uns und den Bodys noch eine Runde UNO an der Hotelbar zu spielen. Umso überraschter waren beide, als Biggi und ich dankend ablehnten, gähnten und erklärten, wir seien von der Fahrt einfach zu erschlagen und würden lieber direkt ins Bett gehen. Das kam meinen Eltern zwar spanisch vor, aber sie konnten uns ja schlecht gegen unseren Willen zum UNO-Spielen zwingen.

In Wirklichkeit lag uns nichts ferner, als jetzt ins Bett zu gehen. Das Einzige, was uns überhaupt auf unser Zimmer trieb, war unser bereits akribisch geplanter Outfitwechsel. Schließlich waren wir in einer Modemetropole. Da konnten wir ja schlecht mit unseren Fruit-of-the-Loom-Hoodies oder den Holzfällerhemden herumspazieren. »Reife« Mode war gefragt. Wir schmissen uns also in unsere engen schwarzen Röcke, eher Gürtel, von deren Existenz unsere Eltern nichts wussten. In unsere schwarzen, glänzenden Blusen, die zu neunzig Prozent aus Acryl bestanden. Dazu noch viel zu transparente Netzstrumpfhosen und klobige Pumps mit Absätzen, ähnlich elegant wie Baumstämme. Ein paar Lagen Make-up drauf, ein knalliger Lippenstift, und voilà – fertig war das Glamouroutfit! Ein prüfender Blick in den Spiegel reichte aus, und wir wussten: Wir waren die Königinnen der Nacht. Das Heißeste, was Berlin zu bieten hatte, fanden wir.

Unser Plan stand. Wir wollten uns unbemerkt aus dem Hotel schleichen, raus auf den Ku'damm und dann mal schauen, was der Abend so zu bieten hatte. Und tatsächlich: Alles lief reibungslos. Allerdings darf man nicht vergessen:

Der Ku'damm lag direkt vor der Tür und war daher selbst für zwei Landeier wie uns nicht zu verfehlen.

»Wir haben es geschafft!«, rief ich Biggi begeistert zu, als wir draußen unter den bunten Lichtern und lebensgroßen Unterwäschereklamen standen. An einer Kreuzung, die ungefähr so groß war wie ein ganzes Fußballfeld. »Boah, ist das geil hier!«, rief Biggi mit glänzenden Augen zurück. Für eine ganze Weile standen wir mitten im Menschengewusel herum und waren berauscht von Berlin und von unserem Entdeckergeist. »Und nun?«, fragte Biggi irgendwann, nachdem Kreuzung und Getümmel so langsam ihren Reiz verloren hatten. »Was kommt jetzt?« Hmmm. Tja. Nun. Das wusste ich auch nicht. Was genau konnten zwei Zwölfjährige abends in einer Weltstadt wie dieser anfangen? Woher sollten wir wissen, wie man sich in einer Situation vollkommener Freiheit verhielt?

Letztendlich entschieden wir uns sicherheitshalber dafür, lieber in Sichtweite des Hotels zu bleiben. Am besten an dieser Kreuzung, da kannten wir uns schließlich schon aus. Außerdem, wer weiß: Wenn wir uns richtig präsentierten, würden uns hier vielleicht sogar irgendwelche coolen Großstädter anquatschen? Und wie bitte ließ es sich besser präsentieren als im Schein der grün-roten Ampelbeleuchtung? Wir liefen also los. Mit unserem elegantesten Schritt. Einfach geradeaus. Über die Straße. Die nicht vorhandene Brust stolz vor uns hertragend. Auf der anderen Seite der Kreuzung pausierten wir kurz, nahmen noch etwas mehr Atmosphäre in uns auf, drehten uns um 45 Grad und staksten erneut über die Straße. Dasselbe Ritual führten wir dann noch mal durch. Und noch mal. Bis wir wieder an unserem Ausgangspunkt angekommen waren. Die Tatsache, dass wir im Kreis liefen, störte uns dabei genauso wenig wie die, dass wir aussahen wie Pretty Woman für Arme: ohne Geschmack und ohne Gleichgewichtssinn. Wir fanden uns super.

»Um Himmels willen!«, hörten wir plötzlich eine entsetzte Stimme hinter uns. »Wer hat euch denn so auf die Straße gelassen?« Es war Mark, der fassungslos den Kopf schüttelte. »Ach du Scheiße!«, entfuhr es auch Andi, der jetzt neben Mark auftauchte. Ich reckte störrisch mein Kinn nach oben, zog die Schultern nach hinten und war bereit, mich zu verteidigen. »Fight for your right to party!«, hieß es doch bei den Beastie Boys. Schließlich gab es nichts, wofür wir uns schämen mussten! Hilfesuchend blickte ich zu Biggi, deren Blick irgendwo an den Spitzen ihrer klobigen Absatzstiefel klebte. Sie wirkte irgendwie nicht so, als machte sie sich gerade bereit, für ihr Party-Recht zu kämpfen. »Los, Andi, packen wir die beiden Bordsteinschwalben ein«, entschied Mark in einem Ton, der keinen Widerspruch duldete. »Mal schauen, was der Chef dazu sagt.« Der Weg zurück zum Hotel fühlte sich dann plötzlich so an wie der Gang zum Schafott. Vati würde uns den Kopf abreißen. Oder zu lebenslangem Hausarrest verdonnern. Aber das Schlimmste: Jetzt kam der Vortrag über Verantwortung. Oh Mann …

Vor der Zimmertür meiner Eltern sah Mark uns eindringlich an. »So, Ladys, seid ihr bereit?« Biggi gab ein bemitleidenswertes Bild ab. Sie stand zusammengesackt hinter Andi und erinnerte ein bisschen an Bambi nach dem Tod der Mutter. Nur eben im Minirock. Auch ich fühlte mich nicht gerade prächtig, setzte einen flehenden Blick auf und hoffte, dadurch nicht den Rest meiner Selbstachtung zu verlieren. Mark tauschte einen kurzen Blick mit Andi – und seufzte. »Na gut«, sagte er bestimmt, »wir machen einen Deal.« Biggi und ich blinzelten ungläubig. »Euer Ausflug auf den Straßenstrich bleibt unter uns«, fuhr Mark etwas sanfter fort. »Aber dafür erklärt ihr dem Chef, dass ihr auf die Museumstour morgen überhaupt keine Lust habt.«

Biggi strahlte erleichtert, und auch mir fiel ein Stein vom Herzen. Puh. Da hatten wir gerade noch mal Glück gehabt.

Und als Gegenleistung für das Schweigen der Bodys mussten wir nur den geplanten morgigen Trip durch die Berliner Museenlandschaft abwenden? Auf den waren wir eh nicht besonders scharf gewesen. Andi und Mark offensichtlich auch nicht. Wir nickten eifrig, blinkerten kräftig mit unseren Mascara-Wimpern und versicherten den Jungs: Das würden wir ganz sicher hinkriegen.

Die Museumstour am nächsten Tag fand nicht statt. Bei *dem* schönen Wetter (zwölf Grad und bewölkt) wäre es doch viel schöner, etwas an der frischen Luft zu unternehmen, überredeten wir Mama und Vati. Wer hätte gedacht, dass die Kinder neuerdings nicht nur früh ins Bett gingen, sondern auch noch zu Freiluftfanatikern mutierten? Toll, fanden meine Eltern.

Ärger gab es leider trotzdem. Allerdings wegen einer ganz anderen Sache. Als mein Vater nämlich am Abend nach unserer Rückkehr von Berlin in mein Kinderzimmer kam, um mir gute Nacht zu sagen, stutzte er. Von meinem Fenstersims aus strahlte ihn ein neues Dekoelement an: die New Yorker Skyline aus Hotelpröbchen, plus dem dazugehörigen Plastikgestell. Prominent beleuchtet durch meine Schreibtischlampe. Biggi und ich hatten die Proben plus Halterung mitgenommen. Natürlich. Dazu waren sie schließlich da, oder? Das sah mein Vater anders. »Ja, tickst du denn noch ganz richtig?«, polterte er los. »Das ist Diebstahl!« Ich schaute verwirrt auf meine kleine Armee von Plastikpröbchen und war überfordert. »Hä?«, fragte ich kopfschüttelnd. »Das ist Duschgel.«

»Rudolf, es ist doch nur Duschgel«, versuchte auch meine Mutter, die Situation zu entschärfen. Mein Vater ließ nicht mit sich reden. Er zitierte mich in sein Arbeitszimmer, drückte mir den Telefonhörer in die Hand und forderte: »Ruf da an! Entschuldige dich!« Ich kapierte nicht, was er wollte. Was meinte der mit »anrufen«? Wo denn? Doch wohl nicht in dem Hotel? Wie affig war das denn? Leider war es Vatis Ernst. Ich tippte mir an die Stirn. Diese Politiker-paranoia war echt nervig. Was genau sollte die Presse dar-über Böses titeln?

Es half nichts. Wenn es um seinen Ruf ging (oder einen zu verpassenden Flieger), war mein Vater schlicht irrational. Ich musste tatsächlich in Berlin anrufen, den Hotelmanager ans Telefon verlangen und für meine Schandtat mündlich zu Kreuze kriechen. Ich fühlte mich wie eine Kleinkriminelle der Duschgel-Mafia. Und auch der arme Manager war pein-lich berührt, dass der Innenminister meinte, sein Hotel könne den Verlust von ein paar Duftpröbchen nicht verkraf-ten. Sein Kommentar nach meiner Entschuldigung (ich hätte schwören können, er schüttelte dabei verwundert den Kopf): »Ja, kein Problem. Es ist doch nur Duschgel.«

# IV. ICH TRETE IN DIE PUBERTÄT EIN, VATI TRITT ZURÜCK

## Der Fall »Bad Kleinen«

Im Juli 1993 traf mein Vater eine der härtesten Entscheidungen seiner politischen Laufbahn. Eine Entscheidung, die unser Leben wieder einmal auf den Kopf stellen sollte. Der Auslöser: ein Antiterroreinsatz am Bahnhof von Bad Kleinen, Mecklenburg-Vorpommern. Hier sollten circa einhundert Beamte (viele von ihnen Mitglieder des Sondereinsatzkommandos GSG 9) am 27. Juni zwei gesuchte RAF-Terroristen dingfest machen: Birgit Hogefeld und Wolfgang Grams. Beide galten als mehrfache Mörder und hochgefährlich. Der Einsatz am Bahnhof war akribisch geplant und sollte ein großer Coup für die Polizei werden. Aber dann lief die Sache ganz anders als vorgesehen. Im Klartext: Alles, was schiefgehen konnte, ging schief. Fehlerhafte Kommunikation führte zu Missverständnissen zwischen den Beamten, und als die Elitetruppe dann eine Unterführung stürmte, stimmte das Timing nicht mehr. Die GSG 9 verlor die Kontrolle: Statt Grams genau wie Birgit Hogefeld festzunehmen, konnte dieser fliehen und schoss dabei wild um sich. Vier der Kugeln trafen den GSG-9-Beamten Michael Newrzella, der später seinen Verletzungen erlag. Auch Grams' Flucht endete tödlich – ihn traf eine Kugel in den Kopf. Eine Pleite für die Polizei. Ein schwarzer Tag für alle Beteiligten.

In den darauffolgenden Untersuchungen traten zahlreiche Ungereimtheiten zutage. Es gelang einfach nicht, den Hergang der Ereignisse exakt zu rekonstruieren. Unklar war, wer das Feuer eröffnet hatte – und wie genau Grams gestorben war. Ständig gab es neue Enthüllungen, Fehlinformationen, Falschaussagen. Statt Aufklärung herrschte Chaos.

Die Medien waren entrüstet. Sie sprachen von Vertuschung, einer Staatsaffäre, von schlampiger Spurensicherung und von einer möglichen Hinrichtung des gesuchten Terroristen Grams. TV-Nachrichten und Zeitungen bordeten über vor Spekulationen.

Auch bei uns zu Hause klingelte ohne Pause das Telefon. Dauernd standen Reporter vor der Tür, und halb Papenburg war in Aufruhr. Was genau mein Vater mit der ganzen Sache zu tun haben sollte, verstand ich allerdings nicht. Erstens war Vati doch überhaupt nicht vor Ort gewesen. Zweitens hatte er null Komma null mit der Einsatzleitung zu tun gehabt. Die lag schließlich beim Generalbundesanwalt, und der war doch dem Justiz- und nicht dem Innenministerium unterstellt. Trotzdem, das betonte Vati auch immer, wenn ich ihn auf die Geschichte ansprach, war er in seiner Rolle als Innenminister natürlich offiziell der oberste Dienstherr von GSG 9 und BKA. Ein totales Chaos eben.

Vati reagierte gestresst, höchst angespannt und schockiert auf die immer neuen Unklarheiten. Und auf die Verdächtigungen, die gegen die Polizei ausgesprochen wurden. Ausgerechnet ihm musste so etwas passieren, wo er doch sein ganzes Politikerleben so akribisch auf Glaubwürdigkeit und Korrektheit bedacht gewesen war. Und nun diese unselige Geschichte. Natürlich wusste mein Vater, dass ihn persönlich keine Schuld traf. Aber irgendeinen Sündenbock brauchten die Leute ja immer. Zumindest bis zur endgültigen Klärung der Ereignisse. Das würde aber noch mindestens ein halbes Jahr dauern. Ein halbes Jahr voller Anschuldigungen. Ein halbes Jahr voller Vorwürfe. Ein halbes Jahr voller Medienkritik.

Auch mir ging die Situation reichlich auf die Nerven. Ich fand es extrem ungerecht, dass jetzt sechs Monate lang auf meinem Vater herumgehackt werden sollte. Ich überlegte kurz, ob das nicht sogar ein interessantes Berufsbild abgäbe. Eine Marktlücke sozusagen: Buhmann. Solche wurden schließlich immer gebraucht. Der Job hatte permanent Konjunktur, so dass die Arbeitslosenquote unter den Buhmännern garantiert gen null ginge – besonders in der Politik. Mein Vater war dafür aber überhaupt nicht geeignet. Der machte sich nämlich tatsächlich Sorgen darüber, dass irgendwer denken könnte, es würde wirklich etwas vertuscht. Er wollte unwürdige Schuld-hin-und-her-Schieberei verhindern. Und erst recht, dass Mama und wir Mädchen unter der Sache zu leiden hatten.

Typisch Vati, als wären wir aus Zucker – so ein Quatsch! Mir konnte auf meinem Nonnengymnasium eh nichts passieren. Die hatten mir doch schon den unterirdischen Gottschalk-Auftritt nachgesehen. Die konnte nichts mehr schocken. Trotzdem: Mein Vater wollte diese Bad-Kleinen-Angelegenheit nicht auf dem Rücken der Familie austragen. Und zugegeben: auch nicht auf dem seines Rufes. Er hatte einfach keine Lust, in die Geschichtsbücher einzugehen als der, der an seinem Sessel klebte.

Daher traf Vati am 4. Juli 1993, einem Sonntag, eine folgenschwere Entscheidung: Rücktritt. Freiwillig. Ohne dass die Öffentlichkeit es gefordert hatte. Mama war die Erste, die es erfuhr. Am Telefon. »Rudolf, bist du dir sicher?«, fragte sie schockiert. »Das Ganze ist doch nicht deine Schuld!« Die Vorstellung, dass Vati einfach so sein geliebtes Amt aufgeben würde, obwohl das ihrer Meinung nach gar nicht notwendig war, machte sie ganz traurig. Helmut Kohl fand da deutlichere Worte: »Kommt nicht in Frage, Rudi Seiters!«, polterte er wütend ins Telefon. »Den Rücktritt nehme ich nicht an!« Es war sicher kein angenehmes Gespräch für meinen Vater.

Wenn ich eines über die Jahre gelernt hatte, dann, dass es sich nicht einfach gestaltete, anderer Meinung als der Kanzler zu sein. Und bei dieser Meinungsverschiedenheit reagierte Kohl besonders ungehalten. Er empfand es als unnötig und übereilt, dass sein »Lieblingsminister« aus dem Kabinett aussteigen wollte. Vati sollte das Ganze noch einmal in Ruhe überdenken, schlug der Kanzler vor. Vielleicht eine Nacht darüber schlafen. Doch in diesem Fall war selbst Kohls Dickkopf nicht dick genug. Mein Vater hatte sich entschieden – und bat den Kanzler bestimmt und gefasst, seinen Entschluss zu akzeptieren.

Zu diesem Zeitpunkt wussten also nur Kohl, die engsten Mitarbeiter meines Vaters und meine Mutter Bescheid. Die Journalisten wurden nur zu einer spontanen Pressekonferenz ins Innenministerium geladen. Und ich wurde lediglich zu Mama aufs Sofa vor den Fernseher bestellt. Vati, hieß es, hatte eine wichtige Mitteilung zu machen. Ich ahnte, dass das nichts Gutes bedeuten konnte. In den letzten Tagen war die Stimmung bei uns zu Hause so mies gewesen, dass die dazugehörige Hiobsbotschaft nicht mehr weit entfernt sein konnte. Und dann kam sie. Live und in Farbe und in Gestalt meines Vater, der die Tür des Innenministeriums öffnete, mit zügigen Schritten und verkniffenem Mund auf die Reportermassen zuging und sich vor den Mikrofonen positionierte. Ich hielt die Luft an. Das würde übel werden. Ich erkannte es an Vatis Gesichtsausdruck. So ernst hatte er nicht einmal dreingeschaut, als ich die Duschgel-Skyline hatte mitgehen lassen. Oder bei der Jurassic-Park-Affäre. Die Reporter drängten sich aufgeregt um den Minister. Sicher würde der jetzt neue Beweise im Fall Grams vorlegen oder bahnbrechende Enthüllungen kundtun. Keiner hatte damit gerechnet, was dann kam:

»Ich trete heute als Bundesminister des Innern zurück«, begann mein Vater seine Erklärung. Ganz ohne Cliffhanger.

Ganz ohne Spannungskurve. Mit dem Hammer vorneweg. Er war hochkonzentriert und ließ sich vom erstaunten Raunen in den Reihen der Journalisten nicht irritieren. Und auch nicht vom hektischen Blitzlichtgewitter, das prompt einsetzte. Ich starrte Mama auf unserem Sofa ähnlich fassungslos an wie die Journalisten im Innenministerium Vati. Dann fuhr mein Vater fort: zwei knackige Sätze über die offensichtlichen Unzulänglichkeiten und Koordinationsfehler bei dem Einsatz und der Aufklärung im Fall »Bad Kleinen«. Eine bedeutungsschwangere Pause. Dann folgte seine eigentliche Begründung: »Es gibt in Deutschland zu Recht den Begriff der politischen Verantwortung. Und wer soll diese politische Verantwortung übernehmen, wenn nicht ein Minister?« Ich bekam eine Gänsehaut. Herrje. Und merkte, wie mir die Tränen in die Augen schossen. Weil Vati da so ernst in die Kamera guckte. Und weil er dabei irgendwie tapfer aussah. Und weil er mir so leidtat. Oje. Ich griff unauffällig nach einem Taschentuch und versuchte, mich zusammenzureißen. Vati sprach weiter. Darüber, dass er sich nichts vorzuwerfen habe, und darüber, dass er sich keiner unwürdigen Diskussion aussetzen wolle – und erst recht nicht seine Familie. Ich schluckte, suchte nach einem zweiten Taschentuch und dachte: Ach, pfeif doch auf uns. Wir kommen klar!

»Deswegen trete ich zurück«, fuhr mein Vater fort. »Ohne Bitterkeit.« Ich bemühte mich, nicht zu schluchzen. Schließlich saß Mama direkt neben mir. Bei aller Tragik der Situation – diese Blöße wollte ich mir dann doch nicht geben. Immerhin war ich zwölf und fast erwachsen. Dabei hätte Mama wohl sowieso nichts mitbekommen – sie starrte wie in Trance auf den Bildschirm.

Man sah meinem Vater an, wie nah ihm seine Entscheidung ging. Kurzzeitig befürchtete ich, er würde auch gleich anfangen zu weinen. Stattdessen dankte er mit belegter Stimme dem Bundeskanzler für sein Vertrauen und dafür, dass dieser seine Entscheidung akzeptiert hatte. Nach ein paar Abschiedsworten wandte er den Reportern und dem Bildschirm den Rücken zu und schritt zurück ins Innenministerium.

Die Show war vorbei. Und ich völlig fertig. Wofür opferte sich Vati? Wieso schmiss er so leicht die Flinte ins Korn? Und überhaupt: Was hatte das jetzt für mich zu bedeuten? Eine beknackte Situation, entschied ich. In diesem Moment begann auch schon wieder unser Telefon zu klingeln. Und für die nächsten Stunden hatte meine Mutter alle Hände voll damit zu tun, Anrufe entgegenzunehmen und mit Journalisten, Freunden und Bekannten zu sprechen, die alle wissen wollten, ob die Nachricht wirklich wahr sei. Als ob die im Innenministerium permanent Aprilscherze machten.

Mit Mama außer Sichtweite konnte ich mir jetzt ungestört die Berichte zu Vatis Rücktritt auf allen möglichen Sendern ansehen. Und unbeobachtet vor mich hin trauern. Ich schaffte es tatsächlich, auch bei der zehnten Wiederholung noch zu heulen. Jedes Mal an der Stelle mit der politischen Verantwortung. Und da, wo er ohne Bitterkeit zurücktritt.

Ich hatte keine Ahnung, wie es nun weitergehen würde. Sicher würden die Fußballspiele auf den Ehrentribünen in Zukunft flachfallen. Und die ganze Repräsentiererei. Das war jetzt kein so großer Verlust. Auch die nervigen Wahlkampfveranstaltungen würde ich nicht vermissen. Doch – ich traute mich gar nicht, es auch nur zu denken: Was würde aus den Bodyguards werden? Unseren Bodys? *Meinen* Jungs? Würden sie von einem auf den anderen Tag abgezogen? Würde ich sie ab morgen nie mehr wiedersehen? Würden sie sich bald von einer anderen Politikertochter nerven lassen? Würde die ihnen dann zeigen müssen, was Romantik ist? Mir wurde plötzlich ganz schlecht.

Natürlich war wieder einmal kein Schwein verfügbar, um mir meine dringenden Fragen zu beantworten. Mama rannte hektisch zwischen der läutenden Tür und dem klingelnden Telefon hin und her. Vati war ohnehin »out of order«. Oma hatte sich vorsichtshalber ins Kräuterbeet am Ende des Gartens verzogen. Und meine Schwestern waren im Zweifel schlechter informiert als ich.

Also marschierte ich zu Oliver hinüber. Der kannte mich, meinen Vater und die Bodyguards. Der sollte die Lage für mich einschätzen. Was er auch tat. Und seine Familie gleich mit. Alle redeten tröstend auf mich ein. Olivers Mutter erklärte, dass Vatis Rücktritt sehr mutig gewesen sei. Olivers Vater betonte, dass Vati jetzt immerhin öfter zu Hause wäre – und dafür nicht mal Lehrer werden müsse. Und Oliver selbst war der festen Überzeugung, dass alle Exminister ein Anrecht auf Bodyguards hätten – auf Lebenszeit.

Am Abend warteten Mama und ich ungeduldig in der Küche auf Vati, der jeden Moment mit dem Ministerhubschrauber in Papenburg eingeflogen werden sollte. Als die zwei Panzerautos etwas später in unsere Einfahrt bogen und mein Vater die Tür öffnete, lief ich ihm entgegen und umarmte ihn – fast erwachsen hin oder her. Mama hatte schon den Sekt kalt gestellt. Das fand ich persönlich zwar etwas übertrieben, aber schließlich hatten meine Eltern in ein paar Stunden ihren 19. Hochzeitstag, und das sollte gefälligst gefeiert werden, fand Mama. Rücktritt hin oder her. Und vielleicht wollte sie auch ein klein wenig darauf anstoßen, dass sie ihren Mann ab jetzt ein bisschen öfter für sich haben würde.

Silke und Kirstin riefen abends noch mal durch, um das Tagesereignis zu kommentieren. Nachdem sie bei ihrem ersten kurzen Gespräch mit Mama am Nachmittag wirklich geschockt gewesen waren, hatten sie sich jetzt halbwegs mit der Situation arrangiert. Kirstin fragte nur trocken: »Musste das sein?« Silke beglückwünschte Mama: »Na, dann siehst du ihn jetzt endlich auch mal.« Mit Vati wollten sie natürlich ebenfalls sprechen. Der beruhigte beide noch zusätzlich: »Keine Sorge«, erklärte er durch den Hörer. »Zur Not werd ich doch noch Bäcker!«

Die nächsten Tage war die Amtsniederlegung meines Vaters das bestimmende Thema in allen deutschen Medien. *Bild* und *Frankfurter Allgemeine Zeitung* titelten: »Respekt, Minister Seiters«. Der *Generalanzeiger* schrieb: »Rücktritt des Unschuldigen«. Die *Westdeutsche Allgemeine* lobte: »Ein Ehrenmann«. Und das *Hamburger Abendblatt* bedauerte, dass einer der Besten den Hut genommen habe. Überall der gleiche Tenor: Überraschung und Hochachtung. Selbst viele Politiker aus der Opposition bezeichneten den Rücktritt als ehren- und respektvoll. Auch weil er damit das Vertrauen der Bevölkerung in die Politik stärken würde. Und davon hatten sie schließlich alle etwas.

Na toll. Das war ja wieder typisch, regte ich mich auf. Erst immer nur herummosern und jetzt den Märtyrer beklatschen. Ein Fähnlein im Wind, dieses Deutschland. Das ärgerte mich – auch wenn Deutschland in diesem Fall natürlich recht hatte (ich war schließlich auch stolz auf Vati). Wahrscheinlich war die ganze Begeisterung für meinen Vater der Tatsache geschuldet, dass unaufgeforderte Rücktritte von Politikern ungefähr so selten waren wie La-Ola-Wellen auf der Ehrentribüne. Ein echtes Novum. Nur Vati musste aus der Reihe tanzen.

In der Öffentlichkeit wurde aber nicht nur Zustimmung, sondern durchaus auch Kritik laut. Besonders in Vatis Wahlkreis. Ständig standen Freunde, Nachbarn oder Wähler vor der Tür, um uns kundzutun, wie sehr sie seinen Schritt bedauerten. Oder ernsthaft fragten, ob man ihn nicht wieder rückgängig machen könne. Viele hielten diesen Rücktritt für vorschnell: Der Seiters hätte zum Wohle des Landes nicht so übereilt das Handtuch werfen dürfen.

Auch in der eigenen Partei waren nicht nur der Kanzler,

sondern natürlich auch zahlreiche Kollegen nicht glücklich mit dieser Entwicklung. Zu ihnen gehörte auch Wolfgang Schäuble. Der erklärte zwar, dass er den Auslöser für diese Entscheidung verstünde, fand aber diese drastische Maßnahme gleichfalls übertrieben. »Schade ist, dass er ein guter Innenminister war«, erklärte Schäuble damals öffentlich, »und er wäre auch ein guter Innenminister geblieben.« Ändern konnte man es nicht mehr. Der Rücktritt war Fakt. Selbst Helmut Kohl, der noch eine Weile gegrollt hatte, fand sich wohl oder übel damit ab und bedankte sich artig bei meinem Vater für die enge und kollegiale Zusammenarbeit.

Von der Presse wurde Vati auch die nächsten Wochen noch weiter über den grünen Klee gelobt. Die *Bild*-Zeitung sah in ihm ein paar Tage später sogar schon den nächsten Bundespräsidenten. Mama schüttelte nur vehement den Kopf, als sie den Artikel las, und tippte sich an die Stirn: »Also nee!«, erklärte sie entschieden. »Das machen wir sicher nicht!«

Bis heute steht mein Vater zu seinem Entschluss. Er sagt, er habe seine Entscheidung nie bereut. Egal, ob der Rücktritt wirklich nötig gewesen war oder nicht: Seinem Ruf hatte er nicht geschadet. Im Gegenteil. Noch heute wird er regelmäßig als einer der wenigen Politiker genannt, die freiwillig politische Verantwortung für die Fehler ihrer Mitarbeiter übernommen haben. Als einer, dem die Sache wichtiger war als seine Karriere. Bundespräsident Joachim Gauck sagte es so: »Der Satz von Rudolf Seiters ›Wer soll die Verantwortung übernehmen, wenn nicht ein Minister?‹ hat dem Ansehen der Politiker mehr gedient als so manche Sonntagsrede.«

Mit »Bad Kleinen« endete übrigens auch das letzte Kapitel der RAF. Trotzdem dauerte es noch Jahre, bis der Fall Grams endgültig aufgeklärt werden konnte. Nach mehreren gerichtlichen Untersuchungen, zahlreichen Gutachten und Spekulationen steht heute fest: Es hat nie eine »Hinrichtung« gegeben; alle Belege für einen vermeintlichen Staatsskandal waren überinterpretiert oder frei erfunden. Die Untersuchungen zeigten: Grams selbst hatte den tödlichen Schuss auf sich abgefeuert. Und keines der Gerichte, die zu Rate gezogen worden waren, konnte eine Schuld bei der Staatsmacht feststellen. Heute wird höchstens noch Kritik an den damaligen Medienvertretern geübt, die die ganze Geschichte ohne ernstzunehmende Beweise zu einer Staatsaffäre aufgebauscht hatten.

Was mich betraf, so waren wenigstens meine Sorgen bezüglich der Bodyguards unbegründet. Das BKA war nämlich der Meinung, dass nach wie vor großes Gefahrenpotential für die Familie Seiters bestünde. Terroristen und ihr Elefantengedächtnis eben – da wusste man nie. Außerdem hatte mein Vater immer noch zahlreiche wichtige Ämter inne. Als Bundestagsabgeordneter, als stellvertretender CDU-Landesvorsitzender von Niedersachsen und als Mitglied des CDU-Präsidiums besaß er weiterhin genug Einfluss, um politische Zielscheibe zu sein. Die Bodys durften bleiben.

Dafür bereitete mir jetzt eine andere Sache Kopfschmerzen. Nämlich die, dass mein Vater von nun an wohl wirklich häufiger zu Hause sein würde. Jahrelang hatte ich mir das mantramäßig zu jedem Feiertag, Wochenende oder Geburtstag gewünscht. Jetzt war ich mir aber plötzlich nicht mehr sicher, ob ich dieses fromme Ansinnen bis zum Ende durchdacht hatte. Ich hatte nämlich keine Lust, auf den letzten Metern noch erzogen zu werden! Was, wenn Vati nun seine Überkorrektheit anstatt im Kabinett zu Hause auszuleben begann? Was, wenn er nun permanent in meinem Leben statt in dem des Volkes rumpfuschen würde? Jetzt, wo es endlich mal spannend zu werden versprach. Jetzt, wo die Pubertät richtig losging.

Und noch etwas: Schon seit Monaten war ein zweiwöchiger Urlaub auf den Kanarischen Inseln geplant. Mit der ganzen Familie. Endlich sollten auch Silke und Kirstin mal wieder mit von der Partie sein. Und die sah ich für meinen Geschmack ja eh viel zu selten. Alle freuten sich wie bekloppt darauf, gemeinsam zu verreisen. Und was war? Nichts war! Pustekuchen! Mein Vater erklärte uns zerknirscht, er könne momentan nicht weg. Er müsse noch einiges regeln. Seine Amtsgeschäfte ordnen, um sie an seinen Nachfolger, den neuen Innenminister Manfred Kanther, zu übergeben. Das würden wir doch sicher verstehen ...

Ganz und gar nicht verstand ich das! Zwei Jahre hatten wir keinen gemeinsamen Urlaub gehabt. Das war ein Sechstel meines Lebens. Und an die ersten zwei Sechstel konnte ich mich nicht einmal erinnern. Jetzt war Vati schon zurückgetreten, und trotzdem hatte er keine Zeit für Ferien? Dabei hatte ich gehofft, die ständige Urlaub-Abbrecherei wäre nun vorbei. 1992 zum Beispiel musste Vati wegen des Bosnienkriegs unseren Kreta-Urlaub unterbrechen. Auf unsere Brighton-Reise im gleichen Jahr ist er erst gar nicht mitgekommen. Und jetzt schon wieder so eine Enttäuschung. Ich war stinksauer. Und überlegte, ob man den Staat vielleicht auf Schadensersatz verklagen könnte. Aber ich war mir gar nicht so sicher, ob der Staat in diesem Fall wirklich der richtige Adressat war. Ob ich da nicht den Falschen zum Prügelknaben machte? Ich vermutete nämlich fast, die ganze Nummer war ein bisschen auf Vatis eigenem Mist gewachsen. Dass sein Faible für Verantwortung schuld war. Mein Vater hätte den Urlaub selbst dann nicht angetreten, wenn der Staat höchstselbst ihm erklärt hätte, er solle sich ruhig vom Acker machen und endlich Cocktails schlürfen.

# Vati hinterm Lenkrad

Langfristig gesehen wurde es mit den Urlauben nach dem Rücktritt aber doch besser. Das Einzige, was sich diesbezüglich verschlechtert hatte, war, dass die Bodyguards nicht mehr mitkommen durften, wenn wir ins Ausland fuhren. Total unlogisch! Warum waren wir denn bitte innerhalb Deutschlands gefährdeter als im Ausland? Besaß das BKA etwa Informationen über Terroristen, die es zwar auf uns abgesehen hatten, aber allesamt unter massiver Flugangst litten? Wie auch immer, die Verantwortlichen waren der Meinung, Personenschutz sei für die Seiters in anderen Ländern überflüssig.

Mama und Vati freuten sich, Silke und Kirstin war es gleich, ich schmollte. Ich war nicht um unsere Sicherheit besorgt – dafür aber umso mehr um mein Entertainment. Wer würde mich denn jetzt am Pool bespaßen? Wer würde mit mir auf Felsen herumkraxeln (oder mich von diesen erretten)? Wen sollte ich mit meinen neuen Urlaubsoutfits beeindrucken? Und überhaupt: Wie sollten wir vom Flughafen zum Hotel kommen?

Einer der ersten Urlaube ohne die Bodys war unser dreiwöchiger Road-Trip durch die USA. Von San Francisco über L. A. durchs Death Valley bis hin nach Las Vegas und San Diego. Mit der ganzen Familie. Sogar Silkes neuer Freund Christoph war mit am Start. Unser Fortbewegungsmittel: ein Minivan. Ungepanzert. Ohne Chauffeur. Und ohne Navi. Und schon hatten wir den Salat. Wer bitte sollte hinters Steuer? Erst im Flieger fiel uns auf, dass wir die Fahrerproblematik bisher nicht bedacht hatten. Ich durfte noch nicht. Mama war schon beim Anblick der gefühlt achtzehnspurigen Autobahnen im Reiseführer überfordert. Weder Silke noch Kirstin waren jemals Automatik gefahren und hatten auch keine Lust, das ausgerechnet in einem fremden

Land zu testen. Damit war die Sache klar: Alle waren dafür, dass Christoph fuhr. Alle, bis auf Vati. Er, als Oberhaupt der Familie, hatte nicht vor, sich das Ruder einfach so aus der Hand nehmen zu lassen. Schließlich war er hier das Alphatier.

Allerdings darf man nicht vergessen: Dieses Alphatier hatte seit mindestens fünf Jahren nicht mehr hinterm Lenkrad gesessen. Die Bodyguards hätten ihn gar nicht gelassen. Erstens brauchte man, um unsere gepanzerten Wagen fahren zu dürfen, einen Extraführerschein. Zweitens waren die Bodys nicht scharf drauf, mit den teuren Staatskarossen im erstbesten Baum zu landen. Sie ahnten wohl, dass die Qualitäten meines Vaters nicht auf dem Asphalt lagen und er hinterm Steuer vermutlich eine größere Gefahr für sich selbst darstellte, als es jeder Terrorist tat. Ganz ähnlich sah das auch der Rest der Familie. Kein Wunder, dass ein sorgenvolles Raunen durch unsere Sitzreihe im Flugzeug ging, als Vati noch in der Luft verkündete: »Schluss mit der Diskussion, natürlich fahre ich!«

Dass es beim Autofahren nicht ist wie beim Fahrradfahren, zeigte sich relativ schnell: Schon beim Verlassen des Flughafenparkplatzes wirkte mein Vater nicht so, als wäre er Herr der Lage. Eher so, als wäre er drauf und dran, einen Flieger zu verpassen. Sein Mund war verkniffen, die Panik blitzte aus den Augen und die ersten Schweißperlen auf seiner Stirn. Warum musste es in Amerika auch so verdammt viele Autos geben? Und warum mussten die alle auch noch hupen? Auf der Strecke zu unserem Hotel nahm er ungefähr die Hälfte aller Bordsteine San Franciscos mit. Und vermutlich auch zahlreiche Kleintiere. Die Stimmung im Auto war gereizt – die Insassen sorgten sich um ihr Leben. Alle riefen durcheinander, deuteten asynchron in jede Himmelsrichtung und warnten vor Autos/Schildern/Tieren/Menschen und natürlich Bordsteinen. Hinzu kam noch, dass mein Vater eine schlechtere Orientierung besitzt als Odysseus auf seinen Irrfahrten. Odysseus' Heimreise nach Ithaka hat zehn Jahre gedauert – bei Vati wären es locker zwanzig geworden. Um die Atmosphäre nicht vollends kippen zu lassen, einigten wir uns durch stummes Kopfschütteln und -nicken und unauffälliges Gestikulieren darauf, dass es so nicht weitergehen konnte. Christoph sollte ran. Nur musste das jetzt noch meinem Vater beigebracht werden. Freiwillig würde der seine Rest-Ehre nämlich nicht abgeben. Wir brauchten dringend eine Besänftigungsstrategie! Irgendetwas, das Vati unauffällig und freiwillig, aber vor allem zeitnah vom Steuer weglockte.

Zum Glück hatte Silke instinktiv den richtigen Riecher: »Ruh dich doch lieber für morgen aus, Vati«, sagte sie zuckersüß. »Dann wollen wir alle die tolle Landschaft bewundern, und einer muss ja konzentriert fahren.« Mein Vater überlegte kurz und nickte dann langsam. Das sah er ein. Die perfekte Aufgabe für ein Alphamännchen. Und außerdem: Die paar Meter in der chaotischen Stadt durfte jetzt ruhig der Christoph fahren. Das war nur fair, fand er. Schließlich musste auch der eine Chance bekommen, seine Fahrkünste zu zeigen.

Mit »tolle Landschaft« meinte Silke übrigens den Mojave-Nationalpark, den wir am nächsten Tag durchqueren wollten. Im Klartext: Wüste. Dort war kaum mit Bordsteinen, Gegenverkehr oder Fußgängern zu rechnen. Dafür aber mit viel weichem Sand, der im Zweifel einen Aufprall abfedern konnte.

Rückblickend finde ich allerdings schon, dass irgendwer mal ein Wörtchen mit den Jungs vom BKA reden müsste: Dieses Minister-Chauffeur-System ist einfach nicht durchdacht. Erst schützen sie Vati jahrelang rauf und runter, halten ihn mit Gewalt vom Steuer fern, nur um ihn anschließend – schwuppdiwupp – zurück in den Straßenverkehr zu werfen. Ich empfand das nicht nur als absurd, sondern als grob fahrlässig.

Unter diesem Gesichtspunkt wäre doch noch mal die Bundespräsidenten-Idee zu überlegen gewesen. Dem Staatsoberhaupt stand nämlich ein Fahrer auf Lebenszeit zu. Allein damit hätte Vati die Hauptaufgabe dieses Amtes erfüllt: Schaden vom deutschen Volke abzuwenden ...

## Die neue Lust am Heimaturlaub

Da die Bodyguards uns bei Urlauben im Ausland nicht mehr begleiteten, verloren diese für mich wie befürchtet den Reiz. Verstärkt wurde das dadurch, dass meine Anti-Eltern-Haltung sich immer weiter ausprägte. Sprich: Die Heldenanbetung von Vati schwang übergangslos in eine Nerv-mich-nicht!-Attitüde um. Ich war mir sicher: Meine Eltern waren die uncoolsten Menschen auf dem Planeten. Und die langweiligsten. Das Letzte, worauf ich Bock hatte, war, alleine mit ihnen in Urlaub zu fahren.

Merkwürdigerweise – zu Mamas und Vatis Überraschung – entwickelte ich zur gleichen Zeit eine neue Vorliebe: Ich entdeckte mein Herz für Heimaturlaube. Bayern, Harz oder die neuen Länder – das alles wollte ich sehen, erklärte ich meinen Eltern. Die waren begeistert. Schließlich sprach es für ihre gute Erziehung, dass das Kind so viel Interesse am eigenen Land zeigte. Daher ließen sie sich ohne Murren zu diesen Reisen innerhalb Deutschlands überreden. Der Harz und die neuen Länder waren mir natürlich prinzipiell schnuppe. Aber nicht, dass ich dorthin die Bodyguards mitnehmen durfte.

Ein weiterer Vorteil dieser Nahziele war: Meist durfte auch noch Biggi mit. Unter anderem zu unserem Urlaub in Garmisch-Partenkirchen. Zum Glück ließ Reiseübelkeit mit zunehmendem Alter anscheinend nach, so dass die acht Autostunden bis nach Bayern weder mir noch Biggi etwas ausmachten. Wahrscheinlich wären die Bodys für so ein bisschen Reiseübelkeit aber ganz dankbar gewesen. Dann hätten wir sie wenigstens nicht munter und ununterbrochen (unsere Köpfe zwischen die Vordersitze gesteckt) mit belanglosen Teenie-Themen genervt. »Weißt du noch früher«, fragte Mark ganz wehmütig. »Die Ruhe ab Hessen?« Andi nickte mit dem Kopf. »Good old times!« Ab und zu grölten wir lautstark zu einem Schlager mit, das übrigens dann gemeinsam mit den Bodyguards. Man könnte denken, Schlager-Mitgrölen stünde in direktem Gegensatz zu unserer eigentlichen Mission: cool zu sein. Da gelten in Papenburg andere Regeln. Mädchen wie wir, die aufwachsen zwischen Dorfkneipen und Schützenfesten, haben automatisch eine höhere Toleranzschwelle gegenüber Wolfgang Petry, Jürgen Drews und Matthias Reim. Grunge hin oder her. Kurt Cobain würde es schon nicht erfahren. Bei mir kam erschwerend hinzu, dass ich einer jahrelangen häuslichen Gehirnwäsche ausgesetzt worden war: Durch musikalische Dauerbeschallung haben es meine Schwestern (Howard Carpendale, Roland Kaiser, Modern Talking), mein Vater (Capri-Fischer) und die Bodyguards (Wanderlieder) geschafft, meinen per se angeschlagenen Geschmack final zu ruinieren. Das zumindest behaupten meine Freunde, von denen ich übrigens noch heute liebevolle SMS bekomme mit Sätzen wie: »Immer wenn die Musik schlechter wird, müssen wir an dich denken.«

Musikalisch hatten die Bodyguards mich also bereits auf ihre Linie gebracht. Hier lag auf unseren Reisen kaum Konfliktpotential. In anderen Bereichen dafür umso größeres. Während besagtem Heimaturlaub krachte es zum Beispiel gewaltig. Volle drei Tage sprachen Mark und Andi nicht mit uns. Keinen Mucks. Sie taten einfach so, als wären wir Luft. Eiszeit. Eine Katastrophe. Biggi und ich fühlten uns minderwertig und gedemütigt. Ich besonders. Immerhin hatte ich für diese Reise einiges geopfert. Meine Eltern wollten ursprünglich nach Portugal. Ich hatte laut »Bayern!« gerufen. Und nun standen auf dem Tagesplan statt traumhafter Strände schweißtreibende Bergbesteigungen. Statt Surfer Schuhplattler, statt Ganzkörperbräune Blasen an den Füßen. Aber ich war ja selbst schuld. Schließlich war ich es gewesen, die meinen Eltern verklickert hatte, Sonne und Meer seien überbewertet. Ebenso wie Tauchtouren und Bootsausflüge. Außerdem die Sache mit dem fremdländischen Essen – das wäre mir schon beim letzten Mal nicht gut bekommen. Und wofür die ganze Lügerei? Für einen Haufen schmollender Bodyguards.

Der Grund des ganzen Unmuts: Die Bodys waren sauer, weil Biggi und ich uns vor meinen Eltern verplappert hatten. Dabei war es nur eine wahnsinnig unwichtige Information gewesen, die wir hatten durchsickern lassen. So unwichtig, dass weder Biggi noch ich uns heute daran erinnern können. Es fiel aber definitiv in eine so harmlose Kategorie wie: »Die Jungs haben mit der Kellnerin geflirtet«, »Die Jungs waren lange wach«, »Die Jungs finden Wandern doof«. Das Problem dabei war: Wir hatten einen Deal. Wir durften mit den Bodys abhängen, wir durften bei ihnen im Auto mitfahren, wir durften zuhören, wenn sie dreckige Witze erzählten oder sich gegenseitig verarschten – aber meinen Eltern gegenüber hatten wir die Klappe zu halten. Es galt: What happens in the second car, stays in the second car. Schließlich hatten sie hier immer noch einen Job zu machen, und der Chef musste ja nicht alles wissen. Schon gar nicht, ob sie die Kellnerin niedlich fanden, den neuen Kollegen doof und was sie privat in ihrem letzten Urlaub so alles angestellt hatten. Sie erwarteten informationstechnisch von uns totale Loyalität. Ein Verstoß wurde mit drakonischen Maßnahmen, eben wie latentes Schweigen, geahndet. Wir hatten gegen ihre heilige Regel verstoßen. Jetzt sollte ein Exempel statuiert werden.

Nachdem Biggi und ich uns drei Tage lang durch den Urlaub gelangweilt hatten, jeden Abend am Tisch meiner Eltern sitzen mussten und unsere Stimmung auf einem Rekordtief angelangt war, war klar: Wir mussten handeln.

Die rettende Idee kam von Biggi: »Warum machen wir es nicht wie in Berlin?«, fragte sie am dritten Abend, als wir ratlos und frustriert auf unserem Hotelbett rumgammelten und in einer *Bravo* blätterten. »Das hat doch damals gut geklappt.« Biggi meinte natürlich nicht unseren peinlichen Ampel-Walk auf den Ku'damm, sondern die Tatsache, dass die Bodys uns damals nicht verpfiffen haben. »Wir müssen nur unsere Karten richtig ausspielen«, erklärte Biggi. Hmmm ... das war eigentlich gar nicht so doof, entschied ich nach kurzer Überlegung. Und es könnte sogar hinhauen.

Tatsächlich waren meine Eltern sehr angetan, als wir plötzlich vor ihrem Zimmer standen und ihnen unterbreiteten, wir hätten spontan wahnsinnige Lust bekommen, morgen Schloss Neuschwanstein zu besichtigen. Ein bisschen Kultur könne schließlich nie schaden, war ja alles irgendwie Geschichte.

Als meine Eltern den Bodys am nächsten Tag vom neuen Programmpunkt berichteten, reagierten diese weit weniger euphorisch. Besser gesagt: Sie wurden richtig blass. Was war denn das für eine Schnapsidee? Das brauchte doch kein Mensch. Wer wollte schon bei dem Bombenwetter erst im Auto sitzen und dann durch düstere Schlosskorridore streifen? Noch mieser wurde ihre Laune, als wir auf dem Weg nach Neuschwanstein dann für eine Stunde in einen Stau gerieten. Und als sie etwas später die Besucherschlange am Eingang sahen, war die Stimmung endgültig im Eimer.

Andi und Mark hatten wohl heimlich einen kleinen

Kriegsrat abgehalten, denn sie nahmen Biggi und mich nach einiger Zeit in der Schlange ganz unschuldig zur Seite, machten ein sehr durchschaubares Kompliment über meine John-Lennon-Sonnenbrille und Biggis Nirvana-T-Shirt und fragten, ob wir später UNO spielen wollten. Vorausgesetzt, wir hätten ähnlich wenig Lust auf diese Schlossführung wie sie …

Spätestens jetzt war ich mir sicher: Biggi in der fünften Klasse gefragt zu haben, ob sie neben mir sitzen will, war ein reiner Geniestreich gewesen. Die Bodyguards hatten sich versöhnen lassen! Und meine Eltern fanden unsere Idee (bei dem Wetter und den Menschenmassen), lieber an den See zu fahren, gar nicht so schlecht. Ein bisschen Tretbootfahren könne schließlich nie schaden. War ja alles irgendwie Sport.


## New York, New York oder:
## Meine Mutter, die Kupplerin

Trotz meiner neuentdeckten Heimataffinität unternahmen wir auch immer wieder Reisen ins Ausland, um die ich nicht herumkam. Über die Pfingstferien 1995 zum Beispiel wollten meine Eltern unbedingt eine Woche an die Ostküste der USA reisen. New York und Washington, das Weiße Haus und die deutsche Botschaft sollten bei der Gelegenheit gleich mitbesucht werden. Als Mama und Vati mir ganz vorfreudig von ihren Plänen erzählten, war ich genervt. Ich wollte nicht mit. Da verpasste ich doch alles! Das Schützenfest in Aschendorf und das Sit-in bei Biggi. Ich mochte gar nicht darüber nachdenken … Ich würde mir in der Ferne die Seele aus dem Leib gähnen, während meine Freunde sich dumm und dusselig feierten. Der Bär durfte doch nicht einfach ohne mich steppen! Warum wollten meine Eltern nur partout nicht einsehen, dass ich mit vierzehn einfach zu alt war, um mit ihnen zu verreisen, und dass *eine* Woche Abwesenheit in meinem Alter das gesellschaftliche Aus bedeuten konnte?

Ich wollte Papenburg also unter keinen Umständen verlassen. Schon gar nicht ohne die Bodys. Oder ohne Biggi. Und überhaupt: Wer braucht schon den Hudson River, wenn er den Hauptkanal vor der Nase hat? Wer die Freiheitsstatue, wo es die Meyer Werft gibt? Und wer bestimmt eigentlich, dass ein Chrysler Building wichtiger ist als ein Ems-Center?

Zum Glück ließen sich meine Eltern damals nicht beirren und entschieden sich kurzerhand dazu, mich zum Reisen zu zwingen. Auf das hormonverwirrte Kind konnte man momentan nichts geben. Punkt. Aus. Ende. So fand ich mich zwei Wochen später unfreiwillig am Flughafen Düsseldorf wieder. Dort erfuhr ich dann auch erst mein Sahnehäubchen der Reise: Mama und Vati flogen Business-Class. Ich nur Economy. Das hatten sie mir natürlich vorweg verschwiegen. »Na super«, schimpfte ich, »Zweiklassengesellschaft, wie?!« Erst verschleppte man mich, und dann schob man mich in die Holzklasse ab.

Als wir in der Luft waren, setzte auch bei meiner Mutter leicht verspätet das schlechte Gewissen ein. So ganz wohl war ihr doch nicht dabei, dass sie ihr Kind ans Flugzeugheck verbannt hatte – zwischen Hunderten fremder Menschen. Vor allem, wo hier vorne doch so viel freier Platz war. Nach einer knappen Höflichkeitsstunde zwischen Erfrischungstüchlein, Lachshäppchen und Champagnerflöten schnappte sie sich also die Stewardess und startete die Mission »Nicht ohne meine Tochter«. Sie erläuterte der jungen Dame eindringlich mit besorgtem Blick und leichter Panik in der Stimme die Problematik mit dem einsamen Kind zwischen den ganzen Fremden. Was würde das mit der labilen Psyche des armen Dinges anrichten, wenn es so lange ohne Eltern war? Die Stewardess nickte verständnisvoll und ahnte schon, dass sie auf diesem Flug keine entspannte Minute mehr haben würde, wenn sie nicht tat, was die Glucke verlangte. Und da eh noch genug Plätze in der Business-Class frei waren, entschied sie wohl, dass es einfacher wäre, das Kind nach vorne zu holen, als sich weiter mit der nervigen Mutter rumzuschlagen. Also machte sich die Stewardess mit Mama im Schlepptau auf den Weg Richtung Flugzeugheck, um größeren Schaden (für ihren Seelenfrieden und meine Psyche) zu vermeiden.

Dort war ich gerade dabei, dem übergewichtigen Texaner schräg hinter mir seinen Nachtisch abzuschwatzen, während ich nebenbei mit der freakigen New Yorker Cellistin, die gerne nackt durch die Wohnung lief, Kniffel spielte. Ich fühlte mich superlässig und enorm kosmopolitisch. Die Stewardess blickte Mama ratlos an. War das wirklich das besagte Kind? Handelte es sich womöglich um eine furchtbare Verwechslung? War das richtige Kind (also das schüchterne, verstörte, mit der labilen Psyche) aus Versehen in einen anderen Flieger gestiegen? Aber die Glucke steuerte schnurstracks auf ihre quietschfidele Tochter zu und versuchte sie fünf Minuten lang, mit Lachshäppchen und Beinfreiheit nach vorne zu locken. Ohne Erfolg.

Nachdem der Flug mich positiv überrascht hatte, wollte ich auch New York eine Chance geben. Die Stadt konnte ja schließlich nichts dafür, dass sie nicht Papenburg war. Und dann gab es hier tatsächlich auch ein paar interessante Ecken: Mit meinem Vater kletterte ich bis in die Krone der Freiheitsstatue, mit meiner Mutter shoppte ich auf der Fifth Avenue, im Central Park futterten wir Hot Dogs, auf dem Empire State Building suchte ich nach Tom Hanks und Meg Ryan … Zugegeben, ich war beeindruckt. Nur: Mama und Vati durften das nicht wissen. Schließlich wollte ich nicht meine eigene Autorität untergraben. So einen Fehler machten nur Anfänger! Ich verzog also durchgängig genervt das Gesicht, versuchte, so gelangweilt wie möglich auszusehen, und untermauerte das Ganze mit ein paar Gähnern an den richtigen Stellen: vor dem Schaufenster von Tiffany's (als ich mir vorstellte, Audrey Hepburn zu sein), im Hard Rock Cafe (als Vati mir meinen Hard-Rock-Cafe-Hoodie kaufte), im Plaza Hotel (in dem nicht nur »Der Unsichtbare Dritte« gedreht worden war, sondern viel wichtiger: »Kevin allein in New York«).

So begeistert ich insgeheim von New York war, so unspektakulär empfand ich Washington. New York hatte viele Highlights. Washington nur eins. Und das war unsere Führung durch das Weiße Haus. Leider durften wir nicht mal ins Oval Office. Vati meinte, es sei schwerer, ins Oval Office reinzukommen als aus Alcatraz raus. Es würden nur Staatsoberhäupter ins Büro des Präsidenten geladen. Das sei quasi die VIP-Lounge der internationalen Politikprominenz. Nur für Staatsoberhäupter eben. Ich wunderte mich schon, warum er sich bei diesen detaillierten Ausführungen so lange aufhielt, da kam er zum Punkt: *Er* wäre ja übrigens auch schon dort drin gewesen. Also im Oval Office jetzt. Letztes Jahr. Wisst ihr noch? Von Bill Clinton persönlich empfangen. Dem Präsidenten. Ich verdrehte die Augen: Wollte er jetzt ernsthaft damit angeben? Hier, vor der eigenen Familie? Politiker brauchen wirklich viel Liebe und Aufmerksamkeit. Ich entschied, dass Mama für den Bewunderungspart zuständig zu sein hatte, solange ich in der Pubertät war. Statt eines begeisterten »Wow, Vati, ehrlich?!« fragte ich ihn deshalb gelangweilt, ob seine Staatsoberhauptschaft vielleicht irgendwie an uns vorbeigegangen wäre. Vati lachte nur und meinte, Präsident Clinton hätte für ihn eben mal eine Ausnahme gemacht. Kohl sei Dank. Der hätte ihn darum gebeten. Ehrensache.

Kurz war mir danach, eine Grundsatzdiskussion über unlauteres Vitamin B in der Politik vom Zaun zu brechen, verkniff mir dann aber den Kommentar. Wer weiß, vielleicht fiel das schon unter Präsidentenbeleidigung? Und wer weiß, wer hier alles mithörte? Worauf ich nämlich keine Lust hatte, war, mich mit dem Secret Service anzulegen oder dem FBI. Man kannte das ja: gerade noch unbescholtener Bürger, schon Staatsfeind Nummer eins. Nicht mit mir, entschied ich – und wurde prompt von einer erschreckenden Erkenntnis überrollt: Früher wäre mir der Secret Service so was von egal gewesen. Früher war ich nicht so ein reflektierter Schisser gewesen. Ob Spione abhängen, mich ins Kanzlerbüro schmuggeln oder Polizisten auf die Nerven gehen – nichts konnte mir Angst machen. Irgendetwas hatte sich verändert. Ganz schleichend. In den letzten Jahren. Ich musste mir wohl oder übel eingestehen: Ich klammerte mich ans Leben. Mit vierzehn Jahren mehr als mit acht. Ich mutierte. Und zwar zu einem echten Feigling. Wurde ich etwa erwachsen? Mitten im Weißen Haus, vorm Oval Office des Präsidenten?

Hätte ich in diesem Moment nur geahnt, was hier in Washington noch auf mich zukommen sollte … Ich hätte so lange Verbalinjurien durchs Weiße Haus gebrüllt, bis der Secret Service mich verhaftet hätte. Zur Erklärung: Meine Eltern waren in Washington fast jeden Abend zu irgendeinem repräsentativen Essen eingeladen. Und egal, wie deutlich ich ihnen auch signalisierte, dass *ich* darauf keinen Bock hatte (nörgelte, motzte, schmollte), sie hielten an diesen Terminen fest. Vatis Begründung: »Vielleicht gehst du ja mal in die Politik. Da kannst du schon mal kontakten.«

Ich kapierte nicht, dass sie sich wirklich auf diese Abende zu freuen schienen. Fanden sie diese Galadiner nicht auch zum Umfallen öde? Es wimmelte dort nur so von Diplomaten, Senatoren und Politikern, die man alle noch nie gesehen hatte, geschweige denn wusste, warum sie wichtig waren. Der Smalltalk lief ziemlich monoton ab. Und selbst wenn er es nicht gewesen wäre, weder Vati noch ich hätten das bei unseren begrenzten Englischkenntnissen bemerkt. Vielleicht, so vermutete ich, stumpfte man als Politiker einfach irgendwann gegen jede Art von Langeweile ab. Wurde quasi immun dagegen. (Kein Wunder bei den ganzen Reden, die man sich anzuhören hatte.) Aber das Nervigste an diesen Veranstaltungen war, dass viele der Gäste die gleiche Idee gehabt hatten wie meine Eltern und ihre Kinder mitbrachten.

Das klingt jetzt ein bisschen so, als wäre ich nicht nur zu einem Schisser mutiert, sondern auch zu einer misanthropischen Kuh. Einem Einsiedler. Trauerkloß. Miesepeter. Oder einfach zu einem Miststück. Schließlich hatte ich mir früher immer andere Politikerkinder hergewünscht. Jahrelang hatte ich mich gefragt, ob es noch mehr von meiner Spezies da draußen gäbe. Aber hier in den USA hatte ich leider feststellen müssen: Ich konnte diese Staatssprösslinge überhaupt nicht leiden. Schlimmer noch: Sie machten mich komplett wahnsinnig. Alle ihre Unterhaltungen drehten sich nur ums Internat, um Pferde, ums Segeln und ihr unglaublich tolles, außerschulisches Engagement. Und wenn ich dann mal über den neuesten »James Bond« reden wollte – tja, den kannten sie nicht! Das erklärte natürlich auch, warum ich in Deutschland nie irgendwelchen Politikerkindern über den Weg gelaufen war: Die hatten keine Zeit. Zu beschäftigt mit Segeln und außerschulischem Engagement. Ich fragte mich kurz verunsichert, ob man als Politikerkind eigentlich automatisch irgendwann zum Spießer wurde. Und: War ich es gar schon selbst? Vielleicht verdrehten die Papenburger seit Jahren die Augen, wenn ich um die Ecke bog.

Ich verdrängte den Gedanken, weil ich aktuell noch ganz andere Probleme hatte: meine Mutter. Dazu muss man wissen, dass innerhalb unserer Familie sehr unterschiedliche Definitionen von cool und uncool vorherrschten. Meine Mutter zum Beispiel sah die Dinge aus einer völlig anderen Perspektive als ich. Perlenketten-Mädchen fand Mama ganz entzückend. Ich fand sie bieder. Segelboot-Bubis ließen Mamas Wangen erröten, mir wurde übel. »Schleimer«, schimpfte ich. »Top-Typ«, schwärmte Mama. Dass zwei Frauen mit den gleichen Genen so unterschiedliche Vorlieben haben konnten! Verrückt. Doch damit hätte ich grundsätzlich leben können. »Jedem Tierchen sein Pläsierchen«, wie Oma immer so schön sagte. Leider hatte meine Mutter bei Omas Weisheiten wohl nie richtig zugehört. Denn sie pflegte ein sehr unheilvolles Hobby: Sie verkuppelte! Gerne und oft. Menschen im Allgemeinen. Aber am liebsten ihre Töchter. Dabei ging es ihr nicht darum, uns unbedingt unter die Haube zu kriegen. Sie wollte uns einfach mit Leuten zusammenbringen, die gut zu uns passten – in *ihren* Augen. Das konnten Mädchen sein, die laut ihrer Expertenmeinung perfekte Freundinnen für mich waren. Oder Männer, die sie für clever und mondän genug hielt, dass sie Silke und Kirstin ein bisschen die Welt erklären konnten. Wenn mehr draus werden würde – warum nicht?

Leider machte das leidenschaftliche Engagement meiner Mutter ihr fehlendes Talent in diesem Bereich nicht wett. Sie war weder subtil, noch nahm sie Rücksicht auf den Geschmack der zu verkuppelnden Objekte. Ich vermute, das war einer der Gründe, warum meine beiden Schwestern so aneinanderhingen: Solange sie zusammen auftraten, konnten sie sich gegenseitig aus Mamas Kuppel-Nummern retten. Mir half das wenig.

Besonders bei offiziellen Veranstaltungen manövrierte Mama mich zielstrebig zu ihren Opfern und überließ mich meinem Schicksal mit Sätzen wie: »Sarah, das ist Frederick/Joachim/Christopher, der mag genauso gern Golf/Segeltörns/Dinkelkekse wie du!« Schon saß man in der Smalltalk-Falle. Das war nicht nur unangenehm, sondern auch peinlich. Von der eigenen Mutter angepriesen zu werden wie schales Bier, fiel nämlich in dieselbe Kategorie wie Blümchenkleider: parentale Folter.

Mamas Beuteschema war klar definiert: Alles, was nach Spießer aussah, gefiel ihr. Allerdings gab es noch eine zweite Zielgruppe: Südländer. Am allerliebsten wäre ihr ein spießiger Spanier gewesen. Dass ich schon als Kind immer nur mit dem blonden Ken spielen wollte und in der Pubertät eine klare »Leonardo-DiCaprio-aber-ein-Schwede-wäre-auch-o.-k.«-Schwäche hatte, ignorierte sie.

Schon sehr früh in meinem Leben zeichnete sich ihr Faible für Spießer und Südländer ab. Im Bayernurlaub – ich war acht – wollte sie unbedingt, dass ich mit dem Jungen spielte, der an Silvester mit Hemd, Fliege und akribischem Mittelscheitel »Der Knabe im Moor« vorgetragen hatte. Im Marokkourlaub – ich war fünf – hatte sich ein kleiner Marokkaner irgendwie in mich verguckt und bot meinen Eltern zum Tausch eine gutgenährte Ziege an. Ich glaube heute, meine Mutter war nur eine weitere Ziege davon entfernt, das Angebot anzunehmen. In der festen Überzeugung, sie würde mir damit zu meinem Lebensglück verhelfen.

Und dann, während unseres Washingtonurlaubs, wünschte ich mir fast, sie hätte es getan. Dann würde ich nämlich ein friedliches Leben als marokkanische Ziegenhirtin führen, statt mich jeden Tag mit diesen Diplomatensöhnen herumzuschlagen, deren Lackschuhe so glänzten, dass sich mein gequälter Gesichtsausdruck darin spiegelte. Am letzten Abend kam meine Mutter schon wieder fröhlich motiviert mit einem dieser blutleeren Exemplare auf mich zugesteuert. Thomas hatte mehr Gel auf dem Kopf als der junge Travolta, stammte ursprünglich aus München, spickte sein Deutsch aber trotzdem gerne mit englischen Vokabeln. Er machte mir ein Kompliment über meine »amazing« Haare und meine »blue eyes«, und ich kam mir vor wie Baby in »Dirty Dancing«, die den schleimigen Hotelerben an der Backe hatte. Der, der es mochte, wenn ihr Haar vom Winde verweht wird. Mir reichte es. Ich entschuldigte mich kurz bei Gel-Thomas, nahm meine Mutter zur Seite und zischte: »Wenn du mir noch mehr solcher Heinis anschleppst, erzähle ich hier rum, dass ich Punk höre, Hosen mit Löcher trage und in keine Partei eintreten werde – höchstens bei den Grünen.« Selten haben wir uns so Hals über Kopf von einer Veranstaltung verabschiedet wie von dieser. Der Grund: Vati hatte mitgehört.

Auch wenn ich Washington ohne Verlobungsring am Finger verlassen durfte, entschied ich auf dem Flug nach Hause: Irgendwie müsste Mama für diese Kupplungs-Torturen büßen. Irgendeine Vergeltungsmaßnahme müsste her. Irgendwann würde ich mich rächen. Und ich wusste auch schon wie. Spätestens in Papenburg. Wenn sie das nächste Mal ans Telefon gefesselt war, weil ein übermotivierter Wähler mit ihr die Lage der Nation diskutieren wollte, dann konnte sie winken, bis sie schwarz würde.

## Papenburg, Papenburg oder: Mein Vater, der Despot

Meine Mutter erreichte mit ihrer Kuppelei genau das Gegenteil von dem, was sie eigentlich wollte: Ich suchte mir nämlich in Papenburg, wo ich meine Freunde frei wählen konnte, eine komplett andere Szene aus als die, in der wir uns auf unseren Reisen tummelten. Statt Gartenpartys feierte ich Schützenfeste. Statt Mitglied in der Jungen Union war ich Mitglied in der Landjugend. Statt Segeltörns plante ich Zeltlager.

Spätestens seit meinem fünfzehnten Geburtstag war ich zum Standardteenie geworden. Meine Tagebucheinträge handelten zu vierzig Prozent von den verschiedenen Stadien der Trostlosigkeit, in denen sich mein ödes Leben bewegte. Zu zwanzig Prozent philosophierte ich über aktuelle Kinofilme (»The Rock«, »Mission: Impossible«, »Braveheart«) – und zog Vergleiche mit meinem öden Leben (keine gute Idee!). Die restlichen Seiten müllte ich mit Analysen über Jungs voll: über den, der mich angelächelt hatte, über den, der mit mir gehen wollte, und über den, der mich ignoriert hatte. Meine Eltern waren mir maximal ein PS wert. PS. Je älter ich werde, desto blöder werden meine Eltern. PS. Vati spinnt, jetzt droht er mir mit Internat. PS. Mama ruiniert mein eh schon ödes Leben, ich soll um 23 Uhr zu Hause sein.

Meine Eltern wollten reden, ich wollte meine Ruhe. Sie wollten gute Noten, ich wollte feiern. Sie wollten Ordnung, ich wollte Chaos. Doch vor allem wollte ich eins: normal sein. Bloß nicht unangenehm auffallen. Und irgendwie cool sein wollte ich natürlich immer noch. Was das betrifft, war ich auf einem guten Weg: Ich rauchte heimlich, blieb länger auf Partys, als ich durfte, und machte auch mal Mathe blau. Der einzige Fleck auf meiner blütenweißen Tennieweste: die Sache mit Vati. Denn je älter ich wurde, desto mehr fiel Politikerkind-Sein in die Kategorie: »unangenehm auffallen«.

Darum war ich mittlerweile heilfroh, dass mein Vater wenigstens kein Minister mehr war. Je spärlicher die öffentliche Aufmerksamkeit, umso besser für meinen Ruf, dachte ich. Leider war Vati auch ohne Ministertitel noch berühmt genug. Neben seiner Funktion als Bundestagsabgeordneter war er weiterhin Mitglied des CDU-Präsidiums und stellvertretender CDU-Landesvorsitzender. Nachdem er bei der Bundestagswahl 1994 in seinem Wahlkreis mal wieder mit absoluter Mehrheit in den Bundestag gewählt worden war, ernannte man ihm zusätzlich noch zum stellvertretenden Vorsitzenden der CDU/CSU-Bundestagsfraktion und damit zu Schäubles Stellvertreter – zuständig für die Außen-, Sicherheits-, Entwicklungs- und Europapolitik. Ja, ging's denn noch?! Ich war besorgt. »Der sammelt Ämter«, behauptete Silke damals durchaus berechtigt, »der kann nicht ohne!«

Besonders lästig fand ich, dass mein Vater mich immer noch regelmäßig von allen möglichen Wahlplakaten anstarrte. Dort thronte er dann mit erhabenem Blick in Anzug und Krawatte und schien mich zu beobachten. Bei uns im Viertel, vor der Schule, neben dem Kino. Vor allem immer dann, wenn ich gerade gegen irgendeine seiner Regeln verstieß: zum Beispiel nachts mit Biggi um die Häuser zog oder die Kirche schwänzte. Immer traf mich sein strafender Blick, der zu sagen schien: »Fräuleinchen, ich sehe dich!« Die Krönung des Horrors war, wenn ich mich bei einer Party mit einem niedlichen Typen nach draußen verzog, dann beim Knutschen unter einem von Vatis Plakaten landete und währenddessen krampfhaft auszublenden versuchte, dass die Augen meines überdimensionalen Vaters missbilligend auf mir ruhten. Seither weiß ich übrigens: Auch Plakate können enttäuscht gucken.

Doch nicht nur der Papp-Vati machte mir Ärger, sondern vor allem der aus Fleisch und Blut. Der verstand seine Rolle als Erzieher nämlich als eine differenzierte. Einerseits sah er sich als Vater. Andererseits auch noch als Vertreter der Legislative. Schließlich machte er ja quasi die Gesetze. Eine Personalunion des Grauens! Alle paar Wochen predigte er mir, wie er bitte dastünde, wenn nicht einmal die eigene Tochter sich an die Jugendschutzverordnung hielte. Da könne ihn doch keiner mehr ernst nehmen.

Für mich bedeutete das in der Konsequenz, dass ich wie der letzte Vollidiot eine Stunde früher als alle anderen von den Partys, Geburtstagen, Schützenfesten nach Hause musste. *Eine Stunde* vor sämtlichen meiner Freunde. Wenn Biggi bis 23 Uhr Ausgang hatte, durfte ich bis zehn. Musste sie um ein Uhr heim, war's bei mir zwölf. Unfair. In meinem Tagebuch ließ ich mich in jedem PS entsprechend empört über Vatis despotische Methoden und mein hartes Los als Politikertochter aus. Schließlich wusste ja jeder: Die spannenden Dinge passieren immer am Ende der Party – also dann, wenn ich bereits schimpfend im Bett lag.

Natürlich zeigten Vatis Verbote bei mir nicht immer die erhoffte Wirkung. Ich machte trotzdem oft, was ich wollte, und entging so der gesellschaftlichen Isolation. Aber zugegeben, ich war nicht gerade der Che Guevara des Emslands. Meine Rebellion beschränkte sich darauf, bei Freundinnen zu übernachten, die so lange wegbleiben durften, wie sie wollten. Und meinen Eltern zu erzählen, ich würde das Lernen für die Schule komplett einstellen. Dass ich es heimlich trotzdem tat, verschwieg ich natürlich.

Meine Eltern waren von meiner Entwicklung überhaupt nicht begeistert. Es passte ihnen gar nicht, dass sie ihre Tochter neuerdings in den Dorfkneipen aufsammeln mussten oder bei irgendwelchen Schützenfesten. Genauso wenig gefiel es den beiden, dass ich die Kommunikation mit ihnen auf ein Minimum reduziert hatte. Ich hatte mehrfach probiert, ihnen meine Teenager-Prioritäten nahezubringen – ohne erkennbaren Erfolg. Deshalb gab ich irgendwann einfach auf. Sie verstanden meine Denkstrukturen einfach nicht. Sie kapierten nicht, dass es mir momentan total egal war, was oder ob ich später *überhaupt* studieren würde. Schließlich war ich vollends damit beschäftigt, ob mich der süße Kerl aus dem Nachbarort beim nächsten Tanzkurs wieder auffordern würde. Und was ich dazu anziehen sollte. Irgendwann habe ich die Gespräche mit Mama und Vati ganz eingestellt. Leider fehlte mir damals noch die Weitsicht, zu erkennen, wie viel Ärger mir ein bisschen Smalltalk erspart hätte. Das Problem bei meiner Schweigetaktik war nämlich, dass meine Eltern meine subversive Phase wesentlich dramatischer einschätzten, als sie in Wirklichkeit war. Schulabbruch, Gosse, drastischer Sittenverfall – in kassandrischen Vorahnungen sahen sie mein Schicksal in der Bahnhofsmission als besiegelt. Die Fetzen flogen, die Türen knallten, mit

Mama zankte ich mich pausenlos, Vati bewahrte meist tagelang Ruhe, bis ihm plötzlich so der Kragen platzte, dass das Panzerglas wackelte. Was war nur mit seinem Mäuschen passiert? Warum war er nicht mehr ihr Held?

Ein Ereignis hat meinen Vater damals besonders mitgenommen. Er nennt es den »Papenburger Fenstersturz«, für ihn bis heute eine traumatische Erfahrung. Für mich auch irgendwie. Ich hatte für ein paar Tage Besuch von Vanessa und Patrick, zwei Freunden, die ich im letzten Lanzarote-Urlaub kennengelernt hatte. Das Wochenende verlief super, bis ich einen taktischen Fehler beging: Zusammen mit Biggi hatte ich Vanessa und Patrick in meine Lieblingskneipe geschleppt, um sie dort mit einer lebensbejahenden Mischung aus Sambuca, Apfelkorn und Bier zu beglücken. Was ich dabei nicht bedacht hatte: Nicht alle Menschen sind durch die raue Schützenfest-Schule gegangen. Wer nicht aus dem Emsland kommt, hat oft einfach andere Toleranzgrenzen als wir.

Patrick hielt sich noch ganz gut. Vanessa nicht. Sie machte bereits um halb zehn ein Nickerchen auf dem Damenklo. Für Biggi und mich kein Problem. Schließlich hatten wir uns oft genug gegenseitig bei der Katastrophenprävention unterstützt. »Du passt auf Patrick auf«, entschied ich, »ich bringe Vanessa nach Hause.« Wir konnten sie schließlich nicht ewig auf dem Klo hängenlassen, am Ende hätte man uns noch Hausverbot erteilt! Und wenn wir alle gemeinsam zu Hause aufschlugen, wäre der Abend in dem Moment vorbei, in dem Vati die angeschickerte Vanessa zu Gesicht bekäme. Tauchten aber nur Vanessa und ich auf – so zumindest der Plan –, musste er mich wieder gehen lassen. Und wenn es nur war, um Patrick einzusammeln.

Zu Hause angekommen, schaffte ich es sogar, Vanessa unauffällig und leise die Treppen hoch- und in mein Zimmer zu manövrieren. Leider waren wir dabei *zu* leise. Ein ganz blöder Anfängerfehler. Das ist immer verdächtig. Als mein Vater also bei unserer Ankunft weder Gepolter noch aufgekratztes Gekicher vernahm, roch er den Braten sofort und kam misstrauisch in mein Zimmer. Er sah die schlafende, aber trotzdem erkennbar angeschlagene Vanessa angezogen auf meinem Bett liegen und mich, wie ich sie gerade zudecken wollte. »Alles gut, die pennt nur«, erklärte ich so lässig wie möglich. Und fügte fröhlich hinzu: »Ich geh dann mal wieder!«

Das sah mein Vater offensichtlich anders. Ziemlich lautstark machte er deutlich, dass ich dieses Haus heute Abend sicher nicht mehr verlassen würde – und vielleicht nie mehr. Ich versuchte es mit Vernunft. Ich versuchte es mit den Regeln der Gastfreundschaft. Ich versuchte zu erklären, dass Patrick jetzt allein in Downtown Papenburg auf mich wartete. Dass es doch ausgenommen unhöflich war, ihn dort einfach sitzenzulassen. Vielleicht sogar gefährlich … Vati hörte gar nicht zu. »Das interessiert mich nicht«, polterte er. »Sofort auf dein Zimmer!« So langsam wurde ich auch laut. »Das kannst du nicht machen!«, schrie ich zurück. »Ich habe Rechte!« Tatsächlich war ich ernsthaft wütend. Schließlich hatte ich doch gar nichts falsch gemacht. *Ich* war immerhin nüchtern und hatte Vanessa verantwortungsvoll im Bett geparkt. Und jetzt sollte *ich* dafür bestraft werden? Aufgebracht lief ich ins Badezimmer, schmiss die Tür in die Angeln und schloss mich ein. Vielleicht wäre Vati doch mal besser Minister geblieben, schoss es mir durch den Kopf. Wer das Land regierte, hatte wenigstens keine Zeit, seine Tochter zu tyrannisieren.

Im Zuge meiner allumfassenden Empörung über die hier herrschende Ungerechtigkeit fand ich mich kurz darauf auf dem Fenstersims des Badezimmers wieder. Ein Bein über unserem Dach baumelnd, das andere noch im Badezimmer. Mein Plan: einen eleganten Abstieg in unseren Vorgarten hinzulegen und dann zurück in die Kneipe.

Das Einzige, was sich meiner genialen Fluchtidee in den Weg stellte, war – mein Vater. Er tauchte nämlich plötzlich mit hochrotem Kopf direkt unter mir in der Haustür auf und war so richtig sauer. »Gehst du da wieder rein!«, rief er wütend zu mir hoch. »Sofort gehst du da wieder rein!« Auweia. Das war jetzt natürlich blöd. Ein Patt. Vati konnte zwar nicht ins Badezimmer. Dafür konnte ich nirgendwo anders hin. Es sah nicht gut aus: Der würde zur Not bis zum Morgengrauen da unten herumstehen, so viel war klar. Ich wollte aber auch auf keinen Fall einfach klein beigeben. Schließlich war ich absolut im Recht. Selbst der Internationale Gerichtshof hätte da keinen Spielraum gesehen. Nur leider war das hier nicht sein Fall. Also musste ich eigenständig ein Exempel statuieren, sonst würde mir Vati doch die gesamte Rest-Pubertät auf der Nase herumtanzen. Deshalb blieb ich, wo ich war.

Wahrscheinlich säße ich heute noch auf unserem Fenstersims und würde unentschlossen halb drinnen, halb draußen baumeln, wären nicht irgendwann Biggi und Patrick um die Ecke gebogen. Sie hatten sich zusammengereimt, dass unser Plan nicht aufgegangen war. Zum Glück. Denn von diesem ganzen Exempelstatuieren bekam ich langsam einen Krampf im Bein. Und da die Blutzufuhr zum Gehirn in der Pubertät offenbar ohnehin nicht optimal funktioniert, konnte ich mir weitere taube Körperteile echt nicht erlauben.

## Flirten unter Aufsicht –
## meine Verehrer, die Bodyguards und ich

Nach der Fenstersimsnummer war ich heilfroh, dass die Polizisten vor dem Haus seit dem Rücktritt abgezogen worden waren und diese peinliche Szene nicht mitbekommen hatten. Nicht so die Bodyguards: Sie waren immer voll informiert. Über jede Partykatastrophe, jeden Cliquenzoff, jeden aktuellen Verehrer. Und sie waren auch gezwungenermaßen mit dabei, wenn mein Vater mich auf unseren mal wilden, mal lahmen Dorfpartys einsammelte.

Gerade diese Abholaktionen empfanden sie regelmäßig als echte Herausforderung. Besonders dann, wenn ich mal wieder nicht zur verabredeten Zeit beim verabredeten Treffpunkt war. Zwar hatten die Bodyguards kein Problem, auf mich zu warten. Mein Vater hingegen schon. Erstens war er ja ohnehin ein Pünktlichkeitsfanatiker, zweitens untergrub meine Unpünktlichkeit ganz klar seine erzieherische Autorität. Also musste irgendjemand in die Höhle des Löwen – sprich in die aktuelle Feierlokalität –, um das Kind herauszuholen. Und allen war klar: Dieser Jemand würde *nicht* Vati sein. Schließlich wollte er sich weder seinen Ruf ruinieren noch seinen Anzug. Mein Vater blieb im Auto.

Die Jungs fügten sich in solchen Situationen dem Unausweichlichen: Stöckchenziehen. Und komischerweise traf es fast immer Mark. Der verzog verächtlich den Mund, stapfte mit grimmigem Gesichtsausdruck in Zelt, Kneipe oder Jugendclub, kämpfte sich an den pickligen Halbstarken vorbei, packte mich am Kragen und zerrte mich kommentarlos vor die Tür.

Besser war, ich steckte dann nicht gerade mitten im Gespräch mit einem Vertreter des anderen Geschlechts. Wäre es nach den Bodys gegangen, hätte ich nämlich einen großen Bogen um alle Jungs meines Alters machen müssen. Ihre Begründung: »zu unreif«, »zu doof«, »nicht gut genug«. Im Großen und Ganzen gab es nur eine Kategorie: »Vollpfeife«. Und das wurde mir nach solchen Aktionen tagelang von Mark und den anderen Bodys unter die Nase gerieben.

Die Bodyguards wollten zwar nicht, dass ich mich mit einem von diesen Grünschnäbeln abgab. Richtig sauer wurden sie aber, wenn mir einer dieser Unwürdigen das Herz brach. Als meine Urlaubsflamme Daniel zwei Monate nach den Ferien aufhörte, mir zu schreiben (er wohnte in Hamburg und war zugegebenermaßen einfach zu schön für eine Fernbeziehung), verkündete ich die Neuigkeit tapfer und ohne eine einzige Träne zu vergießen im Auto. Gerade vor den Bodys wollte ich mir keine Blöße geben. Die Jungs ignorierten meine emotionale Stärke. Mark wurde richtig wütend. »Was für ein Idiot!«, rief er empört. »Glaubt der, er kriegt noch mal was Besseres?« Das Fahrzeug machte einen gefährlichen Schwenker, und ich sah uns schon in der nächsten Tanne hängen. Mark fuhr und motzte weiter. »Den vermöbeln wir, nicht wahr, Andi?« Andi nickte gleichermaßen entrüstet. Ich musste lachen. Allein die Vorstellung, dass der schöne Daniel nach der Schule plötzlich auf einen fäusteschwingenden Mark stieß, war irre komisch.

Die Begegnung mit den Bodys blieb Daniel zwar noch mal erspart. Dafür traf es dann Jonas – einen ganz schnuckeligen Typen, den ich im Zeltlager kennengelernt hatte. Wir waren fürs Kino verabredet. Es war unser erstes Date. Und wir hatten es dementsprechend noch nicht mal bis zum Händchenhalten geschafft. In diesem ohnehin schon heiklen Stadium unserer Beziehung rannten wir vor dem Kino ausgerechnet in Mark und Ralf. Ralf grinste amüsiert. Mark aber setzte eine versteinerte Miene auf, verschränkte die Arme und machte irgendetwas mit seinen Schultern, wodurch sein Kreuz doppelt so breit wurde, als es tatsächlich war. Er baute sich vor Jonas auf und musterte ihn von oben bis unten. »Naaaa?!«, sagte er dann streng und gedehnt, »was wird das denn hier?«

Der arme Jonas, den schon das Händchenhalten überforderte, war definitiv nicht darauf vorbereitet, von zwei finsteren Typen über seine Intentionen befragt zu werden. Er wurde merklich unruhig und wirkte plötzlich einen halben Kopf kleiner als ich. Dabei waren die Bodyguards nur inkognito unterwegs – also ohne Knarren und meinen Vater. Um

250

die Situation zu retten, riss ich das Wort an mich und erklärte so selbstbewusst wie möglich, dass wir ins Kino gingen – was sonst? Dann hakte ich mich bei Jonas ein und wollte ihn zielsicher aus der Gefahrenzone ziehen. Leider war ich nicht schnell genug. Jonas fühlte sich wohl verpflichtet, etwas zur Rettung seiner Ehre beizutragen. »Independence Day«, ergänzte er heldenhaft, »mit Will Smith!«

Ich blieb stehen und seufzte. Es waren zwar nur fünf Worte, aber die waren schon zu viel. »Ach«, kommentierte Mark trocken, »genau den wollten wir auch sehen. Ist ja ein Zufall.« Ralf grinste schief. Und ich verdrehte die Augen. Am liebsten hätte ich meinem Date für seinen Heldenmut in den Hintern getreten. Aber Jonas konnte schließlich nicht wissen, dass die Bodyguards sich urplötzlich auch für eine Dokumentation über Termitenhügel interessiert hätten, nur um mir eins auszuwischen.

Der Abend wurde ein Reinfall. Wir saßen in Reihe zehn. Die Bodys in Reihe elf. Nah genug, um Jonas so nervös zu machen, dass ich mir nicht sicher war, ob er das Popcorn essen oder gleich ganz in die Tüte kriechen wollte. Auch zum Händchenhalten kam es nicht. Die Einzigen, die an diesem Abend Spaß hatten, waren Mark und Ralf. Und Will Smith, der irgendwelchen invasionsgeilen Aliens eins auf die Nase verpassen durfte. Ich für meinen Teil war ja der Meinung, die zwei invasionsgeilen Bodyguards hinter mir hätten die Tracht Prügel wesentlich nötiger gehabt.

Aus Jonas und mir wurde nichts. Aber zum Glück für die Bodyguards lag das nicht an ihrem Boykottversuch, sondern einfach daran, dass es nie zu einer zweiten Verabredung kam. Kurz nach dem Desaster-Date hatte ich schon einen neuen Schwarm. Biggi vermutete damals, dass ich an einer leichten Beziehungsphobie litt. Eine latente Unwilligkeit, mich zu binden. Ihre tiefenpsychologische Begründung: Ich wäre durch den Überschuss an potenten Bodyguards, denen ich seit meiner Kindheit ausgesetzt war, zu verwöhnt. Weil ich mich nie für einen von ihnen hätte entscheiden müssen und sie alle hatte behalten dürfen. Klang logisch. Olivers Theorie – mit dem ich mich immer noch regelmäßig auf dem Spielplatz hinterm Haus traf – ging in eine andere Richtung. Er unterstellte mir abwechselnd entweder einen Ödipuskomplex (ich suchte also das fünfzehnjährige Pendant zu meinem Vater – uahhhh) oder Verlustängste, weil Vati mir früher ständig vom Kanzler weggenommen worden war. Die Bodyguards sahen das noch einmal ganz anders. Sie waren sich sicher: Ich war schon immer zu viel unter Erwachsenen gewesen und daher einfach zu reif für diese beknackten Halbstarken. Ich habe dennoch davon abgesehen, jemals den Altkanzler, das BKA oder meine Eltern zu verklagen.

Im Übrigen war es auch nicht so, dass die gesamte Papenburger Jugend permanent mit Rosen zwischen den Zähnen vor unserem Haus kampiert hätte, nur um ein Zeichen meiner Zuneigung zu erhaschen. Aber genauso wenig traf meine Sorge zu, dass ich durch das Politikeramt meines Vaters zur Persona non grata für die Männerwelt wurde. Im Endeffekt war es irgendetwas dazwischen. Ich war eben so, wie ich sein wollte: einfach Durchschnitt.

Genau wie bei allen Mädels in meinem Alter gab es auch bei mir den ein oder anderen aufdringlichen Verehrer, den man nicht auf subtile Art loswurde. In solchen Fällen waren die Bodyguards als Abschreckungskommando natürlich unbezahlbar. Nervte einer ständig mit seinen Dateanfragen, erklärte ich: »Klar, gern! Es ist doch okay, wenn unsere Bodyguards mitkommen?« Rief einer dauernd an, ließ ich durchblicken, dass die Bodyguards alle Gespräche mithörten. Und reichte das nicht aus, hatte ich immer noch ein Ass im Ärmel: meinen Vater. Absurderweise hatte der auf Jungs meines Alters eine noch angsteinflößendere Wirkung als jeder bewaffnete Leibwächter. Und das, wo Vati doch nun wirklich ein ausgesprochener Menschenfreund ist. Der Punkt war aber: Die Jungs wussten nichts von seiner Harmoniesucht. Sie kannten ihn nur vom Hörensagen als knallharten Verhandler in der Deutschlandpolitik, als Speerspitze des Bundeskanzlers, als den Mann, der mal den Geheimdienst kontrolliert hat. Hatte sich also einer von ihnen trotz aller Abschreckungsmanöver der Bodys tatsächlich bis zu unserer Haustür vorgewagt, dann schlug Vatis Stunde. Er öffnete die Tür, musterte den jungen Mann, zog dabei ganz aus Gewohnheit seine Augenbrauen zusammen und fragte nur: »Ja bitte?!« Komischerweise reichte das völlig aus, damit sich die meisten mit viel Gestammel und ohne Umwege wieder von dannen trollten. Große Liebe hin oder her – aber dafür an diesem autoritären Alphatier vorbei? Nein danke! Soooo süß war die kleine Seiters nun auch wieder nicht.

## Vorurteile

Obwohl ich besonders in der Pubertät akribisch darauf bedacht war, meinem Politikerkind-Image entgegenzuwirken, war ich mir eigentlich nie wirklich sicher, ob ich dieses Image überhaupt hatte. Wenn ja, dann zeigte man es mir nicht. Das Fenster meines Zimmers traf nicht eine Tomate, und wenn mir Klopapier am Schuh pappte, sagte man mir Bescheid. Es gab in dieser Zeit auch einfach viel zu viele andere Themen, die wichtiger waren als der Beruf meines Vaters. Jungs zum Beispiel oder die fiese Mathearbeit. Oder Jungs. Und die Frage, ob Biggis Tarnfarben-Stiefel noch cool waren oder schon kriegsverherrlichend.

Schlechte Erfahrungen mit Vorurteilen gegenüber Politikerkindern habe ich nur einmal gemacht. Ich war mit Biggi und dem Rest der Clique im Apex, unserer Papenburger Stammdisco, feiern und stand gerade an der Bar, um mir ein

Bier zu bestellen. Was wiederum etwas dauerte, weil der Barkeeper mehr mit Flirten als mit Ausschenken beschäftigt war. Ein Mädel neben mir schaute ebenfalls bereits genervt. Sie hatte blonde Haare bis zum Po und einen karierten Baumwollmini an. »Wie lange wartest du denn schon?«, fragte ich, um die Zeit zu überbrücken, während zum vierten Mal an diesem Abend derselbe Nirvana-Song lief. »Ewig!«, entgegnete sie, »total unfähig, der Typ.« Womit sie recht hatte. Und so quatschten wir ein bisschen über langsame Barkeeper, nervige Alterskontrollen und warum im Apex alle eigentlich immer gegen eine schwarze Wand tanzten. Wir fanden keine Antwort. Das Baumwollmini-Mädchen war wirklich nett, und dass der Barkeeper so ein Lahmarsch war, störte uns schon gar nicht mehr. Bis sie plötzlich das Thema wechselte. »Kennst du eigentlich die Seiters?«, fragte sie wie aus dem Nichts und schaute sich dabei suchend um. Ich war irritiert. Wie genau meinte sie das denn jetzt? War das eine Fangfrage? Kam da noch mehr? Automatisch guckte ich zu den Gegen-die-Wand-Tanzenden. »Die ist heute auch hier«, verkündete die Blonde unbedarft weiter, »die mag ich aber nicht.«

Ähm. Wie bitte? Ich war baff. Wollte die mich verarschen? Wir waren uns schließlich noch nie begegnet. Ich startete einen unauffälligen Versuch zur Einordnung der Situation: »Ähm, und warum?«, fragte ich vorsichtig. Das Mädel musterte mich kurz und antwortete dann ganz selbstverständlich: »Na, die wirkt immer so arrogant.« Ah ja. Hmm. Verstehe. Oder auch nicht. Ich war fünfzehn und fühlte mich entsprechend meinem Alter wie das unwürdigste Lebewesen in der gesamten Nahrungskette. Und wenn sie auf die Politikerkind-Nummer anspielte – das war mir doch schon peinlich genug. Damit ging ich sicher nicht hausieren.

Ich wog einen Moment lang ab, ob ich jetzt beleidigt sein sollte. Die Baumwollmini-Tante fand mich offensichtlich doof und haute das auch ganz unbedarft raus. Andererseits kannte sie mich ja nicht einmal. Ich entschied mich für die Antikonfrontationsvariante: »Typisch Politikerkind«, erwiderte ich also zustimmend. »Kennt man ja …« Dann verabschiedete ich mich herzlich, nahm mein Bier, das endlich seinen Weg zu mir gefunden hatte, steuerte zurück auf die Tanzfläche und vor die schwarze Wand und hoffte, irgendjemand würde das Mädel früher oder später darüber aufklären, wer hier »die Seiters« war. Und ein bisschen wünschte ich mir auch, dass ihr so etwas mal mit wirklich wichtigen Leuten passieren würde – zum Beispiel ihrem zukünftigen Chef.

## Vati feiert schon wieder

Insgesamt kann man zusammenfassen, dass sich für uns seit Vatis Rücktritt gar nicht so viel verändert hatte. Er pendelte weiterhin zwischen Bonn und Papenburg und reiste regelmäßig ins Ausland, um in seiner Funktion als stellvertretender Fraktionsvorsitzender internationale Politiker und Staatschefs wie Lech Wałęsa, Václav Havel oder den russischen Ministerpräsidenten Primakow zu treffen. Und dass er auch bei seinen Kollegen weiterhin hohes Ansehen genoss, zeigte im Oktober 1997 der beeindruckende Aufmarsch von Politikprominenz anlässlich Vatis 60. Geburtstag. Landtagsabgeordnete, Landräte, Landesminister, Bürgermeister und Kammervertreter waren nach Papenburg gekommen. Außerdem CDU/CSU-Fraktionschef Wolfgang Schäuble, Kanzleramtsminister Friedrich Bohl, CDU-Landesvorsitzender Christian Wulff und Bundestagspräsidentin Rita Süssmuth, die zusammen mit rund dreihundert weiteren Gästen in den restaurierten ehemaligen Fabrikhallen der Meyer Werft Vatis Ehrentag feiern wollten.

Wie immer wurde der erste Teil des Abends von chronischem Händeschütteln dominiert. »Ich hab ein Déjà-vu«, flüsterte mir Silke irgendwann zu. »Nur mit anderen Klamotten.« Sie hatte recht. Eigentlich lief alles ganz genau so ab wie zu Vatis Fünfzigstem. Gut, Schäuble war nicht mehr jugendlicher Shootingstar, sondern gestandener Politiker, ehrgeizige Politneulinge wie Christian Wulff waren auf dem aufsteigenden Ast, und die Themen waren nicht mehr, wie man die beiden Teile Deutschlands einander annähern könnte, sondern die Länder Europas. Meine Mutter rammte mir immer noch regelmäßig den Ellbogen in die Rippen, begleitet von Kommentaren wie: »Sag hallo zu Herrn Wulff/ Schäuble/Bohl« oder: »Benimm dich heute bitte!« Ich war kurzfristig unsicher, ob sie sich im Klaren darüber war, dass ich sechzehn war – und nicht mehr sechs. Fehlte nur noch, dass sie mir verbot, Toilettengeld von den Gästen zu nehmen. Dabei war Mama nicht die Einzige, die sich an altbewährte Verhaltensmuster hielt. Auch Herr Schäuble erklärte wie schon vor zehn Jahren schmunzelnd, dass er meinem Vater so hübsche Töchter ja gar nicht zugetraut habe. »Ein Running Gag, wie?«, kommentierte Onkel Heinz trocken. Das Einzige, was dieses Mal *wirklich* anders war, waren die Klamotten. Schulterpolster waren eliminiert und auch Karomuster und Blümchenkleider nirgends in Sicht. Dafür dominierte eine Farbe: Schwarz. Ich zum Beispiel hatte mich in eine knallenge schwarze Hose gequetscht und dazu eine schwarze Bluse ausgewählt. Ums Handgelenk trug ich ein paar schwarze Lederarmbänder. Und auch Mama und Frau Süssmuth hatten weitgehend auf Farbe verzichtet. Schwarz war voll im Trend. Sicher und Gott sei Dank die Gegenbewegung zu den knallbunten Achtzigern.

Der zweite Unterschied in Sachen Styling bestand darin, dass die Gäste nicht nur farb-, sondern auch weitgehend lockenfrei waren. Das galt auch für Familie Seiters: Silke hatte sich schon vor Jahren von ihrer Dauerwelle verabschiedet und trug glatt mit Pony. Kirstin war ebenfalls auf glatt umgestiegen – allerdings ohne Pony. Und selbst meine Naturlöckchen hatten sich verflüchtigt, weil ich meine Mähne ziemlich schnittfrei bis zur Hüfte hatte wachsen lassen. Sogar Mama war von ihrem einstigen Farrah-Fawcett-Look zu kinnlang übergegangen. Nur an Vati hatte sich in den letzten zehn Jahren kaum etwas verändert: die Haare immer noch in akkuraten Wellen, wenn auch etwas grauer, der Bauch etwas größer, die Krawatten etwas bunter. Die einzige große Neuerung: seine Brille. Die war mittlerweile wesentlich unauffälliger. Mein Vater hatte sich zähneknirschend an die aktuelle Mode anpassen müssen: Sein altes Modell wurde einfach nicht mehr hergestellt.

Meine Laune war an diesem Geburtstag verhältnismäßig gut. Das lag vor allem daran, dass man mich dieses Mal nicht dazu verdonnert hatte, eine Rede zu halten. Ich ahnte auch genau, warum: Meine Eltern trauten mir nicht. Ich war ein Risikofaktor. Eine unbekannte Größe. Wer wusste schließlich, was das rebellische Kind vor Schäuble, Wulff und der versammelten Festgesellschaft für Familieninterna vom Stapel lassen würde? Oder gar erzählte, sie würde später mal Grün wählen. Vati hatte seine Karriere bis zu seinem 60. immerhin skandalfrei über die Bühne bekommen, da wollte er sie nicht auf den letzten Metern ruinieren.

Ausnahmsweise war ich in dem Punkt mit Mama und Vati einer Meinung. Es gab auch so ausreichend bereitwillige Redner. Kanzleramtsminister Bohl zum Beispiel überbrachte vor versammelter Mannschaft persönliche Glückwünsche vom Bundeskanzler. Und hatte sogar eine Handlungsanweisung von Kohl im Gepäck, nämlich, die Gäste sollten sich beim Essen bloß nicht zurückhalten. Kohls Begründung: Wer sich seit dreißig Jahren selbst die Haare schneidet, der hat genug gespart!

Christian Wulff hob erneut die Leistungen meines Vaters

bei der Wiedervereinigung hervor. Wolfgang Schäuble plauderte über ihre langjährige Freundschaft und nannte meinen Vater »das beste Mittel gegen Politikverdrossenheit«. Und Rita Süssmuth lobte ihn als »geräuschlos, effizient und ergebnisorientiert«. Kurz musste ich an Vatis Fahrkünste denken und an sein Verhalten beim »Papenburger Fenstersturz«. Der Abend wäre schon irgendwie lustiger geworden, wenn *ich* eine Rede gehalten hätte. Vati bemerkte mein Grinsen, rückte näher zu mir heran und legte seine Hand auf meine Schulter. »Na«, flüsterte er und zeigte Richtung Rednerpult, »willst du auch wieder ans Mikro?« »Nee«, flüsterte ich zurück, »ich arbeite heute nicht!« Vati drückte mich kumpelhaft an sich. »Na, zum Glück!«, schmunzelte er, »dann sind die Toiletten ja vor dir sicher.«

## Wir und die Stars

Auch nach Vatis Rücktritt wurden er und Mama wie gehabt zu vielen wichtigen Events eingeladen. Für mich änderte sich dadurch leider nichts. Mich ließ man nach wie vor zu Hause. Meine Hoffnung, durch das exponierte Amt meines Vaters vielleicht an einen spannenden Promi heranzukommen, hatte sich bisher ja nicht erfüllt. Mir waren die biederen Staatsnasen vorbehalten. Und der Papst. Von Hollywood-Glamour keine Spur. Auch die Verleihung der Goldenen Kamera 1997 in Berlin fand dann ohne mich statt. Dabei hörte sich die Gästeliste so vielversprechend an: Joe Cocker, Arnold Schwarzenegger und seine Kollegin Andie MacDowell waren ins Konzerthaus am Gendarmenmarkt eingeladen worden, zusammen mit zahlreichen deutschen Stars und Sternchen.

Mein Vater freute sich auf einen unterhaltsamen Abend, an dem er bei der zu erwartenden Promidichte nicht weiter auffallen würde. Meine Mutter hingegen hatte sich heimlich auf eine besondere Mission vorbereitet: Sie wollte mit einer ganz bestimmten Gruppe von Preisträgern auf Tuchfühlung gehen, mit den Gewinnern in der Kategorie »Beste Boyband« nämlich. Mit *den* Jungs, die seit ein paar Jahren mit Songs wie »Quit Playing Games With My Heart« und »As long as you love me« Teenagerherzen zum Schmelzen, Mädchen reihenweise zum Kreischen und Quietschen brachten: mit den Backstreet Boys. Mama wollte unbedingt ein Foto mit ihnen.

Das klingt nach Wechseljahren? Midlife-Crisis? Oder nach einem spätpubertären Frühling, in dem Mama sich spontan in Nick, Kevin, Brian, Howie oder A. J. verknallt hat? Zum Glück war dem nicht so. Ich bezweifle, dass meine Mutter überhaupt wusste, dass die Jungs Nick, Kevin, Brian, Howie und A. J. hießen – geschweige denn, dass sie sie auseinanderhalten konnte. Nein, der Grund für ihre Mission war ein anderer: Sie hatte ein schlechtes Gewissen, weil sie mich schon wieder zu Hause gelassen hatte. Ausgerechnet zu diesem ausgesprochen teenietauglichen Event! Als Überraschung und kleine Wiedergutmachung wollte sie nun eben besagtes Foto schießen.

Bei der After-Show-Party schien Mamas große Stunde tatsächlich gekommen zu sein: Sie hatte die Backstreet Boys an der Bar entdeckt. Keine Kunst übrigens. Schließlich waren sie in ihren Baggy-Hosen, Flatterhemden und überdimensionalen Sakkos in Gold oder Leder nicht zu übersehen. Besonders, da alle anderen Männer brav im Anzug unterwegs waren.

Für die Backstreet Boys muss sich die Szene so abgespielt haben: Während sie fasziniert die deutsche Party-Society beobachteten, kam plötzlich diese zierliche, aber offensichtlich sehr dynamische Frau in den besten Jahren auf sie zugesteuert. Die Dame stellte sich ungerührt vor, strahlte dabei euphorisch und drängelte sich danach energisch in die

Runde. Sie zog Kevin an der Lederjacke und wies in Richtung eines ziemlich beeindruckenden Muskelmanns, der eine winzige Kamera in der Hand hielt. Der Muskelmann drückte rasch dreimal hintereinander auf den Auslöser, schaute dabei leicht ertappt nach rechts und links und ließ die Kamera blitzschnell wieder in seiner Tasche verschwinden.

Zur Erklärung: Vati hatte sich vehement geweigert, für Mama den Promi-Paparazzo zu spielen – wie unwürdig wäre das denn bitte? Woraufhin Mama die Kamera dem armen Mark in die Hand gedrückt hatte. Er bekam nicht einmal die Chance auf Stöckchenziehen. Aber meine Mutter, was sie wollte: Fotos von sich und den Backstreet Boys. Wieder zu Hause in Papenburg, breitete sie aufgeregt die noch in Berlin entwickelten Bilder auf dem Küchentisch aus und rief mich stolz in die Küche. »Guck mal!«, zeigte sie begeistert auf die Abzüge, »hab ich dir mitgebracht.« Ich verstand überhaupt nichts, sah nur meine strahlende Mutter inmitten der überrumpelt wirkenden Backstreet Boys posieren. Nur Kevin, dessen Arm Mama fest im Griff hatte, lächelte halbwegs professionell in die Kamera. Wahrscheinlich wollte er es sich besser nicht mit Muskelmann Mark verscherzen. Oder noch wahrscheinlicher: mit meiner Mutter.

»Und was soll ich jetzt damit?«, fragte ich mit Blick auf die absurden Fotos und war froh, diese Szene nicht live miterlebt zu haben. Mama guckte enttäuscht. »Aber ich dachte, du stehst auf die«, sagte sie verwirrt. »Du schwärmst doch schon seit Jahren für die Backstreet Boys!« Oh Mann, ich seufzte. »Mensch, Mama ...«, stöhnte ich gequält, »du meinst Take That.«

Und prompt fiel mir wieder ein, warum man in der Pubertät den Informationsaustausch mit den Eltern besser einstellte: Sie hörten einfach nie richtig zu. Sie wollten zwar ständig reden, aber die essentiellen Dinge interessieren sie dann doch nicht. Eigentlich wollten sie bloß herausfiltern, ob ihr Kind Drogen nahm, Ärger in der Schule hatte oder sich sonstige lebensruinierende Entwicklungen anbahnten. Sobald man mit ihnen aber über Jared Letos strahlend blaue Augen diskutieren wollte oder wer denn nun der Süßeste von Take That war – zack, stellten sie auf Durchzug.

Ich verschwieg sicherheitshalber, dass selbst ein Foto von Take That seinen Wert für mich in dem Moment verlöre, in dem meine Mutter sich mit draufquetschte. Wie sollte ich mir das bitte ins Zimmer hängen? Oder gar in der Schule herumzeigen? Nachdem ich Jahre meines Lebens damit verschwendet hatte, Mama und Vati den Unterschied zwischen cool und uncool beizubringen, war ich mir sicher: Ich war gescheitert.

Aber etwas hatte meine Mutter aus der ganzen Sache doch gelernt: Und zwar, dass sie mir wohl nur dann wirklich eine Freude machte, wenn ich mal selbst auf eines dieser Events mitdürfte. Als meine Eltern das nächste Mal zur Verleihung der Goldenen Kamera eingeladen wurden, erlaubte Mama mir doch tatsächlich, an ihrer statt zu gehen.

Ich war total aus dem Häuschen. Nicht nur, dass ich Vati quasi als vollwertige Erwachsene begleiten durfte, sondern vor allem, weil zu den Preisträgern dieses Mal auch George Clooney gehörte: Mister Supersexy! Ein Autogramm von dem wäre echt das Größte – in diesem Punkt waren Biggi und ich uns einig. Und da ich persönlich vor Ort sein würde, bestand auch nicht die Gefahr einer Verwechslung.

Die Veranstaltung fand wieder in Berlin statt. Ich hatte mich für ein kurzes, dunkelblaues Satinkleid entschieden, in dem ich mich – so hoffte ich zumindest – nicht sofort als Kleinstadtidiotin outete. Da mein Vater schon während des Empfangs von Kollegen belagert wurde, organisierte ich mir von einem netten Saaldiener schon mal die Platzordnung. Schließlich musste ich wissen, wo genau George sitzen würde. Schon nach einem Blick auf den Plan wurde mir ganz schwummerig. Ich konnte es nicht fassen: George Clooneys Platz war ausgerechnet direkt vor mir. Nur ein paar Zentimeter entfernt. Ich würde einfach den Arm ausstrecken und ein bisschen in seinem Hollywood-Haar wühlen können. Vorausgesetzt, ich fiel nicht vorher in Ohnmacht.

Ich tat also das, was jedes Mädchen in meinem Alter getan hätte: Ich verließ den drögen Steh-Empfang, um sofort im Konzertsaal Stellung zu beziehen. Sollten sich die anderen ruhig noch mit Sekt und Blabla aufhalten. Ich wollte hier auf keinen Fall irgendetwas verpassen. Schon gar nicht die Ankunft von George Clooney und die Möglichkeit, noch ein kleines Schwätzchen mit ihm zu halten, bevor alle sich auf ihre Plätze setzten und es losging.

Leider ging es nicht los. Auch die nächste halbe Stunde nicht. Vorne ließen sich drei ältere Ladys nieder, hinten waren ein paar Saaldiener zugange, und ansonsten passierte gar nichts. Da hockte ich nun also in einem fast leeren Konzertsaal herum und starrte auf den Platz von George Clooney. Um ganz ehrlich zu sein: Das verlor nach einer Weile an Reiz. Darum war ich heilfroh, als der Saal sich langsam zu füllen begann. Damit schwanden zwar meine Chancen, George alleine zu erwischen, aber für den Moment war mir sogar das recht – mir war echt langweilig. Immer mehr Leute strömten durch die Türen rechts und links von der Bühne in den Saal. Und selbst Vati hatte sich mittlerweile neben mir niedergelassen. Der einzige Stuhl, der weiterhin leer blieb, war der direkt vor mir. Ich wurde nervös. War George vielleicht etwas zugestoßen?

Zum Glück wurde ich durch die Ankunft einer jungen Frau, die auf dem Sitz neben George Platz nahm, von meinen düsteren Gedanken abgelenkt. Die kam mir irgendwie bekannt vor. Na klar, das war Vic aus »La Boum«. Die, die damals den heißen Mathieu abgekriegt hatte, den, den *wir* alle immer wollten. Sofort hatte ich einen Ohrwurm von

»Dreams Are My Reality« im Kopf. Natürlich war Sophie jetzt schon ein paar Jährchen älter. Sie hatte ihre dunklen Haare elegant hochgesteckt, trug schwarze, tropfenförmige Ohrringe und ein silber-blaues Glitzerkleid mit passendem Collier. Ich machte den Fehler, kurz an mir herunterzuschauen. Im direkten Vergleich mit Sophie Marceau erstarb leider jede Hoffnung, nicht wie die Trulla vom Dorf auszusehen.

Sophie hatte wohl bemerkt, dass ich sie von hinten anstarrte. Zumindest drehte sie sich plötzlich zu mir um und lächelte dazu ein ganz bezauberndes Lächeln, hielt mir die Hand hin und sagte mit leicht französischem Akzent: »Hello, I am Sophie!« Nett. Wirklich nett! Mir gelang auch relativ schnell die adäquate Antwort darauf: »Hello, I am Sarah.« So weit, so gut. Jetzt gingen uns aber die Themen aus. Also stellte ich die einzige Frage, die mir sonst wichtig erschien: »And where is George?« Dabei zeigte ich auf den Platz neben ihr.

Sophie Marceau lachte und erwiderte, dass der sich die Show bis zu seinem Auftritt hinter der Bühne anschauen würde. Das würden viele Preisträger so handhaben. Schockstarre! Wieso das denn? Einfach einen Preis abstauben und nicht einmal die paar Stündchen Show aussitzen wollen? Vati und ich taten das schließlich auch – und für uns gab's nicht mal einen Preis zur Belohnung. Schweinerei.

Das einzig Positive an Georges No-Show war, dass ich so zumindest die Veranstaltung mitbekam und nicht auf halber Strecke von den Securitys aus dem Saal entfernt worden war, weil ich unkontrolliert in Mister Clooneys Haare gegriffen hatte. George Clooney zeigte sich dann immerhin kurz auf der Bühne. Er holte sich in einem schwarzen, perfekt sitzenden Hemd und einem wahrscheinlich ebenfalls maßgeschneiderten Anzug seine Goldene Kamera ab, strahlte charmant ins Publikum und verschwand dann wieder hinter den Kulissen.

Nach der Verleihung stellte sich heraus, dass George zwar offensichtlich kein Interesse an der Show gehabt hatte, dafür aber umso mehr an der After-Show-Party. Als ich gerade dabei war, für Vati und mich ein Glas Wein zu besorgen, tauchte er plötzlich direkt neben mir an der Bar auf. Mit einer Testosteron-Aura, die ich sonst nur von den Bodys kannte und die er noch dadurch unterstrich, dass er einen Drink bestellte, der verdächtig nach Whiskey aussah. Oh Mann, eigentlich hatte ich die Sache mit George schon ad acta gelegt und ihn als undankbaren Idioten abgestempelt. Komplettes Umdenken war erforderlich. Ich meine: diese Haare! Hallo! Und diese Ausstrahlung. Irgendwie musste ich die Situation doch für mich nutzen können. Schließlich stand ja nicht jeden Tag George Clooney neben mir. Und in genau diesem Moment lächelte er auch noch charmant zu mir herüber. Oder zu der Frau hinter mir? Egal. In jedem Fall war es zu viel für mein sowieso schon reizüberflutetes Gehirn und führte wohl zu einer Art Systemabsturz. Es gab keinerlei Handlungsanweisung mehr für ein Szenario mit George Clooney und mir an derselben Bar. Dabei hätte es so viele Möglichkeiten gegeben: Ich hätte ihm keck zuprosten können, ich hätte behaupten können, ich wäre eine Freundin von Sophie Marceau, oder ich hätte mir ein Autogramm auf Rücken, Arm oder Dekolleté geben lassen können. Mit Edding. Ich entschied mich stattdessen für ein debiles Grinsen. Armselig. Wie sehr ich diese Geschichte auch ausschmücken würde – es war klar: Der Star vom Pausenhof wurde ich damit nicht!

Wäre Mama hier gewesen, wäre das nicht passiert. Die hätte sich von George unerbittlich nicht nur Foto und Autogramm besorgt, sondern auch noch eine Strähne von seiner perfekten Haarpracht – und seine Telefonnummer.

Mein Vater wiederum verhielt sich noch unqualifizierter als ich. Nachdem er ein paar Minuten zu lange an unserem

Tisch durstig auf mich und sein Getränk gewartet hatte, kam er ungeduldig herüber zur Bar, quetschte sich zwischen George und mich und motzte: »Wo bleibt denn der Wein?« Dass ich dabei paralysiert über seine Schulter starrte, ignorierte er genauso wie die Tatsache, dass der Kerl hinter ihm wohl zurzeit eines der bekanntesten Hollywoodgesichter überhaupt war. Vati schnappte sich sein Glas, hakte sich bei mir ein und zog mich energisch zurück zu unserem Tisch. Im Vorbeigehen bemerkte er dann immerhin den leicht irritierten Blick von George Clooney auf uns, zögerte eine Sekunde, nickte ihm dann gönnerhaft zu und schenkte ihm sein schönstes Wahlkampflächeln, das, das sagte: »Ja, mein Freund, Sie haben recht: Ich bin es.«

## Bye, bye, Bodyguards

Im Herbst 1998 – ich war mittlerweile siebzehn – ging für mich in vielerlei Hinsicht eine Ära zu Ende. Der Auslöser war die Niederlage der CDU bei der Wahl zum Deutschen Bundestag. Das irritierte mich, schließlich war der einzige Kanzler, den ich kannte, Helmut Kohl. Und die einzige Regierung, die ich kannte, die schwarz-gelbe. Dass der Kanzler nun Gerhard Schröder heißen sollte, fand ich befremdlich. Obwohl ich meinen Eltern schon mehrfach damit gedroht hatte, die Grünen zu wählen, war ich mir nicht sicher, was ich von einer rot-grünen Regierung halten sollte. Am meisten aber traf mich, dass mein Vater nun nicht mehr Teil der Regierung war, sondern »nur noch« in der Opposition saß. Denn daraufhin entschied das BKA, seinen Personenschutz abzuziehen. Es gab neue Zielscheiben, die beschützt werden mussten. Für uns hieß das: Abschied nehmen. Nach fast zehn Jahren würden uns die Bodyguards für immer verlassen.

An ihrem letzten Arbeitstag luden meine Eltern Andi,

Ralf, Mark und die anderen Bodys zu uns nach Hause ein. Wir saßen im Wintergarten, tranken Sekt, und jeder packte irgendeine alte Geschichte aus. Die Stimmung war fröhlich, aber auch wehmütig. Ich ging still im Kopf durch, was wir gemeinsam erlebt hatten: Wie Andi mir in Bayern das Skifahren beigebracht hatte – da war ich zehn. Wie Ralf mir in Sardinien das Schnorcheln gezeigt hatte – da war ich acht. Wie Mark und ich in Miami Jetski gefahren sind – da war ich zwölf. Ich erinnerte mich daran, wie Ralf mich bei meinem ersten Kater mit Aspirin und Kaugummis versorgt hatte und wie Mark bei meinem ersten Liebeskummer angeboten hatte, den schönen Daniel zu verprügeln. Ich dachte darüber nach, wie oft die Jungs mich ausgeschimpft, zurechtgewiesen oder mit mir gelacht hatten. Wie viele dreckige Witze ich von ihnen gelernt hatte und wie gut sie mich kannten. Ich wollte nicht, dass sie gingen. Sie gehörten doch zur Familie, irgendwie. Zehn Jahre sind eine verdammt lange Zeit.

Als wir an diesem Nachmittag dann vor der Haustür endgültig tschüs sagen mussten, versuchte ich krampfhaft, nicht zu heulen. Ich umarmte meine Jungs lange und ließ mir versprechen, dass wir uns auf jeden Fall weiterhin sehen würden. Für Mark, den ich trotz seiner Machoattitüde besonders ins Herz geschlossen hatte, hatte ich mir für diesen Moment eigentlich ein paar lustig-coole Sprüche zurechtgelegt. Leider fielen sie mir nicht mehr ein. Ich beschränkte mich auf das Einzige, was mir in den Kopf kam: »Ihr wart wie meine Brüder ...«, sagte ich knapp und schluckte. Mark nickte nur stumm und drückte mich noch mal fest an sich.

Keiner der Bodyguards machte den Eindruck, als wäre er froh, uns endlich los zu sein. Ganz im Gegenteil: Es war eben eine ganz besondere Konstellation mit ihnen und mit uns gewesen. Der beste Beweis: Den Kontakt gehalten haben wir tatsächlich. Wir sehen uns zum Beispiel, wenn wir zufällig beruflich in derselben Stadt unterwegs sind. Außerdem organisieren wir fast jedes Jahr ein Revivaltreffen, zu dem Mark, Andi, Ralf, noch ein paar andere Bodys und Vatis Lieblingsfahrer Werner nach Papenburg zur Kneipentour anreisen. Auch Silke, Kirstin und Biggi sind so oft wie möglich dabei. Und für mich ist der Termin selbstredend gesetzt. Schließlich wollen die Jungs regelmäßig überprüfen, ob dank ihrer Erziehung doch noch etwas aus mir geworden ist.

Meine Schwestern meinten trotzdem, dass der Abschied von den Bodyguards für mich langfristig durchaus gut war. Endlich wäre Raum für andere Männer da gewesen. »Heeee, ich hatte genug Dates!«, erklärte ich daraufhin immer empört. »Klar«, erwiderte Silke dann. »Und alle hast du abgesägt!« Wie gesagt, ich halte bis heute nichts von den ganzen Bodyguard-bedingten Beziehungsphobie-Thesen. Aber zugegeben: Ein komischer Zufall war es schon, dass ich zwei Monate nach dem Abschied der Bodys mit meinem ersten langjährigen Freund zusammenkam. Frank war so alt wie ich, lebte in Aschendorf, war weder Spanier noch Spießer (meine Mutter mochte ihn trotzdem), auch nicht in der Jungen Union (mein Vater fand ihn dennoch nett), und dass ich ein Politikerkind war, nun, das interessierte Frank so ziemlich die Bohne.


## Und das nächste Amt: Vati wird Vizepräsident

Obwohl die CDU seit der Bundestagswahl 1998 also in der Opposition feststeckte, hatte das auf die Karriere meines Vaters keine negativen Auswirkungen. Sogar im Gegenteil: Im Oktober desselben Jahres wurde er mit sämtlichen Stimmen der CDU/CSU und zahlreichen Stimmen von SPD, FDP und den Grünen zum ersten Bundestagsvizepräsidenten gewählt. In dieser Funktion sollte er abwechselnd mit Bundestagspräsident Wolfgang Thierse und den anderen vier Vizepräsidenten die Sitzungen des Parlaments leiten. Außerdem hatte er den Deutschen Bundestag bei vielen repräsentativen Aufgaben im In- und Ausland zu vertreten. Ein ehrenvolles Amt, das von Politikern bekleidet wurde, die auch bei den Mitgliedern der anderen Parteien Respekt genossen. Ein echter Ritterschlag für Vati.

Er war besonders stolz darauf, 1999 die erste Sitzung im Berliner Reichstagsgebäude leiten zu dürfen. Der gigantische Umzug des Bundestags und seiner Abgeordneten von Bonn in die neue Hauptstadt war schon seit Jahren im Gange, und auch mein Vater würde Ende des Jahres aus seiner finsteren Siebziger-Jahre-Bude in Bonn in eine lichtdurchflutete Wohnung im Berliner Abgeordnetenviertel umziehen.

Die historische Einweihungssitzung im renovierten und umgebauten Reichstag sollte nun also im April 1999 stattfinden. Von neun Uhr bis elf Uhr morgens würde Bundestagspräsident Thierse den Vorsitz haben. Danach sollte mein Vater an der Reihe sein.

Die zwei Wochen vor besagter Sitzung (es waren gerade Osterferien) verbrachte unsere Familie in Miami. Geplant war, dass wir am Abend vor der Einweihung zurückkommen würden. Wäre es nach meinem Vater gegangen, hätten wir natürlich schon mindestens drei Tage vorher den Rückflug angetreten. Sicherheitshalber. Nicht dass er – Gott bewahre! – womöglich zu spät käme. Mama, Silke, Kirstin und ich hatten uns synchron an die Stirn getippt und erklärt, dass er sich diese Idee schön an den Hut stecken könne. Wir würden garantiert keine drei Tage Traumstrand opfern, nur weil er ein bisschen aufgeregt sei. Aber wir stellten ihm natürlich frei, alleine zurückzufliegen – vorausgesetzt, er hätte Lust auf etwas schiefen Haussegen. Vati gab nach. Gegen vier sonnenwütige Weiber hatte er keine Chance.

Der Urlaub verlief top. Die Familie war höchst zufrieden, und selbst mein Vater schien sich zu entspannen. Eigentlich lief alles nach Plan. Eigentlich. Bis zum Tag der Abreise. Als wir am Flughafen von Miami ankamen (vier Stunden vor Abflug, darauf hatte Vati bestanden), merkten wir schon bei Betreten des Terminals: Hier stimmte etwas nicht. Es herrschte Chaos, die Leute hetzten durcheinander, und die Anzeigetafeln erlitten regelrechte epileptische Anfälle. Zahlreiche Flüge waren verspätet, den Rest hatte man gleich gestrichen.

Eine Lautsprecherdurchsage informierte uns darüber, dass der Flughafen aufgrund eines Großfeuers auf dem Rollfeld vorübergehend außer Betrieb wäre. »Oh Mann«, stöhnte Silke und deutete auf den schmallippigen Vati, der mit panischem Blick die Flughafenhalle nach der »Versteckten Kamera« abscannte. »Gleich kriegt er einen Herzinfarkt.« Mama schüttelte verzweifelt den Kopf und seufzte kleinlaut: »Oder er lässt sich scheiden …«

In der Tat waren unsere Sorgen nicht ganz unbegründet. Ein gecancelter Flug alleine war ja schon eine Herausforderung für Vatis Pünktlichkeitswahn, aber die Aussicht, dadurch seine historische Sitzung in Berlin zu verpassen – das war ein einziger Alptraum. Also verfiel Vati in blinden Aktionismus. Nachdem er uns ein bissiges »Ich hab's euch ja gesagt« herübergezischt hatte, rannte er zu jedem, der annähernd nach Flughafenpersonal aussah, und versuchte hektisch, das Problem mit seiner wichtigen Sitzung zu erklären. Natürlich konnten die armen Seelen, die er belagerte, weder etwas gegen das Feuer noch dagegen tun, dass ein Flug nach dem nächsten gestrichen wurde. Und auf die Frage, wer bitte morgen den Vorsitz im Bundestag übernehmen sollte, hatten sie auch keine Antwort.

Ich vermute, man wollte den panischen deutschen Mann einfach so schnell wie möglich loswerden und bot ihm daher irgendwann einen Flug von einem alternativen Flughafen an. »Leider haben wir nur noch einen Platz frei«, erklärte ihm der Mann von der Fluggesellschaft geknickt. Und schaute mit schuldbewusstem Blick in Richtung Restfamilie. Auch mein Vater musterte uns, setzte dann seine vorwurfsvollste Hausarrestmiene auf und bügelte ab: »Macht nichts. Die kommen schon nach Hause.«

Ob er uns wirklich zurückgelassen hätte? Mama und ich tippten auf ja, Silke und Kirstin vermuteten nein. Zum Glück blieb meinem Vater die Umsetzung seiner Entscheidung erspart und damit auch eine tödlich beleidigte Familie. Einige Passagiere der Alternativ-Maschine waren nicht erschienen, so dass wir am Ende doch gemeinsam Richtung Heimat flogen. Mein Vater erschien wie immer pünktlich am Rednerpult ...

## V. ICH WERDE ERWACHSEN,
## VATI WIRD ROTKREUZ-PRÄSIDENT

### Mein Studium undercover

Was soll ich sagen: In den nächsten zwei Jahren passierte dann so viel, dass ich nicht mal wirklich Zeit hatte, die Bodyguards zu vermissen. Ich hatte nicht nur die lästige Pubertät erfolgreich hinter mich gebracht, sondern auch das ebenfalls etwas lästige Abitur und einen ganz und gar nicht lästigen Auslandsaufenthalt in Cambridge. Von meiner Anti-Attitüde hatte ich mich zum Glück wieder verabschiedet. Genauso wie von meinen hüftlangen Haaren. Außerdem hatte ich die Kommunikation mit meinen Eltern wieder vollständig aufgenommen. »Will ich das wirklich wissen?«, fragte Vati regelmäßig leidend und schwelgte in Erinnerung an meine stumme Jugend, wenn ich ihm detailliert von meiner letzten Party erzählte, den angesagtesten Klamottentrends oder warum man unbedingt »Sex and the City« schauen musste.

Mittlerweile war ich ausgezogen und studierte Politik in Bonn. Ja, ich weiß. Ausgerechnet Bonn. Und ausgerechnet Politik. Nicht sehr einfallsreich. Aber immerhin hatte ich verhindern können, mir von meiner Mutter ein Kunststudium aufschwatzen zu lassen. Sie war immer noch der Meinung, meine Monet-Kopie aus der zwölften Klasse sei Ausdruck meines außergewöhnlichen Talents und nicht das Ergebnis einer Malen-nach-Zahlen-Vorlage gewesen. Doch schließlich hatte sie sich auch mit dem Politikstudium anfreunden können. Zumindest gab es jetzt wieder Hoffnung, dass ich nicht in der Gosse, einem Drogenkartell oder einer okkulten Sekte landen würde.

Außer Politik im Hauptfach studierte ich noch Geschichte und Kulturwissenschaften im Nebenfach. Alles Bereiche, in denen ich mich ja – dank Vati – gut auskannte. Das kam meinen Langzeitplänen fürs Studium ziemlich entgegen. Schließlich wollte ich fürs Leben lernen, da konnte man sich ja nicht dauernd in der Bibliothek herumtreiben. Es stellte sich heraus, dass sich Bonn für meine Zwecke hervorragend eignete. Coole Kommilitonen. Coole Partys. Coole Veranstaltungen. Im Vergleich zu Papenburg erschien mir Bonn wie der Nabel der Welt. Natürlich wäre ich nie hierhergekommen, hätte mein Vater noch hier gewohnt. Ich fand die Stadt hübsch, ja, und die Uni erst recht, aber in diesem Fall ging es um die ersten Jahre in Freiheit – da zieht man doch nicht seinem Vater hinterher. Aber jetzt, wo er in Berlin war, hatte Bonn noch einen weiteren Vorteil: Hier kannte mich niemand. Ich war einfach Sarah. Die mit den Locken. Die, die gerne feiert. Die, die letztens das Referat vergeigt hat. Hier wusste kaum jemand, dass mein Vater Politiker war. Vatis Ministerzeit lag schon sieben Jahre zurück, und den Leuten meiner Generation war mein Nachname selten ein Begriff. Bei meinen neuen Freunden hatte ich ebenfalls keine Eile, ihnen meinen Stammbaum auf die Nase zu binden. Schließlich wusste ich ja auch nicht, ob ihre Väter Förster, Fernfahrer oder Fußballtrainer waren.

Als ich mich einmal mit meinem guten Kumpel David für die Mensa verabredet hatte (da kannten wir uns bereits über ein Jahr), kam David verspätet und ganz verstört an meinen Tisch. Er kratzte sich hektisch am Kopf. »Also Sarah!«, meinte er leicht empört. »So was musst du mir doch sagen.« Da ich nicht wusste, worauf genau er anspielte, reagierte ich, wie es jeder Student in dieser Situation getan hätte: »Hääää?« David wirkte, als wolle er mich gleich übers Knie legen: »Na, dass man dich kennen muss!« Ahhh, das meinte David. Ich winkte ab. David war aber in der Tat etwas beleidigt. Der Grund: »Jetzt steh ich da wie ein Vollidiot!«, erklärte er, während er frustriert in meinen lauwarmen Pommes herumstocherte. Aber von vorne: David war wohl zuvor in der Politikfachschaft gewesen (dort, wo die Studenten arbeiten, die wirklich Ahnung von Politik haben, und nicht die, die wie ich nur fürs Leben lernen). David wollte nächstes Semester ebenfalls in diese studentische Interessenvertretung und daher bei den Fachschaftskräften, die gerade Schicht hatten, gut Wetter machen. Nach ein bisschen Smalltalk und Fachsimpelei verabschiedete sich David und erklärte, dass er jetzt dringend losmüsse, weil er sich mit der Sarah, also mit mir, treffen würde. »Ah«, sagte der eine Fachschaftstyp und nickte. »Mit der Ministertochter?« David lachte. »Nein, nein«, verneinte er. »Mit der Sarah.« »Ja, eben«, erwiderte der Fachschaftstyp. »Mit der Ministertochter.« »Nein, nein!«, David schüttelte noch energischer den Kopf. »Mit der Sarah.« Das Spielchen wiederholten beide dann noch einige Male stumpf vor sich hin, bis David anfing, mein Aussehen (klein, mit Locken), meine Eigenschaften (singt schief, ist auf jeder Party) und meine Uni-Kurse (nie vor elf Uhr) aufzuzählen. Der Fachschaftstyp nickte immer noch, und David machte sich schwerst irritiert vom Acker.

»Sorry«, entschuldigte ich mich und zuckte ein bisschen reuig mit den Schultern. »Du hast ja nicht gefragt!« »Na toll«, schimpfte David in meine Pommes. »So komm ich sicher in keine Fachschaft!« David war mir allerdings gerade mal bis zum Nachtisch böse. Spätestens nachdem ich ihm versichert hatte, dass ich ihn zwar nicht in die Fachschaft bringen könnte, dafür aber auf jede Fachschaftsparty, war er versöhnt. Da arbeitete ich nämlich seit einer Weile. Und zwar immer vorne links. Hinter der Wein-und-Wodka-Theke. Dort, wo die Studenten arbeiten, die eher fürs Leben lernen …

Nach und nach war meine Politikerkind-Vergangenheit unter meinen engsten Freunden sowieso kein Geheimnis mehr. Und mein Vater war ein beliebter Telefon-Joker bei essentiellen Fragen des Lebens. Regelmäßig rissen wir ihn um drei Uhr morgens aus dem Schlaf, weil wir gerade für eine Politik-Prüfung (kam vor!) büffelten und uns nicht auf eine Antwort einigen konnten. Oder auch, weil wir beim Skat nicht mehr sicher waren, ob man in den Ramsch-Runden jetzt verdoppelt. Oder weil wir gewettet hatten, ob der Papenburger Karnevalsverein mehr als achtzig Wagen inklusive Gruppen hat (klar, behauptete ich!), und Vati mal schnell den Bürgermeister anrufen sollte. Ich gewann die Wette, und Vati galt bei meinen Kommilitonen bald als das, was er war: ein ziemlich cooler Typ.

Auch einige Professoren hakten im Laufe des Studiums nach, ob ich denn mit dem Minister a. D. verwandt sei. *Dem* Seiters. Manchmal sagte ich ja. Aber manchmal speiste ich sie auch lapidar ab: »Ach, entfernt.« Nachher erwarteten sie noch Höchstleistungen von mir. Oder dass ich wieder das Kabinett vortrug. Das war mir zu riskant.

Biggi und Oliver hatten auch angefangen zu studieren und waren in Münster und Osnabrück gelandet. Nur zwei Stunden von mir entfernt. Silke lebte immer noch in Frankfurt (ebenfalls ein Katzensprung), war in ihrem Unternehmen mittlerweile Key-Account-Managerin und hatte sich damit einen noch komplizierteren Namen erarbeitet. Kirstin wiederum hatte Torsten geheiratet, war von Bremen nach Papenburg zurückgekehrt und hatte meinen Eltern gerade ein heißgeliebtes Enkelkind geschenkt. Florian! Vatis große Hoffnung auf Rückendeckung in unserer Frauendiktatur. Und endlich war da wieder jemand, den er anständig verwöhnen konnte. Schließlich war ich seit der Pubertät nicht mehr so sehr für Kuscheltiere, Fußballkicken und Gutenachtgeschichten aus dem Kabinett zu haben gewesen.

Trotzdem sah ich meine Eltern noch alle paar Wochen. Erstens lebte mein Freund Frank noch im Emsland, weshalb ich ohnehin regelmäßig in die Heimat fuhr. Zweitens war mein Verhältnis zu Mama und Vati ja wieder super. Wahrscheinlich, weil ich dreihundert Kilometer entfernt wohnte, meine Mutter mich nicht mehr mit Zimmeraufräumen nerven konnte und mein Vater außerhalb des Emslands nicht auf übergroßen Wahlplakaten herumspukte.

Das Einzige, was ich ihm ein bisschen übelnahm, war, dass er ausgerechnet jetzt, wo ich mich durch Vorlesungen über politische Theorie quälen musste, von der Universität der Bundeswehr München die Ehrendoktorwürde verliehen bekam. Für seine Leistungen bei der Wiedervereinigung. Sein Titel war nun Dr. rer. pol. h. c. Mein Titel war »Student« – und vielleicht noch Burgfräulein, falls so was zählte. Das fand ich etwas unfair. Ich meine, grundsätzlich gönnte ich Vati ja seinen Doktor. Aber ich hätte schon auch gerne einen vorzeitigen Ehrenabschluss bekommen. Schließlich hatte ich doch immer so kräftig mitrepräsentiert ...


## Ade, Bundestag

Bereits Monate vor der Bundestagswahl 2002 hatte mein Vater uns feierlich verkündet, er würde sich dieses Mal *nicht* wieder als Abgeordneter aufstellen lassen. Er sei mittlerweile schließlich vierundsechzig Jahre und wolle den Platz für seine jüngeren Kollegen frei machen. Außerdem sei er schon die letzten neun Male gewählt worden. Immer mit absoluter Mehrheit. Vati fand, es sei einfach an der Zeit, den Hut zu nehmen.

Uns stimmte seine Entscheidung etwas wehmütig. Schließlich war Vati sein halbes Leben lang Mitglied des Deutschen Bundestages gewesen. Von 1969 bis 2002. Ganze

33 Jahre, in denen er vier Kanzler miterlebt hatte: Brandt, Schmidt, Kohl und Schröder. Er war Abgeordneter gewesen während der Watergate-Affäre, während des Vietnamkriegs und bei Brandts Kniefall in Warschau. Als »Der Pate« ins Kino kam und »Der kleine Lord« ins Fernsehen. Als sowohl »Griechischer Wein« als auch »Capri-Fischer« als auch »Anton aus Tirol« auf Platz eins der deutschen Charts rangierten. Zur Zeit seines Ausscheidens war er der dienstälteste Parlamentarier des Bundestags.

Vor allem aber tat mir Mama leid. Schließlich musste sie befürchten, bald einen unterstressten und bis auf die Knochen gelangweilten Rentner 24 Stunden lang durchs Haus tigern zu haben und ihre schöne Ordnung auf den Kopf stellen zu sehen. Vati wusste doch gar nicht, wie die Sache mit dem Nichtstun überhaupt funktionierte. Geschweige denn, was Entspannung hieß. Wahrscheinlich würde er sich als Hobbygärtner versuchen und ein Massaker in Mamas Blumenbeet anrichten. Oder, noch schlimmer, sich aus Verzweiflung bei ihrem Damenkränzchen aufdrängen. »Pappa ante Portas« lässt grüßen. Finstere Zeiten schienen auf Papenburg zuzukommen. Silke und ich hatten uns bereits gegenseitig zu unserer Wohnortwahl beglückwünscht. Und Kirstin unser Beileid ausgesprochen.

Zum Glück blieb Mama – und sämtlichen anderen Papenburgern – dann aber ein unausgelasteter, hobbyloser Minister a. D. erspart. Der Retter in der Not: das Deutsche Rote Kreuz. Kurz nach Vatis Ausscheiden aus dem Bundestag meldete es sich zu Wort, weil es sich meinen Vater unbedingt als neuen Präsidenten wünschte. Uns fiel ein Stein vom Herzen, Mama wirkte ganz erleichtert – und das Wichtigste: Vati war begeistert. Damit hatte er eine Aufgabe gefunden, die sinnvoll war und der er sich wieder mit voller Hingabe widmen konnte. Dieses Mal nur eben ehrenamtlich und für einen guten Zweck. Natürlich nahm er den Job also an, bekam wieder ein Büro in Berlin und steckte nun all seine Energie in die humanitäre Arbeit. Wir vermuten, dass das Deutsche Rote Kreuz sich bis heute nicht im Klaren ist, wie viel Gutes es unserer Familie, Mamas Garten und allen Papenburger Damenkränzchen mit seiner Präsidenten-Wahl eigentlich angetan hat. Vati war weiterhin mindestens genauso viel in der Weltgeschichte unterwegs wie zuvor, besuchte Hilfsprojekte in Haiti, Lesotho und dem Sudan und war prima zufrieden, nach wie vor etwas bewegen zu können.

Das Sahnehäubchen obendrauf für alle Einwohner Deutschlands: Meinem Vater stand auch zukünftig ein Dienstauto mit Chauffeur zur Verfügung – die Straßen des Landes blieben vor ihm sicher und chaosfrei. Und unter dem Motto »Never change a winning team« sorgte mein Vater dafür, dass ihm Werner als Fahrer erhalten blieb. Vielleicht auch ein bisschen, weil Werner genauso gern den Schlagersender hörte wie er ...

**Vati feiert – die Dritte**

Zeitsprung: Wir schrieben das Jahr 2007, und mein Vater feierte – mal wieder. Seinen 70. Geburtstag. Locationmäßig hatten wir uns gesteigert: Statt Papenburg war es Berlin geworden. Statt Meyer Werft das Reichstagsgebäude. Es hatten sich wieder einmal um die dreihundert Gratulanten eingefunden. Die Gästeliste hatte wie immer epische Ausmaße. Sie reichte von Parlamentspräsident Norbert Lammert bis hin zu Justizministerin Brigitte Zypries. Und das Highlight: Es waren tatsächlich gleich *zwei* Kanzler erschienen. Helmut Kohl hatte sich die Feier trotz einer Knieverletzung nicht nehmen lassen. Und auch Neukanzlerin Angela Merkel war am Start. Schließlich kannte sie meinen Vater noch aus ihrer gemeinsamen Zeit im Kabinett Kohl (als sie Frauen- und Jugendministerin und Kohls Mädchen gewesen war).

Selbstverständlich stand die ganze Familie Seiters Spalier. Ich trug das kleine Schwarze, zum Glück ganz losgelöst von Gothic- oder Kleinstadtschick. Vati hatte eine elegante grüne Krawatte umgebunden, die ich ihm zu Weihnachten geschenkt hatte. Und auch an Mama, Silke, Kirstin, Torsten und Onkel Heinz war nichts auszusetzen. Klein Florian hatte man so herausgeputzt, als wolle man ihn heute noch meistbietend versteigern – zum Glück war der jetzt an der Reihe und nicht mehr ich, dachte ich kurz. Wer leider fehlte, war Oma Luzi … Sie war zwei Jahre zuvor gestorben – im Alter von stolzen einundneunzig Jahren.

Geschenke gab es dieses Mal keine. Mein Vater – in seiner Funktion als Präsident – hatte sich lediglich Spenden für das Rote Kreuz gewünscht. Wahrscheinlich auch ein bisschen deshalb, weil Mama Sorge hatte, wieder einen ganzen Wald an Holzscheiten nach Hause bringen zu müssen, wo wir die anderen endlich verheizt hatten.

Nachdem wir in letzter Zeit von größeren Händeschüttel-Aktionen verschont geblieben waren, hatte ich schon befürchtet, wir wären jetzt endgültig eingerostet. Aber irgendwie kriegten wir auch dieses Mal die Begrüßungsorgie halbwegs anständig über die Bühne. »Das ist wie Fahrradfahren«, witzelte Onkel Heinz, »das verlernt man nicht!« In der Tat waren wir alle recht entspannt. Der Einzige, der wirkte, als hätte er eine wichtige Mission, war Vati. Ihm schien es besonders am Herzen zu liegen, dass ich mich mit den beiden Kanzlern bloß gut verstand. Zumindest schleppte er mich nach dem Händeschütteln zielstrebig direkt zu Angela Merkel. Angeblich auf ein kleines Pläuschchen. Wer's glaubte! Natürlich steckte mehr dahinter. Schon in den ersten drei Sätzen mit der Kanzlerin ließ er wenig subtil Hinweise auf meinen frisch ergatterten Uniabschluss fallen. Wahrscheinlich hoffte er, ich würde mich spontan doch für die Politiker-laufbahn entscheiden, wenn ich mich nur ein bisschen von der Kanzlerin inspirieren lassen würde. Schließlich gab es dafür wohl kaum einen besseren Motivator als die Regierungschefin der Republik. Merkel lächelte mich in der Tat freundlich an und stellte interessierte Fragen zu meinem Studium. »Dann sehen wir uns ja vielleicht bald im Parlament ...«, schloss sie das Gespräch mütterlich ermutigend ab. Vati strahlte. Aber die Kanzlerin schien auf eine Antwort zu warten. Oje. Mir wurde flau im Magen. Schließlich konnte ich eine Kanzlerin doch nicht anlügen. Andererseits konnte ich ihr schlecht erklären, dass ich als Politikerin eine Katastrophe wäre. Dass das mit mir garantiert in die Hose gehen würde. Dass da wirklich keiner etwas von hätte. Warum ich mir da so sicher war? Ganz klar: Talent überspringt immer eine Generation. Das konnte man doch bereits an Vatis Faible für Kommasetzung erkennen. Das hatte meine Gene ja auch übersprungen. Quasi ein ungeschriebenes Gesetz. Ich hätte mich dumm und dusselig wahlkämpfen können, und am Ende wär's der andere geworden. Außerdem fehlte mir das politische Rüstzeug: Mir mangelte es an Pünktlichkeits-Paranoia, ich wollte nicht andauernd erkannt werden, und Ehrentribünen fand ich langweilig. Und dann war da doch noch die Sache mit den feierlichen Reden ... Schlicht zu viele schlechte Omen, befand ich. Ich war nur nicht sicher, ob ich das der Kanzlerin so offen sagen konnte. Also blieb ich diplomatisch vage (wenigstens ein Politikertalent, das mich nicht übersprungen hatte): »Ich fürchte, zwei Politiker in einer Familie sind einer zu viel«, erklärte ich mit einem entschuldigenden Kopfschütteln und klopfte Vati tröstend auf die Schulter.

Aber mein Vater hatte sein Pulver noch nicht verschossen. Als Nächstes manövrierte er mich umweglos hinüber zu Kohl. Der Altkanzler lächelte mir entgegen, musterte mich und drückte Vatis Arm. »Rudi Seiters, eine hübsche Tochter hast du da«, sagte er und nickte anerkennend in meine Richtung. »Das hätte ich dir gar nicht zugetraut!« Oh Mann. Das alte Spiel. Wohl wirklich ein Insider. Ansonsten schien Kohl ebenfalls an meinen Zukunftsplänen interessiert. »Treten Sie denn jetzt in die Fußstapfen Ihres Vaters?«, fragte er, nachdem Vati auch ihn auffällig auf mein abgeschlossenes Studium hingewiesen hatte. Ich überlegte kurz, Vati mal kräftig auf die Zehen zu treten, traute mich aber nicht, solange Kohl zuschaute. Es war ja grundsätzlich schön, dass mein Vater sich dermaßen für meinen Hochschulabschluss begeisterte. Andererseits sprach das irgendwie nicht dafür, dass er damit gerechnet hatte. Und außerdem empfand ich meinen popligen Magister wirklich nicht als fundamental genug, um damit den Wiedervereinigungskanzler zu unterhalten. »Lieber nicht!«, erklärte ich dem Altkanzler also so charmant lächelnd wie möglich. »Da kann man es nie allen recht machen.« Kohl lachte und nickte meinem Vater aufmunternd zu: »Und klug ist sie auch noch …!«

Zwei Kanzler in zehn Minuten, das hatte mich irgendwie erschöpft. Zum Glück begann nun der offizielle Teil des Tages. Sprich: die Reden. Kanzlerin Merkel sprach unter großem Applaus, aber auch Kohl ließ sich eine Laudatio nicht nehmen und machte sich trotz angeschlagenem Knie auf den Weg zum Mikrofon. Obwohl er mittlerweile siebenundsiebzig Jahre alt war, wirkte er mit seinen 1,93 Metern immer noch ziemlich imposant. Ich hatte das Gefühl, dass der ganze Saal schon aus Reflex mal kurz die Luft anhielt. Dann legte der Altkanzler los. Aus dem Stand. Souverän. Emotional. Persönlich. Sogar Silke, die sonst nur heult, wenn ihr die Kontaktlinse schief hängt, hatte Tränen in den Augen. Kohl sprach über die Zusammenarbeit mit meinem Vater. Darüber, wie sehr er sein fröhliches Wesen schätzte. Und darüber, dass Vati die Erfüllung der Pflicht immer wichtiger gewesen war als ein imposanter Auftritt.

Der Saal war sichtlich bewegt. Und ich jonglierte die Flüssigkeit in meinen Augen von rechts nach links, um sie so verdunsten zu lassen. Hoffentlich stimmte jetzt keiner spontan die Nationalhymne an. Dann hätte ich verloren. Ich überlegte kurz, ob mich das Nahe-am-Wasser-gebaut-Sein für irgendeinen Beruf besonders qualifizierte. Aber mir fiel nichts Vernünftiges ein. Schauspielerin vielleicht. Oder Cristiano Ronaldo.

Um mich abzulenken, verglich ich gedanklich die Rede von Kohl mit meiner eigenen. Dieses Jahr war ich nämlich nicht darum herumgekommen. Das Argument meiner Eltern war simpel: »Du hast das doch damals (mit sechs!) so toll gemacht.« Offensichtlich hatte sich das Vertrauen in mich wieder gefestigt, wenn es sich auch in Grenzen hielt. Die beiden hatten einstimmig entschieden, dass mein Auftritt besser nicht vor versammelter Staatselite im Reichstagsgebäude stattfinden sollte. Zum Glück, denn im Anschluss an zwei Kanzler eine Rede zu halten, das kommt ehrlich gesagt einem rhetorischen Selbstmordkommando gleich. Und wäre mir ähnlich peinlich, wie mit meiner Flöte die Vorband von Anna Netrebko zu sein. Meine Eltern sahen das wohl genauso und meinten, ich solle lieber bei unserer privaten Feier in Papenburg auftreten, die einige Tage zuvor stattgefunden hatte. Nur der engste Kreis, hatte man mir versichert. Der umfasste dann übrigens achtzig Personen und wirkte irgendwie gar nicht so richtig eng. Aber gut, alles war besser, als im Reichstag sprechen zu müssen.

Obwohl man sagen muss, dass meine Rede dann gar nicht so mies gelaufen ist. Gut, nicht so bewegend wie die von Kohl. Aber mein Anspruch war ohnehin nur der gewesen, nicht die ganze Partygesellschaft einzuschläfern. Und da es nichts Lahmeres gibt, als das Geburtstagskind stumpf über den Klee zu loben, ließ ich das rigoros weg und plauderte stattdessen lieber etwas über Vatis Fahrkünste, seine Pünktlichkeits-Paranoia und seine Vorliebe für die Capri-Fischer. Ich berichtete von seinem Frank-Elstner-Patzer und unserem Kohlsuppen-Trauma.

Die Gäste waren sichtlich amüsiert, und meinem Vater gefiel es ebenfalls, ein wenig auf die Schippe genommen zu werden. Aber auch nur, weil die beiden Kanzler nicht anwesend waren. Andernfalls hätte er mich sicher enterbt. So kam er jedoch nach meiner Rede euphorisch auf mich zugeeilt, drückte mich an sich und raunte mir ins Ohr: »Super, Mäuschen! Das machst du bei Mamas Geburtstag dann gleich noch mal ...«

## Zur Not wandern wir aus ...

Nachdem ich es mir mit allen Kanzlern, die ich persönlich kannte (Brandt lebte ja leider schon nicht mehr), verdorben hatte – zumindest, was meine politische Karriere anbelangte –, war es an der Zeit, sich eine Alternative zu überlegen. Meine musikalische Begabung stand nicht zur Debatte. Die Karriere als Rockstar schied also ebenso aus wie die als Künstlerin. Und für eine Laufbahn als Schauspielerin würde es wohl nicht ausreichen, bei den ersten Akkorden der Nationalhymne auf Kommando losheulen zu können. Also entschied ich mich stattdessen für einen Überraschungscoup: den Journalismus. Ja, ja, ich weiß. Wir hatten so unsere Probleme. Lange Zeit war ich nicht gut auf die »Presse« zu sprechen gewesen. Aber zugegeben, damals hatte ich auch sehr strenge Ansichten. Nach meinen peinlichen Aktionen in der Pubertät war ich jedoch insgesamt vorsichtiger geworden, wenn es um das Werfen von ersten Steinen ging. Außerdem brachte der Journalismus diverse Vorteile: Man musste weder singen noch tanzen noch Instrumente spielen können. Nur reden und schreiben. Und eventuell die Kommaregeln beherrschen – gut, dabei musste mir zur Not Oliver helfen oder Vati. Ich war optimistisch. Journalismus. Das würde es werden. Schließlich wusste ich aus jahrelangen Erfahrungen, worauf ich achten musste: Menschen korrekt zitieren. Namen korrekt schreiben. Und die Leute nicht auf Apfelbäume schicken, auf denen sie nichts zu suchen haben.

Allerdings ist Journalismus ein weites Feld. Und »irgendwas mit Medien« sollte man besser konkretisieren. Also entschied ich mich für den Unterhaltungsbereich. Vati hatte schließlich schon das Land vereinigt. Und rettet jetzt noch mit dem Roten Kreuz die Welt. Damit war die Familie moralisch aus dem Schneider. Und ich konnte getrost das machen, wozu ich Lust hatte, ohne mich um die Karmapunkte unseres Stammbaums zu scheren.

Im Endeffekt war das eine gute Entscheidung. Ich wurde Zeitschriften-Redakteurin, und es stellte sich heraus, dass man bei Magazinen – neben dem normalen Tagesgeschäft (Kolumnen, Filmrezensionen, Reportagen, Psychologie-artikel) – auch regelmäßig Stars interviewte. National wie international. Mit denen hatte ich sowieso noch eine Rechnung offen. Weil ich sie nie hatte treffen dürfen. Außer George Clooney – aber das habe ich verdrängt. Ich hatte also einiges nachzuholen. Und das Beste: Wenn ich jetzt mit ihnen sprach, dann in meiner Funktion als seriöse Journalistin. Alles rein professionell. Ohne Schockstarre und Systemausfall. Gut, zugegeben, vielleicht hatte ich aufgrund von Gerard Butlers schottischem Akzent Herzchen in den Augen. Und vielleicht war die Frage, ob Matthew McConaughey mir bitte seine Bauchmuskeln zeigen könne, für das Interview gar nicht *so* relevant. Und dass ich bei Jude Law fast in Ohnmacht gefallen wäre, das lag nun wirklich am englischen Essen.

Kirstin habe ich ein Autogramm von Howard Carpendale besorgt. Und Silke eins von Udo Jürgens. Mein ganz persönliches Highlight aber: ein Interview mit Kevin Costner. Er erzählte mir von seinem Heiratsantrag. Ich ihm davon, dass ich mein Zimmer mit ihm tapeziert hatte. Und dann hab ich noch gefragt, ob es vielleicht eine Fortsetzung von »Bodyguard« geben könnte. Mir zuliebe. Er wollte es sich überlegen.

Mein Vater hat sich glücklicherweise auch recht schnell damit abgefunden, dass ich nicht in seine Fußstapfen getreten bin. Und ist sogar zufrieden damit. Ich vermute ohnehin, ich hätte auch Fischerin oder Dompteuse werden können – nur glücklich und bitte schön drogenfrei. Ähnlich entspannt hat Vati übrigens auch reagiert, als ich ihm von der Idee zu diesem Buch erzählte. »Mach ruhig«, war sein trockener Kommentar. »Zur Not wandern wir aus.«

Die restlichen Protagonisten haben es ebenfalls mit Humor genommen. Auch wenn die Reaktionen im Vorfeld durchaus unterschiedlich ausfielen.

Mama: »Ich erzähl's lieber noch keinem, nachher wird das Ding nie fertig – oder ein Flop!«

Kirstin: »Ah. O. k.«

Silke: »Ja, super. Aber lass die Korfugeschichte weg!«

Biggi: »Geil. Wir werden berühmt!«

Oliver: »Du schreibst aber nicht, dass ich mit Barbies spielen musste?!«

Onkel Heinz: »Bloß nicht. Obwohl. Na ja. Hauptsache, ich sage gute Sachen!«

Ralf/Andi/Mark: »Unsere Namen änderst du aber, oder?«

# NACHWORT

Hätte mich vor zehn Jahren jemand gefragt, ob ich dieses Buch schreiben will, ich hätte ihm wohl einen Vogel gezeigt. Lange Zeit war ich wirklich nicht scharf darauf, aller Welt zu verkünden, dass ich zwischen Presse, Panzerglas und der Politiker-Prominenz Deutschlands groß geworden war. Und mal ehrlich, sich Bilder von Kabinettsmitgliedern ins Kinderzimmer zu hängen, das finde ich schon ziemlich daneben. Nun bin ich heute aber etwas älter. Und wenn es eine Sache gibt, die gut ist am Älterwerden, dann das: Mir ist jetzt weniger peinlich. Auf einer Weihnachtsfeier habe ich vor versammelter Belegschaft »O Tannenbaum« im Duett mit meinem Chef gesungen. Beim Fallschirmspringen in Australien wäre ich fast an meinem Kaugummi erstickt (was auch anschaulich auf Video festgehalten wurde). Und in Las Vegas – kein Scherz – bin ich mit einem Tattoo hinterm Ohr aufgewacht. Man könnte auch sagen: Das Leben hat mich gestählt.

Als man mich fragte, ob ich nicht Lust hätte, über mein Leben als Politikerkind zu schreiben, war ich dennoch skeptisch. Bis die zwei magischen Worte fielen: pädagogisch wertvoll. Zeitgeschichte erzählt durch die Augen eines Kindes, ganz nah am Puls der Politik. Und dann noch zur Zeit der Wiedervereinigung. Das sei schon fast pädagogisch wertvoll. Was sollte ich sagen? »Pädagogisch wertvoll« hat mich noch nie jemand genannt.

Mein Ziel: von dem nicht ganz so normalen Alltag eines Politikerkindes zu erzählen und dabei die menschliche Seite der politischen Entscheidungsträger zu zeigen. Und das Leben einer Familie, die zwar oft im Rampenlicht stand, aber noch etwas an ihrem Glamour-Faktor arbeiten könnte.

Die Geschichten in diesem Buch habe ich aus meinen Erinnerungen und denen der anderen Protagonisten zusammengepuzzelt. Aber wie das mit Erinnerungen so ist – sie können von Person zu Person variieren. Ich habe dann immer die lustigste Variante genommen. Außer bei den historischen Fakten natürlich. Wenn ich hier und da zeitliche Abläufe verändert habe, dann nur, um dem Erzählfluss nicht zu schaden. Und da ich es mir mit ein paar Menschen (wie den Bodys) nicht verscherzen wollte, habe ich ganz vereinzelt Namen geändert oder einige Charakterzüge zusammengefasst.

Ich widme dieses Buch meiner Familie. Vielen Dank für all die gemeinsamen chaotisch-fröhlichen Feste, Abende und Urlaube, die ja auch Grundlage des Buches sind. Ihr wisst: Für mich gibt es kaum etwas Schöneres als die Zeit mit euch. Und vielen Dank, dass ihr für dieses kleine Projekt alle so kräftig mitgebrainstormed habt. Ihr seid wahre Storylieferanten. Außer Kirstin, auf deine Anekdoten warte ich heute noch. Aber kein Problem, dafür hat Silke umso fleißiger abgeliefert. Liebe Mama, du natürlich auch. Allerdings werde ich die Geschichten über deine Kindheit auf dem Bauernhof dann ein anderes Mal bringen, ja?

Lieber Vati. Natürlich widme ich dieses Buch vor allem dir. Weil ich dich so hemmungslos anhimmeln durfte. Weil du immer für mich da bist. Und weil du mir beigebracht hast, wie man richtig herzlich über sich selbst lacht. Danke dafür. Und für noch viel mehr!

Aber eine Bitte hab noch an *dich*: Darf ich endlich aufhören mit dem Redenhalten? Das wäre zu schön. Schließlich kann man jetzt hier alles nachlesen. Ist das ein Deal?

## WORTE EINES BETROFFENEN
## oder NACHWORT ZWEI

*Von Rudolf Seiters*

Bei der Bundestagswahl 1987, Sarah war damals sechs, saßen wir am Wahltag gemeinsam mit ein paar Freunden beim Frühstück. Irgendjemand fragte Sarah, ob sie denn schon wisse, was sie heute machen würde. Sarah nickte eifrig und erwiderte: »Ich geh wählen.« Allgemeines Gelächter am Tisch. »Ach so?«, fragte man sie weiter. »Wen wählst du denn?« Die Antwort kam prompt: »Na, Vati und Kohl!«

Als mir meine Tochter dann 25 Jahre später – natürlich ganz beiläufig – von der Idee erzählte, ein Buch über ihr Leben als Politikertochter zu schreiben, da gab es einige Sprünge auf meiner Gefühlsskala. Zunächst: Um Himmels willen, unser Privatleben! Dann: Lesen die Leute denn so was? Zu guter Letzt: In Gottes Namen! Zur Not wandern wir aus!

So entstand nun ein spezielles Buch, sehr persönlich, auch sehr liebevoll, mit einem gehörigen Schuss Humor, Ironie und Selbstironie. Ein Buch mit vielen Reflexionen auf das politische Zeitgeschehen, die Prager Botschaft, den Mauerfall, auf die großen Momente dieser Jahre, aber genauso auf die familiären: Sarahs Kindheit, unsere Weihnachtsfeste und gemeinsame Reisen. Alles durch die Augen einer kleinen Tochter, besondere Erinnerungen auch für mich.

Liebe Sarah, du machst auch vor den kleinen Schwächen deiner Eltern nicht halt, aber auswandern müssen wir sicher nicht.